PETER KRAUS
Wenn ein Mädchen weint, braucht es einen Freund
Viva Maria

EMI ELECTROLA
Es kommt nicht auf das Alter an
PETER KRAUS
Vor dir liegt die ganze Welt

Peter Kraus
die neue LP

PETER KRAUS
CADILLAC NIGHT

PETER KRAUS

Wop-baba-lu-ba

MEIN VER-ROCKTES LEBEN

PETER KRAUS

Wop-baba-lu-ba

MEIN VER-ROCKTES LEBEN

Neff

PAUL NEFF VERLAG WIEN

Printed in Austria
ISBN 3-7014-0292-2

Umschlaggestaltung: Graupner & Partner, München
Umschlagfoto: ORF, Wien
Satz: MPM, Reitmehring
Druck und Bindung: Wiener Verlag, Himberg bei Wien

Das Zustandekommen des vorliegenden Buches verdanke ich nicht nur meinen Gedächtnislücken, sondern auch meiner Mutter Finny Kraus, die jahrzehntelang Presseausschnitte und Fotos sammelte, Peter Schröder und Walter Egg, die mir ihre umfangreichen Peter-Kraus-Archive zur Verfügung stellten, und meinem langjährigen Autor Fritz Schindlecker, der mich bei meiner schriftstellerischen Arbeit beriet und unterstützte.

Inhalt

Auf der Heide blüht der Rock 'n' Roll —
so fing alles an 9
Von der »Heulboje« zum »Schnulzenheini«
— Wege eines Teenageridols 33
Parties, Fans und erste Liebe —
die »wilden« Jahre 82
Akrobat schööön! — meine Zirkusträume 115
Wenn die Conny mit dem Peter — die Filme . . 135
Privat bin ich der Daddy-Bär —
meine Familie 167
Hallo Peter — das Fernsehen läßt grüßen 208
Vorwärts in die Fifties —
die verrückten Rock-Revues 262

Anhang

Sämtliche Singles 285 · Sämtliche EP's 294 · Die wichtigsten Langspielplatten 298 · Die wichtigsten CD's 303 · Die Filmographie 309 · Die wichtigsten Fernsehsendungen 311

Auf der Heide blüht der Rock 'n' Roll — so fing alles an

»Well it's a one for the money
two for the show
three to get ready — now go cat go!«

Tonlos sprechen meine Lippen zum x-ten Mal den Text durch. Ich starre wie gebannt auf die weiße Kalkwand der Künstlergarderobe und versuche verzweifelt, mich auf das zu konzentrieren, was ich unter Rock-'n'-Roll-Feeling verstehe: Mein Gott, kühl mußt du sein, Peter, unheimlich kühl, wie Gene Vincent! Oder besser: Heiß, unheimlich heiß, wie Elvis! Im Sitzen versuche ich einen Hüftschwung à la Presley und falle dabei fast vom Stuhl. Mit schweißnassen Händen schlage ich einen Akkord auf der Gitarre an — es klingt schrecklich.

Das ist nicht mein Tag heute!

Im Hintergrund höre ich die Swingklänge von Fredie Brocksiepers Band und den Applaus von 2000 Teenagern im Zuschauerraum. »Auf Swing stehen sie also, die Affen«, denke ich mir. Rock 'n' Roll, dieses neue, aufregende Musikgefühl kennen sie wahrscheinlich gar nicht, die bayrischen Bierzeltfetischisten!

Ich versuche, mich einzusingen: *You can do anything, but don't step on my blue suede shoes!!*

Das klingt wie ein klägliches Gemurmel.

Ich werde das Gefühl nicht los, daß mich die Jungs von Hugo Strassers Dixieland-Band, mit denen ich an diesem kühlen 1. Oktober des Jahres 1956 als nächster Programmpunkt auf die Bühne des Deutschen Museums in München klettern soll, furchtbar mitleidig anschauen. Der erste Auftritt eines siebzehnjährigen Greenhorns, und das bei Deutschlands größter, weil erster Teenager-Party seit Menschengedenken!

Toben werden sie, die Backfische und die Halbstarken, toben werden sie wie in Amerika, ganz klar, aber weiß Gott nicht vor Begeisterung!

Siebzehn Jahre mußte ich also alt werden, um diese klägliche Niederlage zu erleben!

Ich glaube, mir wird plötzlich unheimlich schlecht. Ich muß auf die Toilette, bevor ein Unglück passiert.

Ich renne auf den Gang und pralle dort beinahe mit Werner Goetze, dem Conférencier des Abends, zusammen.

»Ach ja, was ich dich fragen wollte«, sagt er mit einem Lächeln. »Wie soll ich dich denn ankündigen? Ich dachte mir, ich sage einfach: ›Und nun, liebe Freunde, singt für euch Peter Kraus, die deutsche Antwort auf Elvis Presley!‹ Gut so?«

»Um Himmels willen, nein!« röchele ich hysterisch. »Sie dürfen auf gar keinen Fall meinen Namen nennen! *Auf gar keinen Fall!* Ich will Schauspieler werden! Wenn die Leute nach diesem Mißerfolg meinen Namen kennen, bin ich für alle Zeiten erledigt!«

Werner runzelt mißbilligend die Stirn. Er war noch nie begeistert, wenn man seine Moderationen änderte.

»Wie du willst. Dann präsentiere ich dich eben als den großen Unbekannten. Aber daß ich nachher keine Beschwerden höre, von wegen zuwenig Reklame und so. Klappern gehört zum Handwerk im Schaugeschäft!«

»Na gut«, lenke ich ein. »Wenn's halbwegs ankommt, können Sie ja hinterher meinen Namen sagen. Vielleicht, ›das war Peter Kraus‹ oder etwas Originelles in dieser Art.«

Werner Goetze macht eine Grimasse. »Danke für den Tip. Wenn es bei dir mit der Gesangskarriere nicht klappt, kannst du versuchen, Conférencen zu schreiben. Du scheinst ungeheures Talent dafür zu haben!«

Bruhaha, ungeheuer komisch!

Bevor ich die rettende Toilette erreiche, treffe ich fatalerweise auch noch Max Greger. Max und seine Big Band sind der Schluß- und Höhepunkt dieses Abends. Mir kommt es vor, als sehe er mich mit einem spöttischen Erstaunen an. Ungefähr so, wie ein Ferrari-Fahrer einen Straßenkameraden mustert, der ihn wild hupend im Goggomobil überholen will. Vor drei Tagen hatte ich noch versucht, mich bei Max' Big Band als Sänger für diese Teenager-Party der Münchner ABENDZEITUNG zu offerieren. Ohne Erfolg. Eine gewandte Sekretärin hatte meinen recht dreist vorgetragenen Wunsch, den Meister persönlich sprechen zu wollen, mit kniggegemäßer Höflichkeit abgeschmettert.

Aber ich Idiot mußte ja diesen charmanten Wink des Schicksals ignorieren! Schnurstracks war ich gleich darauf voll jugendlichen Übermuts zu Fredie Brocksieper geeilt. Dem gehörte damals das Studio 15 in München, wo meine Clique und ich allabendlich zum Jitterbug das Tanzbein schwangen.

Mit der Höflichkeit, die ein Wirt einem Stammgast nun einmal entgegenbringt, lauschte »Deutschlands Schlagzeuger Nummer eins« (Fredie über Fredie) meinem gesamten Programm, das ich zur Gitarre über einen selbstgebastelten Verstärker vortrug.

Nach sieben Minuten war alles vorbei. Schließlich beherrschte ich nur drei Rock-Songs absolut perfekt — *Blue suede shoes, Heartbreak Hotel* und *Rock a beat'n' boogie.*

Ich blickte erwartungsvoll auf Fredie, und als sich seine spontane Begeisterung sichtlich in Grenzen hielt, half ich etwas nach.

»Das ist die Musik, auf die wir Jungen stehen! In Amerika fallen dabei die Mädchen reihenweise in Ohnmacht!«

Ich legte in meine Worte die Überzeugungskraft von Spencer Tracy und die rotzige Aufmüpfigkeit von Marlon Brando.

Fredie räusperte sich. Dann sagte er, nach einem leisen Seufzen: »Wir sind nicht in Amerika, das ist das erste, was Sie wissen müssen!«

Spar dir deinen Geographieunterricht, Fredie! Komm zur Sache!

»Aber ich muß sagen — Sie haben eine recht interessante Stimme, junger Mann.«

Mein Herz schlägt vor Freude bis zum Hals! Deutsches Museum, here I come.

»Allerdings — auch Rom wurde nicht an einem Tag erbaut! Sie müssen noch sehr viel arbeiten!«

Nach dieser Geschichtslektion ändert mein Herz die Richtung. Es rutscht mir in die Hose.

»Ich habe da ein paar interessante Tips für Sie!« Und dann ging's los: Ich solle mir Platten kaufen von wirklich guten Sängern, Frank Sinatra, Dean Martin, Bing Crosby, und versuchen, deren Stil zu kopieren.

Ich war schwer beleidigt.

Mann Gottes, Fredie, das habe ich alles hinter mir, ich bin schließlich schon siebzehn und kein Milchbubi mehr! Dieses ganze Jazz-Zeug ist vorbei, bitte schön, Rock 'n' Roll ist angesagt!!! Was will mir dieser Greis erzählen?! Der kann noch in hundert Jahren seine Trommeln mit diesen blödsinnigen Beserln streicheln — und kein Backfisch wird dabei in Ohnmacht fallen.

Gott, war ich froh, als ich draußen war! Nie wieder würde ich diese öde Kneipe mit meinen Jitterbugkünsten verwöhnen. Zu guter Letzt hatte ich noch *eine* Chance. Es sollte noch ein drittes Orchester bei der AZ-Party spielen, und dessen Chef, Hugo Strasser, stand ich wenige Stunden später gegenüber. Direkt in seinem Wohnzimmer, zwischen Gummibaum und Tütenlampe, Aug' in Auge mit einem Stuzzi-Röhrentonbandgerät.

Als ich in einer etwas kühnen Abart des Entenschrittes showgerecht durchs Heim fegte, schien »Klarinetten-Hugo« zwar noch etwas um seinen nagelneuen Teppich zu zittern, aber nach dem letzten Akkord von *Rock a beat'n' boogie* meinte er:

»In Ordnung, Peter. Du singst am Samstag bei mir. Wir machen ein Faß auf!«

Wir machen ein Faß auf — mein Gott, was für ein altväterlicher Spruch, aber was soll's?

Ich habe meinen ersten Auftritt in der Tasche!

PETER KRAUS — LIVE! IM DEUTSCHEN MUSEUM!

ICH HAB'S GESCHAFFT!

GESCHAFFT!

Am selben Abend im Studio 15 (tolerant, wie junge Menschen sind, hatte ich Fredie seine Ignoranz verziehen) vergatterte ich meine Clique: »Kinder, wir machen voll auf Amerika! Ich singe, und ihr fallt vor Begeisterung in Ohnmacht!«

Die Rollen waren verteilt, die Sache war organisiert, nichts konnte mehr schiefgehen.

Ich verbrachte drei unbeschwerte Tage im schönen Bewußtsein meines kommenden Starruhms. Aber jeder Traum hat ein Ende, und Schatten folgt dem Licht, wie es der Dichter so trefflich formuliert.

Jetzt stehe ich da, im Künstlerwaschraum der Künstlertoilette, und bin wie vom Donner gerührt.

Himmel! Meine brillantine-gepflegte Entenschwanzfrisur ist völlig aus der Fasson geraten!

Verzweifelt bemühe ich mich, wenigstens in meinen Blick jene aufmüpfige Coolness zu legen, mit der Elvis seine goldenen Schallplatten in Empfang zu nehmen pflegt.

Vergebens. Ich schaue aus wie Dagobert Duck, nachdem ihm die Panzerknacker seinen Glückstaler gestohlen haben.

Ermattet halte ich mich am Waschbecken fest und beschließe zu sterben.

Und wie man das nun einmal so aus Filmen kennt, zieht nun mein bisheriges Leben in Technicolor und Cinemascope vor meinem geistigen Auge vorbei . . .

Das Unglück hatte seinen Lauf genommen, als ich erstmals die kleine Cornelia live gehört hatte. Ich war mit meinem Vater nach Rosenheim gefahren, wo man ihn als Conférencier und Parodist für eine Musikveranstaltung engagiert hatte.

Dort trällerte die kleine Cornelia *Pack die Badehose ein,* die Omis waren gerührt, und ich als reifer, zwölfjähriger Gymnasiast fand das alles schrecklich unerwachsen und furchtbar affig.

Bis ich erfuhr, was diese minderjährige Göre als Gage bekam: Satte 150 Mark!

Ich war schwer beeindruckt! Schließlich wünschte ich mir seit Jahr und Tag ein Dreigang-Rennrad. Allerdings hatte ich bislang keine Chance gesehen, von meinem Taschengeld soviel zu sparen, um ein derartiges Luxusgefährt zu erwerben.

Erstmals schien mir eine Karriere als Sänger ein durchaus erstrebenswertes Berufsziel zu sein. Die letzten Jahre hatte ich von einem Leben als Auto-Designer in Italien geträumt und mein Zeichentalent in jeder freien Minute eingesetzt, um kühne Boliden zu entwerfen.

Seit meinem zehnten Lebensjahr war mir nämlich alles, was mit Show zu tun hatte, ziemlich blöd vorgekommen. Dabei hatte ich noch als Knirps alle Sketche, die mein Vater damals in Salzburg in der Getreidegasse in seinem Theater in der Kabarettgruppe »Die kleinen Vier« mit Gunther Philipp und Peter Wehle gespielt hatte, auswendig gekonnt und auch gerne zur Erheiterung der Erwachsenenwelt zum besten gegeben. Doch seit meinem Eintritt ins Gymnasium war ich nicht mehr bereit, meine würdevolle Persönlichkeit in den Dienst kindischen Klamauks zu stellen.

Wir lebten damals — von 1948 bis 1950 — in Wien, wo mein Vater als Gesangsstar an der Revuebühne Casanova und später im Bürgertheater als Schauspieler engagiert war.

In meiner Freizeit besuchte ich häufig meinen Onkel Willi, einen Kunstmaler, der mein Zeichentalent förderte. So verbrachte ich meine Zeit in Wien neben dem Zur-Schule-Gehen hauptsächlich mit Malen und — mit Trinken. Mein ganzes Wochentaschengeld, es waren sechs österreichische Schilling, investierte ich in meine Trunksucht. Jeden Montagfrüh erwarb ich eine der sensationellen Errungenschaften des »American Way of Life« — eine klebrig-süßliche Kondensmilch, vermutlich synthetisch hergestellt, ohne jeden natürlichen Zusatz. Ich schlürfte mit großen Zügen das herrliche Gesöff, das mich fünf Schilling gekostet und damit mein Wochenbudget nahezu erschöpft hatte. An den verbleibenden, kondensmilchfreien Tagen träumte ich davon, mir dieses herrliche Getränk als Erwachsener kartonweise an meinen Designer-Arbeitsplatz bei Ferrari nach Italien einfliegen zu lassen.

Aber, wie gesagt, die Gage der kleinen Cornelia hatte meine beruflichen Ziele völlig verändert. Schon auf der Rückfahrt von Rosenheim nach München, wo wir nunmehr seßhaft geworden waren, lag ich meinem Vater in den Ohren, er möge mir eine Gitarre kaufen.

Mein Vater hatte gegen meine Pläne, ins Schaugeschäft einzusteigen, nie etwas gehabt. So hielt ich wenige Tage später eine Wandergitarre in Händen. Meine Mutter war zwar der Meinung, daß ein

Showstar in der Familie genug sei, und hielt mein zeichnerisches Talent für wesentlich ausgeprägter als mein gesangliches, aber ihr weiches mütterliches Herz konnte den flehentlichen Bitten des lieben Sohnes nicht widerstehen, und so gab sie schließlich seufzend nach. Ein Gitarrelehrer wurde engagiert, und ich suchte eifrig nach einem Stil, mit dem ich mich gesanglich »profilieren« konnte — nach einer Marktlücke, sozusagen.

Damals, Anfang der fünfziger Jahre, wurde der deutsche Schlager immer mehr von US-amerikanischen Einflüssen geprägt.

Man versah Country-&-Western- und Hillbilly-Musik mit deutschen Texten und erzeugte so jene »teutonische« Cowboyromantik, deren Exponent Bruce Low war. Gemeinsam mit meinen Jugendfreunden hörte ich damals mit Begeisterung AFN, American Forces Network, den Radio-Sender für die in der BRD stationierten amerikanischen Soldaten.

Der helle, näselnde Originalgesang der Hillbilly-Interpreten imponierte mir wesentlich mehr als der operettenhafte Stil ihrer deutschen Epigonen. Mit einem Kaugummi im Mund versuchte ich diese Art zu singen zu kopieren, ein Unterfangen, das im schroffen Gegensatz zu den gesangsästhetischen Vorstellungen meiner Eltern stand und diese gemeinsam mit den mitleidenden Nachbarn an den Rand eines Nervenzusammenbruches brachte.

Auch meine Freunde konnten meinen Hillbilly-Künsten wenig abgewinnen, und so brach ich, um nicht in soziale Isolation zu geraten, meine eben erst begonnene Gesangskarriere bald wieder ab.

Außerdem mußte ich mit meinen dreizehn Jahren überrascht feststellen, daß sich meine Beziehung zum weiblichen Geschlecht in einem radikalen Wandel befand: Statt die Mädchen meiner Umgebung an ihren Zöpfen und Ponyschwänzen zu ziehen, fühlte ich plötzlich das dringende Bedürfnis, ihnen zärtlich über die Haare zu streichen. Ob meines Wandels in Panik versetzt, besorgte ich mir die einschlägige »Aufklärungsliteratur« dieser Zeit. Nach der Lektüre war mir schlagartig klar, daß ich allmählich zum Bienlein reifte, das ein beachtliches Interesse daran hatte, die Blümlein zu umschwirren.

Leider wurde dieses Interesse kaum erwidert, und ich führte das darauf zurück, daß ich einfach nicht dem Idealbild des »harten Mannes«, das in den fünfziger Jahren gefragt war, entsprach.

Einer der »tough guys« dieser Zeit, das Vorbild der Buben und der Schwarm der Mädchen, der ungekrönte König des Abenteuers, war damals ohne jeden Zweifel Hans Hass, der kühne Erforscher der Tiefsee. Ich verschlang seine Bücher mit Begeisterung, ging in seine Filme und schwärmte klammheimlich für seine überaus attraktive Frau Lotte, die ihren Mann bei dessen Expeditionen stets begleitete.

Ich beschloß also, Taucher zu werden. Leider gab es dabei ein kleines Problem. Seit meiner Kindheit war mir mein Vater immer Vorbild gewesen, und dieser war (und ist es bis heute) schrecklich wasserscheu. Meine eigene Wasserphobie ging so weit, daß ich kreischend davonlief, wenn mich übelwollende Klassenkameraden mit Wasser anspritzten.

Daß ein derartiges Verhalten Spott und Hohn, vor allem auch bei dem von mir seit neuestem so überaus positiv betrachteten weiblichen Geschlecht erntete, lag auf der Hand.

Ein Ausweg mußte gefunden werden, und zwar rasch. Ich grübelte und grübelte, wie ich meine neurotische Wasserangst wegkriegen könnte, und hatte schließlich eine Idee, die mir absolut erfolgversprechend schien. Wenn ich *unter* Wasser schwamm — also tauchte —, konnte mich niemand anspritzen, und ich frönte gleichzeitig dem Sport meines großen Vorbildes.

Beeindruckt von meiner Ideenkraft und Logik, kratzte ich an einem schönen Sommertag des Jahres 1952 mein Taschengeld zusammen, kaufte mir ein Paar der damals hochmodernen Gummiflossen und ging ins Schwimmbad in München-Laim.

Dort warf ich mich zum Erstaunen meiner Klassenkameraden todesmutig ins Nichtschwimmerbecken und schaffte es tatsächlich, mich einige Meter unter Wasser schwimmend fortzubewegen! So begann meine erste Saison als Wassersportler. Und obwohl ich noch ziemlich lange brauchte, um *richtig,* das heißt ohne Flossen und auf der Wasseroberfläche, schwimmen zu können, war ich mir schon jetzt der Bewunderung der heranwachsenden Damenwelt gewiß.

Aber, wie das bei uns Wasserratten nun einmal so ist — ich hatte Blut geleckt! Bloß so im Schwimmbecken herumzutauchen, war mir zuwenig — ich wollte die faszinierende Unterwasserwelt richtig kennenlernen. Und so überredete ich Helmut, meinen besten Freund, der ebenfalls ein glühender Hans-Hass-Fan war, zu einem echten Tauchabenteuer.

Da die Anschaffung einer Taucherausrüstung aus finanziellen Gründen nicht in Frage kam, beschlossen wir, selbst eine Taucherglocke nach der eben in Mode gekommenen »Do-it-yourself«-Methode zu basteln. Und so bauten Helmut und ich aus Sperrholz (dieses war kostengünstig zu beschaffen) einen Taucherhelm, befestigten daran einen Gummischlauch und schlossen diesen an eine manuell zu bedienende LKW-Reifenpumpe an, um die Sauerstoffversorgung sicherzustellen.

Daß wir das darauf folgende Tauchabenteuer im Echinger Weiher nahe München beide überlebten, zählt zweifellos neben dem Wirtschaftswunder, der Wunderkerze und dem Fräuleinwunder zu den großen Wundern der beginnenden fünfziger Jahre.

Ein weit weniger großes Wunder war mein Einstieg in die Schauspielerei. Hier kam mir die Tatsache zu Hilfe, daß mein Vater als Kabarettist, Filmschauspieler und Autor einen sehr guten Namen hatte.

Dabei war ich ursprünglich fest davon überzeugt gewesen, daß ich es alleine schaffen würde.

Ich hatte — es war 1953 — in der Zeitung gelesen, daß Erich Kästner und der Regisseur Werner Hoffmann Darsteller für die Verfilmung von *Das fliegende Klassenzimmer* suchten. Zu diesem Zweck fand in Schwabing ein — wie man es heute nennen würde — »casting« statt.

Ich hatte das Buch mit Begeisterung verschlungen und mich schon beim Lesen mit der Figur des »Johnny« total identifiziert. Ohne zu Hause etwas davon zu erzählen, ging ich zum genannten Termin und befand mich in einer kilometerlangen Warteschlange. Hunderte Sprößlinge harrten hier gemeinsam mit ihren Eltern der Chance, eine Filmkarriere zu starten.

Ich war der festen Überzeugung, daß man mich wegen meines Talents und meiner Ausstrahlung — schließlich war ich der geborene Johnny!! — vom Fleck weg engagieren würde. Ich dachte an Hollywood-Traumkarrieren, die *immer* ohne Protektion und Fürsprache — meist mit einem Job als Tellerwäscher — begonnen hatten. Und da ich meiner Mutter hin und wieder beim Abspülen geholfen hatte, war ich der festen Überzeugung, daß meinem Aufstieg als Filmschauspieler nichts mehr im Wege stehen konnte.

Nach langem Warten war es soweit. Ich stand vor Erich Kästner und Kurt Hoffmann. Ich wartete auf ein paar Fragen, auch darauf, daß ich etwas vorsprechen müßte ... die beiden sahen mich kurz an, lächelten freundlich, und dann sagte Kurt Hoffmann: »Danke. Der nächste, bitte.«

Aus. Nichts. Sie hatten mich nicht genommen. Zerschmettert erzählte ich zu Hause meinen Eltern von meiner schrecklichen Niederlage.

Mein Vater schien ziemlich gelassen.

»Wenn du die Rolle unbedingt spielen willst, dann mußt du's eben noch einmal versuchen. Ich vereinbare einen Termin im Studio, und wir fahren gemeinsam hin.«

»Aber das geht doch nicht. Die kennen mich doch. Und sie haben mich schon abgelehnt.«

»Ach was —« Mein Vater lächelte. »Kein Mensch kann sich an dich erinnern.«

Mein Vater hatte als alter Branchenfuchs die ganze Vorstellungs-Arie richtigerweise als bloßen Werbegag der Filmfirma eingeschätzt.

Ein paar Tage später fuhr ich mit ihm zum Münchner Filmgelände nach Geiselgasteig, den späteren Bavaria-Studios. Nun lief alles völlig anders. Das Produktionsteam hatte Zeit für mich, Regisseur und Autor unterhielten sich lange mit mir über das Buch.

Probeaufnahmen wurden vereinbart — ich gefiel und bekam die Rolle.

Bei den Dreharbeiten stellte ich fest, daß mein Vater recht gehabt hatte. Kein einziger Darsteller war beim Casting in Schwabing engagiert worden. Alle Kinderdarsteller waren Söhne berühmter Eltern. Michael der Sohn des berühmten Regisseurs Paul Verhoeven, Peter Vogel der Sohn von Schauspieler Rudolf Vogel, etc.

Mein Filmdebüt machte mir großen Spaß. Ich bekam einen eigenen Paß und durfte ohne Begleitung meiner Eltern erstmals ins Ausland, nach Kufstein, reisen. Mit einem Wort, die große weite Welt tat sich für mich auf. Bei den Dreharbeiten stellte ich begeistert fest, daß beim Film herrlich gemogelt wird. Als es nicht und nicht schneien wollte, brachten mehrere Lastwagen riesige Massen Styroporkügelchen heran, und so wurde der Burghof, Schauplatz der Schneeballschlacht im Finale des Films, in eine idyllische Winterlandschaft verwandelt.

Nach Ende der Dreharbeiten warteten noch zwei tolle Erlebnisse auf mich. Erstens durften wir Buben die Filmdekoration im Atelier in der Tulbeck-Straße in München zertrümmern. Und zweitens konnte ich mit DM 1500 eine wahrhaft fürstliche Gage in Empfang nehmen.

Ich war begeistert, ging ins nächste Fahrradgeschäft und kaufte mir ein knallrotes Giradengo-Rennrad mit *acht* Gängen.

Lässig radelte ich mit diesem beeindruckenden Statussymbol täglich zur Schule, überholte dabei meine Gymnasiallehrer auf ihren alten, häßlichen Drahteseln und kam mir rundum toll vor.

Bis ich schließlich besorgt feststellen mußte, daß mich einige Lehrer plötzlich besonders hart prüften und meine ohnehin nicht gerade beeindruckenden Zensuren vollends in den Keller absackten.

Schlagartig wurde mir der Zusammenhang zwischen schulischer Verschlechterung und meinem demonstrativen Zurschaustellen meines sozialen Aufstiegs bewußt. Ich fand rasch eine Lösung. Bei einem Trödler kaufte ich um ein paar Mark ein kaum noch fahrtaugliches Uralt-Rad. Dieses parkte ich einige Häuserecken vor dem Schulgebäude und stieg täglich vom Giradengo-Flitzer auf die treudeutsche Pedalmühle um, auf der ich meinen Schulweg schwitzend zu Ende pedalierte.

Dieses äußere Zeichen der Demut wurde alsbald belohnt, und meine Zensuren erholten sich.

Ich war inzwischen fünfzehn geworden, und mein musikalisches Interesse hatte sich dem amerikanischen Super-Gitarristen Les Paul zugewandt. Dieser war der erste Populärmusiker, der ohne Begleitband durch das Einsetzen von Mehrfachüberspieltechnik bei seinen Songs alle Gitarren selbst spielte und durch Aufnehmen und Abspielen der Bänder in unterschiedlichen Geschwindigkeiten ungewöhnliche Soundeffekte erzielte. Seine Frau Mary

Ford sang dabei die Solostimme und mittels derselben Technik auch ihren eigenen, mehrstimmigen Begleitchor.

Ich besaß zwei Grundig-Tonbandgeräte, mit denen ich herumexperimentierte. Zuerst machte ich mit meiner Gitarre »Playbackaufnahmen«. Die spielte ich ab, sang dazu und nahm das Ganze mit dem zweiten Tonbandgerät auf. Dann wurde alles noch einmal überspielt, eine zweite Gitarre kam hinzu, ich überspielte und sang eine zweite Stimme, überspielte wiederum, nahm eine dritte Gitarre auf und so weiter und so fort — bis endlich eine absolut perfekte Nummer entstanden war. Die hatte nur einen Nachteil. Durch das häufige Überspielen von einem Gerät auf das andere waren schlußendlich nur mehr ein lautstarkes Rauschen und ganz leise Musik zu hören.

Meine Gitarre war inzwischen »elektrifiziert«. In das Schalloch hatte ich einen Tonabnehmer geklemmt und nach den Anleitungen eines Bastelkatalogs der örtlichen Firma »Radio RIM« einen Röhren-Gitarrenverstärker gebaut. Dieses wundervolle Gerät hatte nur zwei kleine Fehler. Es übertrug ständig mangels korrekter Abschirmung einen bayrischen Lokalsender, der meine amerikanisch inspirierte Gitarrenkunst mit ländlich-sittlichen Weisen unterstützte, und es war etwas schwierig zu transportieren, weil sich das Röhrenchassis nicht in das formschöne Lautsprechergehäuse integrieren ließ, ohne ein unwirsches Brummen von sich zu geben.

In dieser Zeit stieß ein amerikanischer GI, er hieß Ted Turner, zu unserer Clique. Eine solche Freundschaft verschaffte Münchner Jugendlichen damals einen gewaltigen modischen Vorsprung. Denn in den PX-Geschäften, in denen nur amerikanische Staatsbürger einkaufen durften, gab es die begehrten Baseball-Schuhe, T-Shirts und Original Levis-Jeans. Ted besorgte uns diese modischen Accessoires, und wir fühlten uns vermutlich so ähnlich wie DDR-Jugendliche in den achtziger Jahren, die einen direkten Draht zu den Intershops mit westlichem Modeangebot hatten.

Für mich hatte Ted einen weiteren, unschätzbaren Vorteil, er kannte einige Programmacher des AFN, die ihm (und damit mir) immer die brandneuen Singles aus den USA auf Tonband überspielten. Und so kam es, daß ich mit dem Rock 'n' Roll schon vertraut war, als die deutschen Medien noch so gut wie nichts darüber berichteten.

Als wir das erste Mal Bill Haleys *Rock around the clock* hörten, waren wir begeistert.

Denn zu dieser Musik ließ sich der bei Münchens Jitterbugkönig Stupsi in seiner kleinen Wohnung im Privatunterricht erlernte Achterschritt noch besser tanzen als zu den Rhythmen der Occamstreet-Footwarmers im legendären Hot-Club unter dem Augustinerkeller.

Wie so oft bei wirklich welterschütternden Ereignissen kamen Deutschlands Zeitungen ihrer Informationspflicht nur sehr schleppend nach. Als wir unter Stupsis fachkundiger Anleitung die Mädels im neuen Tanzfieber schon seit längerem durch die Luft geschleudert hatten, berichteten Bayerns Blätter endlich von der neuen Musikwelle, die Amerika überrollte. Erstmals tauchte dabei auch der Name von Elvis Presley auf, dessen Rock-Interpretationen noch wilder und »schwärzer« waren als die des eher »gesittet« wirkenden Bill Haley.

Die deutschen Musikjournalisten besprachen die »Rock-Hysterie« mit unverhohlener Häme.

Aber wir Jungen fanden: Rock 'n' Roll ist toll!

Ich selbst studierte die schon erwähnten drei Songs ein, und im Gegensatz zu meinen früheren Hillbilly-Versuchen waren die Freunde diesmal hingerissen.

Deutschland im allgemeinen und München im besonderen fanden wir damals schrecklich langweilig. Es gab kaum Veranstaltungen für Jugendliche, und so waren wir völlig von den Socken, als die Münchner AZ im Herbst 1956 eine Teenager-Party ankündigte.

Allerdings — vom Programm waren wir weniger angetan. Drei biedere Swing-Bands waren angekündigt, keine Spur von dem, was wir unter »moderner Musik« verstanden.

In Fredie Brocksiepers Studio 15 hatte dann irgend jemand von meiner Clique die Idee, ich solle mich doch einfach bei einem der Swing-Orchester als Rock-'n'-Roll-Sänger bewerben. Aufgeputscht vom Koffein einiger Coca-Colas, fand ich nach anfänglichem Zögern die Idee irre gut:

Die greisen Orchesterbosse werden sich sicher vor Begeisterung alle zehn Finger ablecken! Endlich haben sie den langgesuchten Sänger, der voll und ganz auf der Geschmackslinie der jungen Zuschauer liegt!

Ich stellte sofort ein hypermodernes Bühnen-Outfit zusammen: Levis-Jeans, weißes Hemd,

Espadrillos, und als Tupfen auf dem i schenkte mir Ted Turner eine Silberkette fürs Handgelenk mit meinem Namen darauf, so wie sie die amerikanischen GIs trugen. Schulkollegen und Freunde erklärten sich bereit, meinen Auftritt ganz im US-Stil zu bejubeln, zu beklatschen und zu bejohlen. München sollte so etwas noch nicht erlebt haben.

Strotzend vor Selbstbewußtsein, ging ich also auf Vorstellungstour und hatte, wie gesagt, bei Hugo Strasser Erfolg.

So also hatten die Dinge unbarmherzig ihren Lauf genommen . . .

Ich öffne die Augen und stehe noch immer im Künstlerwaschraum der Künstlertoilette.

Ich bin offensichtlich noch am Leben, kein gnädiges Schicksal hat mir die in wenigen Minuten beginnende Schmach ersparen wollen.

Entnervt schleppe ich mich in die Garderobe, wo ein besorgter Hugo Strasser schon ungeduldig auf mich wartet.

»Junge! Wo hast du dich denn herumgetrieben? In ein paar Minuten bist du dran!«

Er und seine Musiker gehen auf die Bühne.

Es war vereinbart, daß sie drei Nummern spielen sollten, dann sollte ich als Gastsänger angekündigt werden.

Ich setze mich noch einmal.

Since my baby left me . . .

Mein Gott, ich habe den Text vergessen!

I found a new place to dwell

Gott sei Dank!

Ach was, es wird schon gutgehen — meine Freunde werden brüllen, was die Lungen halten.

Na und? Die können brüllen, was sie wollen, man wird sie gar nicht hören, unter zweitausend Buh-Rufern!

Down at the end of lonely street

Heartbreak Hotel!

Zum Glück wird mein bedauernswerter Vater meine Schmach erst morgen aus der Zeitung erfahren! Jetzt steht er im Theater unter den Arkaden auf der Bühne. Dort kann er mit noch ungetrübter Freude den Applaus genießen, während sein armer Sohn ein paar Straßen weiter in sein Waterloo zieht.

Where I'll be

— heartbreak! —

so lonely, baby

Meine arme Mutter! Sie sitzt in diesem kalten Konzertsaal auf ihrem Ehrenplatz und wird in wenigen Augenblicken den Untergang ihres Sohnes miterleben müssen.

I feel so lonely, Baby

Mit den Fingern wird man auf sie zeigen: *Das ist Ihr Sohn!!*

I could die!

Ich höre den Applaus.

Der Conférencier geht auf die Bühne.

Ich packe meine Gitarre und schleppe mich in die Bühnengasse.

Ich sehe, wie Werner Goetze zum Mikrophon geht.

»Und nun, liebe Freunde, kündige ich euch einen jungen Münchner an!«

Er geht vom Mikrophon weg.

Gott — da wird ja kaum geklatscht!

Ich muß raus.

Ich sehe das Mikrophon, sonst gar nichts. Zum Glück blenden mich die Scheinwerfer.

Ich schaue auf meine Gitarre und schlage den ersten Akkord.

Well it's a one for the money!

Ich singe, ich höre den Rückhall meiner Stimme, Gott, muß der Saal groß sein.

Das Orchester setzt ein.

Ich singe, ich falle auf die Knie, ich stoße den Mikrophonständer fast um und spüre die Blitzlichter der Fotografen.

Don't step on my blue suede shoes

Die erste Nummer ist aus.

Ein paar Sekunden herrscht Totenstille. Dann geht es los.

Ein Heulen, ein Klatschen, ein Trampeln.

Ich stammle so was wie »Danke«, dann setzt das Orchester ein — *Heartbreak Hotel.*

Plötzlich sehe ich durch das Gegenlicht der Scheinwerfer durch. Ich sehe verzückte Gesichter, die Mädchen und Jungs stampfen zum Rhythmus. Unglaublich! Manche sind sogar von ihren Sitzen aufgesprungen.

Nach dem Liedschluß bricht ein Orkan los, der auch während meines letzten Songs nicht endet.

Ich muß die Begeisterung überbrüllen.

Als ich von der Bühne taumle, stürzt mir Werner Goetze entgegen.

»Wahnsinn, Junge! Du mußt noch mal raus!«

Er rennt auf die Bühne und brüllt ins Mikrophon: »Das war PETER KRAUS!«

Jetzt erst registriere ich den Hexenkessel, in den sich der Konzertsaal des Deutschen Museums während der letzten Minuten verwandelt hat.

Irgend jemand schubst mich wieder auf die Bühne.

»Die letzte Nummer noch mal!«

Klarinetten-Hugo brüllt es mir zu.

Wir spielen noch mal *Rock a beat'n' boogie* und noch mal und noch mal.

Schwitzend gehe ich mit Hugo Strasser und seiner Combo ab.

Der Saal tobt.

Hugo Strassers Jungs sind begeistert.

Alle lachen, gratulieren, schütteln Hände. Meine Mutter stürzt in die Garderobe.

»Mein Gott, hatte ich Lampenfieber!« ruft sie.

»Ich überhaupt nicht«, antworte ich lässig. Sie drückt mich an sich.

Meine Freunde stürzen herein und klopfen mich windelweich vor Freude.

Mein Vater ruft an: »Wie war's?«

»Toll. Irre!«

Während des folgenden Auftritts von Max Greger rufen viele Teenager noch immer nach Peter Kraus.

Das Unmögliche wurde an diesem Abend möglich: Das Goggomobil hat den Ferrari überholt.

Was war ich jetzt eigentlich?

Eine gelungene Gesangseinlage? Ein Sänger? Oder gar ein Star?

Abendzeitung

HUNTER *notiert*

... Zum erstenmal trat Peter K r a u s, 18 Jahre alt, Sohn des Schauspielers Fred Kraus, beim Jazz-Konzert der „Abendzeitung" im vergangenen Monat im Deutschen Museum auf.

Er spielte Gitarre und sang. Er kopierte Elvis Presley mit solchem Erfolg, daß er jetzt seine erste Polydor-Schallplatte in Wien aufgenommen hat, („Die Straße der Vergessenen" und „Tutti Frutti"), mit Max Greger an Silvester in Wien in zwei Konzerten auftreten wird, von Heinz Hoffmeister für eine Januar-Tournee mit Max Greger verpflichtet wurde und, mit Vater Fred Kraus zusammen, am 16. Januar in der Kongreßhalle bei einem bunten Faschingsabend des Bayerischen Rundfunks singen wird. Von seiner ersten Schallplattengage will sich Peter einen größeren Verstärker für seine Elektro-Gitarre kaufen. Von der nächsten — einen alten MG-Sportwagen. Papa Fred Kraus hat dieser Blitzkarriere seines Sprößlings entgegenzuhalten, daß er für die Schweikart-Inszenierung „Der Ritter vom Mirakel" und für die Ambesser-Inszenierung „Kaiser Joseph und die Bahnwärterstochter" an die Kammerspiele verpflichtet wurde...

Münchens Rock'n Roll-Idol heißt seit dem Jazzkonzert, das die „Abendzeitung" am Montag im Deutschen Museum veranstaltet hat: Peter Kraus. Peter wurde mittlerweile schon von einer Wiener Schallplattenfirma fest verpflichtet. Filmproduzenten geben sich bei Peters Vater, dem Schauspieler und Fernsehstar Fred Kraus, die Türe in die Hand. Mal sehen, ob Peter ein deutscher Elvis Presley wird...

In erster Linie war ich siebzehn und hundemüde. Ich fuhr mit meiner Mutter nach Hause und legte mich schlafen.

Wenn alles nur ein Traum gewesen war, dann war es wenigstens ein schöner gewesen. Von der Sorte konnte es durchaus noch mehr geben.

Wenige Tage später kam ein Anruf aus Wien. Am Apparat war Herr Mendelson, ein Schallplattenproduzent. Er fragte, ob ich zu Probeaufnahmen kommen wolle.

Ich konnte einen Termin frei machen.

Von der »Heulboje« zum »Schnulzenheini« — Wege eines Teenageridols

Wer spricht heute noch von der H-Linie in der Mode? Sehen Sie, genauso ist der große Wirbel um Rock 'n' Roll eine Modesache, die geschickte Reklamefachleute entfacht haben. So plötzlich, wie der neue Stil entstanden ist, so plötzlich wird er wieder von einem noch neueren abgelöst werden.

Der Komponist und Kapellmeister *Norbert Pawlicki* in der ÖSTERREICHISCHEN NEUEN TAGESZEITUNG 1956

ER KAM, SANG UND SIEGTE. Peter Kraus, eine Art Elvis Presley, nur sympathischer.

MÜNCHNER ABENDZEITUNG 1956

Genau wie Presley war Peter Kraus des Singens und Gitarrespielens nicht mächtig.

Petronius im STERN 1960

Peter KRAUS war der einzige Rock-'n'-Roll-Star, den Deutschland in den fünfziger Jahren vorzeigen konnte.

FAZ 1990

Heute ist Rock-Musik längst salonfähig — die Konzerte der Rockstars werden neben seriösen Theater-

und Klassikaufführungen gleichrangig auf den Kulturseiten der Tageszeitungen besprochen.

In meiner Anfangszeit, als der Rock 'n' Roll noch in den Babyschuhen steckte, wäre kein ernstzunehmender Musikkritiker auf die Idee gekommen, sich mit diesem »Negergedudel« auch nur einige Minuten zu beschäftigen. Man überließ die Berichterstattung darüber den »Gesellschaftsreportern«, sprich den Klatschjournalisten.

Ich habe schon von jeher ein besonderes Faible für die Exponenten dieses Berufszweiges, denn es hat mich immer wieder fasziniert, wie diese erfindungsreichen Meister der Schreibmaschine ihre Tatsachenberichte fernab von der Realität anzusiedeln pflegen.

Um dieser Crème de la crème des Journalismus die Gelegenheit zu geben, ordentlich über mich herzufallen, mußte ich aber erst einmal berühmt werden.

Ich hatte mir nun einmal — jung und dumm, wie ich war — in den Kopf gesetzt, aller Welt, vor allem aber den Spitzen der bundesdeutschen Gesellschaftsreportage zu beweisen, daß ich ein genauso miserabler und unerträglicher Sänger war wie der bekanntermaßen schrecklich erfolglose Elvis Presley.

Und als mir meine ersten Probeaufnahmen angeboten wurden, zögerte ich keinen Augenblick. Finster entschlossen, in der undeutschesten aller möglichen Unterhaltungsmusikrichtungen Karriere zu machen, fuhr ich an einem düsteren, nebligen Novembermorgen des Jahres 1956 hinaus in die Münchner Vorstadt, um daselbst in einem fensterlosen, nach Zigarettenqualm stinkenden Raum den gesanglichen Untergang des Abendlandes vorzubereiten.

Im Abhörraum der Tonstudios Bavaria warteten bereits Max Greger, mit dessen Musikern ich die Probeaufnahmen einspielen sollte, sowie einige andere Herren. Der unscheinbarste unter ihnen war der mächtigste: Gerhard Mendelson, *der* Erfolgsproduzent von damals. Er arbeitete schon seit Jahren exklusiv für die Polydor und hatte Topseller wie Peter Alexander und Jimmy Makulis produziert. Auch mein Vater hatte mit ihm bei einer Wiener Liederproduktion zusammengearbeitet. Als Mendelson vor einigen Monaten bei einem Münchenaufenthalt im FK-Espresso vorbeigeschaut hatte, spielte ihm mein Vater einige der Songs, die ich mit meinen beiden Grundig-Tonbandgeräten aufgenommen hatte, vor.

»Klingt gar nicht uninteressant, was Ihr Sprößling da so macht«, hatte Mendelson freundlich gebrummt. »Vielleicht läßt sich daraus irgendwann irgend etwas machen. Ich hätte gerne eine Option auf den Jungen. Herr Kraus, bleiben Sie mir im Wort, so lange, bis wir uns uneinig geworden sind!«

Aus den Zeitungen hatte er von meinem erfolgreichen Münchner Auftritt erfahren und wollte seine »Option« einlösen.

Das immer lächelnde Gesicht des kleinen, rundlichen Mannes strahlte mich an: »Schön, daß Sie da sind. Sind Sie bereit? Dann werden wir uns gleich ein Bild von Ihnen machen. Ein Hörbild, sozusagen!«

Er lachte begeistert über seine eigenen Worte

und zündete sich eine Zigarette Marke Gauloise an, die er nach französischer Art während des Gesprächs an der Oberlippe kleben ließ.

»Man hört ja Wunderdinge von Ihnen, junger Freund . . . na ja — Wunderdinge ist eigentlich übertrieben — Ihr Münchner Debütkonzert war ein ganz passabler Erfolg, nicht? Wir wollen prüfen, wie Ihre Gesangsstimme klingt, wenn sie professionell aufgenommen wird.«

Während er sprach, starrte ich fasziniert auf seine linke Hand. Er ballte sie beständig zur Faust, um sie gleich wieder zu öffnen, dann von neuem zu ballen und so weiter. Obwohl ich inzwischen zu der Auffassung gelangt war, von diesem komischen Kauz nichts Vernünftiges erwarten zu können, ging ich in den Aufnahmeraum und spielte mit Gregers Jungs *Heartbreak Hotel* ein.

Ich hatte kein gutes Gefühl, als ich in den Abhörraum zurückkehrte.

Mendelson war aufgesprungen, lief wie ein gereizter Tiger auf und ab und rauchte hektisch die x-te Gauloise. Der Tontechniker spielte das Band ab und bastelte an meiner Gesangsstimme herum. Als er fertig zu sein schien, blickte Mendelson erwartungsvoll zu Max Greger.

Der schüttelte nur gelangweilt den Kopf.

»Da könnt's ihr Hall und Shatter auf die Stimme draufhauen, was ihr wollt — wie der Presley klingt der nie. Der hat ja null Vibrato in der Stimm'.«

Dorthin soll der Hase also laufen, dachte ich verbittert. Die wollen ein Elvis-Double aus mir machen. Jetzt kommt gleich der Studio-Friseur und färbt meine Haare schwarz.

»Ich brauche einen *neuen* Star, keine Elvis-Kopie«, sagte Mendelson und konnte damit in meiner persönlichen Sympathiehitparade einige Plätze gutmachen. »Hat er wenigstens richtig gesungen?«

Aha — der Meister hat Schweinsöhrchen!

»Bei *der* Musik kann man praktisch gar nicht falsch singen«, sagte Max trocken. »Die ganze Musik ist ein einziger Fehler!«

Während ich mich im Geiste von diesen Ignoranten bereits mit arrogantem Gesichtsausdruck verabschiedete, schien Mendelson zu meiner Verblüffung diese profunde Analyse Gregers durchaus zu goutieren.

»Sehr gut, sehr gut«, murmelte er aufgeregt, und auch seine qualmende Zigarette schien beifällig zu nicken.

»Junger Freund«, knurrte er freundlich, »einem Talent wie Ihnen wird die Polydor mit Begeisterung einen Vertrag geben! Willkommen an Bord!«

Hier irrte Mendelson. Die Entscheidungsträger bei den großen Plattenfirmen waren sich alle einig. Erstens sei Rock 'n' Roll ohnehin eine Eintagsfliege, und zweitens sei in Deutschland daran sowieso keiner interessiert. Denn die deutsche Jugend — und darauf gebe man Brief und Siegel — sei nun einmal nicht so modern und verrückt wie die kids in den USA.

Von Begeisterung konnte auch bei Mendelsons Stammfirma, der Polydor, keine Rede sein.

Schließlich gelang es ihm aber doch, einen Single-Vertrag unter Dach und Fach zu kriegen. Er hatte als Exklusivproduzent in den letzten Jahren für die Firma einen Renner nach dem anderen produziert, und einem Mann gegenüber, der soviel Geld ins Haus brachte, zeigte man sich gerne kooperativ. Die Polydor-Bosse waren ohnehin davon überzeugt, daß der gute Mendelson nach dem unvermeidlichen Flop reumütig auf die erfolgsträchtigen Pfade »klassischer« Schlagerproduktion zurückkehren werde.

So kam ich also zu meinem ersten Plattenvertrag — und dank des Geschicks und der Branchenerfahrung meines Vaters sogar zu einem anständigen.

In den fünfziger Jahren war es nämlich durchaus noch üblich, die Interpreten nicht am Erfolg zu beteiligen, sondern mit einer einmaligen Zahlung abzufinden. Freddy Quinn etwa war es mit seinem Hit *Heimweh* so ergangen. Statt eines Lizenzvertrages hatte er — so munkelte man in der Branche — eine Abgeltung von DM 250 erhalten, und der riesige Verkaufserfolg brachte ihm kein zusätzliches Geld. Allerdings schenkte ihm Polydor großzügig, und um ihn bei Laune zu halten, einen VW-Käfer.

Bei seinen späteren Vertragsabschlüssen machte er dies aber sicher wett. Jedenfalls weiß ich, daß er als *der* Topseller der Polydor immer ein Prozent mehr Lizenzanteil bekam als ich.

Mein Vertrag sah von Anfang an eine Beteiligung am Verkaufserlös vor — vielleicht wurde mir diese auch deshalb eingeräumt, weil ohnehin kein Brancheninsider an den Erfolg dieser Produktion glaubte.

Außer Mendelson natürlich.

Der hatte sich inzwischen die deutschen Rechte für den brandneuen Little-Richard-Hit *Tutti Frutti* gesichert, und noch im Winter 1956 — wenige Wochen nach meinem ersten Auftritt — stand ich im Aufnahmeraum des Wiener Austrophon-Studios hinter dem Gesangsmikro.

Ich freute mich wahnsinnig auf meine erste Plattenproduktion, aber schon der Beginn war enttäuschend. Man nahm damals in Zweispurtechnik auf, und die Playbackaufnahmen gestalteten sich äußerst mühsam. Meine Studiomusiker kamen vom Swing und fanden die Rock-Kompositionen auf Basis von drei Harmonien schrecklich, die Riffs langweilig und den Rhythmus eintönig. Ihre musikalische Lust beim Einspielen von *Tutti Frutti* entsprach der Begeisterung Einsteins, die dieser empfunden hätte, wenn man ihn zum Supermarktkassierer gemacht hätte, weil er so gut rechnen konnte.

Ich war verzweifelt, denn das kurze Gitarrensolo sollte zuerst überhaupt gestrichen werden. Jeder gestandene Jazz-Gitarrist weigerte sich, seine Kunst in den Dienst eines derart unsäglichen Schmarrens zu stellen.

Nach langem Hin und Her erbarmte sich schließlich Franz Bileck, der üblicherweise auf den Heurigenlied-Produktionen von Mendelson die Kontragitarre zupfte, und lieferte uns mit steinernem Gesicht so etwas wie ein Gitarrensolo ab.

Aber der Mann war lernfähig. In den folgenden Jahren wurde er zum führenden Rock-'n'-Roll-Gitarristen bei Studioproduktionen, da er bereit war, sich einen bis dato nur in den USA erhältlichen Gibson-Gitarrenverstärker anzuschaffen. Damit war er in Wien und Umgebung als einziger in der Lage, den amerikanischen Rock-Gitarren-Sound der damaligen Zeit zu imitieren.

Nachdem ich mir im Studio die Seele aus dem Leib und den Kehlkopf heiser gerockt hatte, eilte ich erwartungsvoll in den Abhörraum.

Mendelson wurde (wie fast immer) von einem schrecklichen Krampfhusten geschüttelt und versuchte diesen erfolglos (wie ebenfalls fast immer) durch hektisches Rauchen zu bekämpfen.

Er sah zuerst mich an, dann wandte er sich an den musikalischen Leiter, den er mir zuvor als Herrn Klaus Alzner vorgestellt hatte.

»War doch wunderbar, oder?«

Erwartungsfroh harrte Mendelson der professionellen Einschätzung Alzners.

Der trug eine Miene zur Schau, als hätte man ihm soeben die Butter vom Brot geklaut.

»Naujo«, sagte er, zuckte die Achseln und gähnte. »Naujo« ist wienerisch und heißt, wörtlich übersetzt, »na ja«. Im übertragenen Sinne kann es sehr viel bedeuten. Und jetzt für mich nichts Gutes, dessen war ich mir sicher.

Blödmann, dachte ich mir. *Greis, Würstchen, Heurigensänger!*

»Aha«, sagte Mendelson zufrieden. »Und hat er richtig gesungen?«

Mit der wilden Frische Hans Mosers, wenn dieser gerade einen gestreßten Dienstmann zu spielen hatte, fällte Alzner sein gefragtes Urteil:

»Naujo«, meinte er und fiel zurück in seinen Urzustand, einer wilden Mischung aus Fadesse und Koma.

Wiederum gab sich Mendelson mit der wahrhaft aussagekräftigen Einschätzung seines musikalischen Leiters zufrieden, pumpte mehrmals kräftig mit seiner Hand, zündete sich zwei Gauloises gleichzeitig an und verkündete: »Feierabend!«

Dann wandte er sich zu mir: »Hör zu, junger Freund: Wenn das ein Flop wird, biegt sich die ganze Branche über mich vor Lachen. Und du bist persönlich verantwortlich dafür!«

Die Bürde dieser schrecklichen Verantwortung blieb mir erspart: Wir verkauften von *Tutti Frutti* mehr als 100 000 Tonträger (Singles und Schellacks).

Die Boulevardpresse von Wien bis Hamburg verlieh mir Ehrentitel wie »Heulboje«, »Schluckaufsänger« oder »deutscher Elvis« (was übrigens meist als Beleidigung gemeint war).

Die Bosse von Polydor waren begeistert, hatten es plötzlich »schon immer gewußt« und schickten mich auf meine erste Tournee durch Österreich und Süddeutschland. Solche Schlager-Tours funktionierten damals nach dem Prinzip des bunten Abends: Neben den Schlagerstars wurden Zauberer, Jongleure, der jeweilige Weltmeister im Akkordeonspielen und ein Conférencier engagiert, der durch den Abend führte.

Max Greger und sein Orchester sorgten nicht nur für die Begleitung der Sänger, sondern gestalteten einen gut Teil des Showabends selbst. Star des Abends auf meiner ersten Tournee war keineswegs ich, sondern Freddy Quinn, der beliebteste Seebär des Binnenstaates Österreich. Er sorgte für den

Schluß- und Höhepunkt des Programms, ich war der sogenannte »Pausenschluß«, also der letzte Programmpunkt vor der Pause.

Bunt gemischt wie das Programm war auch die Zusammensetzung des Publikums. Neben rockmusikbegeisterten Teenagern, die sich den »deutschen Elvis« anschauen wollten, erschienen auch gesetztere Jahrgänge, um sich Freddys Heim- und Fernwehträumen hinzugeben. Auf diese Weise hatten die entfesselten jungen Menschen gleich ihre Aufpasser und Anstandsdamen mit dabei, was durchaus dem Zeitgeist der fünfziger Jahre entsprach.

Für mich waren diese ersten Konzerte eine harte Zeit. Vom Orchester Max Greger war nur eine verschwindende Minderheit bereit, mich überhaupt zu begleiten. Die oben beschriebene Verachtung der Swingmusiker gegenüber dem Rock 'n' Roll bekam ich auch bei den Live-Auftritten herb zu spüren. Dies besserte sich erst Monate später. Denn inzwischen hatte sich gezeigt, daß diese Musikrichtung doch etwas langlebiger war als vorher prophezeit. An dem Tag, an dem ich mit ansehen durfte, wie Max persönlich bei einem Sax-Solo auf die Knie ging und sich dabei verrenkte, als hätte er eine schlimme Darmkolik, war mir schlagartig klar: Jetzt hat es der Rock 'n' Roll auch in Deutschland endgültig geschafft!

Das Verhältnis zwischen dem Tourneestar Freddy und mir war nicht das beste.

Er — im Vollbesitz einer voluminösen Stimme —

fand meinen »Schluckaufgesang« schrecklich, und noch schrecklicher fand er zweifellos, daß diese Art zu singen das junge Publikum zum Kreischen brachte.

Als ihn Presseleute fragten, was er denn von den Fähigkeiten seines jungen Kollegen halte, versuchte er einen Scherz: »Der Kraus kann ganz ausgezeichnet Wasserski fahren.«

So schmeichelhaft diese Einschätzung für mich auch war, sie war dennoch falsch. Auch meine wasserskilichen Fähigkeiten waren damals noch äußerst bescheiden. Erst jahrelanges zähes Üben brachte mich zu der Eleganz, die es mir heute ermöglicht, nach einem kapitalen Sturz äußerst effektvoll in den Fluten zu versinken.

Wie weit Freddys Ablehnung mir gegenüber ging, zeigt das folgende Beispiel:

Er stand nach einem Auftritt vor einem Telefonautomaten, und es fehlte ihm offensichtlich an Kleingeld.

Als ich ihm mit einem »Zehnerl« aushelfen wollte, wurde er krebsrot im Gesicht: »Glaubst du vielleicht, ich bin auf dein Geld angewiesen?!«

Als ich ihn Jahrzehnte später fragte, warum er seinerzeit gar so böse auf mich gewesen sei, meinte er, ich hätte ihm damals nach einem Auftritt Ohrfeigen angedroht.

Ich schwöre: Daran kann ich mich nicht erinnern. Ich kann mir auch nicht vorstellen, wie ein schmales Bürschchen wie ich es hätte wagen können, einen notorischen Bodybuilder und »tough guy« wie Freddy derart zu bedrohen. Hier wird der alte Seebär wohl etwas Seemannsgarn gesponnen haben.

Wie dem auch sei, meine erste Tour war nicht gerade ein Honigschlecken, zumal auch die Abendgage mit hundert Mark weit hinter meinen hochgesteckten Erwartungen zurückblieb. Aber meine Situation sollte sich blitzartig verbessern. Denn der Veranstalter unserer Konzertreihe hatte nebenher noch eine zweite mit Jimmy Makulis als Star laufen.

Während unsere Abende durchwegs ausverkauft waren, liefen die anderen Veranstaltungen nicht so gut, und so entschloß sich der Veranstalter zu einem Wechsel.

»Dank Freddy laufen eure Konzerte ja ganz toll!« sagte er eines Abends zu mir.

»Ja, ja«, knurrte ich und fand die Welt wieder einmal furchtbar ungerecht.

»Wir brauchen dich da eigentlich gar nicht!«

Ich lehne Ehrlichkeit grundsätzlich ab, wenn sie gegen mich gerichtet ist, also schwieg ich, wandte meinen Blick gen Himmel und zitierte in Gedanken den Geheimrat Goethe.

»Peter, ich bau dich in die Makulis-Tournee ein. Ich glaube, das wäre für uns alle das beste.«

Und so war es dann auch.

Kaum wurde ich auf den Plakaten angekündigt, schwupps, waren alle Karten weg. Ich war rundum zufrieden, denn jetzt war der Beweis erbracht: Auch der Kraus bringt Zuschauer!

Meine Freude teilte ich mit meiner Bank, meine Abendgage war nach zähen Verhandlungen von hundert auf tausend Mark erhöht worden. Solche Zuwachsraten gab es wirklich nur in der Wirtschaftswunderzeit.

In den fünfziger Jahren waren diese Konzerttourneen die wichtigsten Werbeträger für den Schallplattenverkauf; das Fernsehen steckte in den Kinderschuhen, und wenige Haushalte waren mit den anfangs sündteuren Apparaten ausgestattet. So lieferte für viele Fans erst das Live-Konzert die Antworten auf all die brennenden Fragen, die das Teenagerherz bewegten: Wie groß ist er? Tanzt er beim Singen? Trägt er eines dieser neuen, phantastischen Perlonhemden?

Da die Plattenfirmen natürlich sehr daran interessiert waren, daß alle Interessenten die Möglichkeit bekamen, die aktuellen Schlagerstars live zu erleben, fanden die Konzerte nicht nur in großen Hallen, sondern auch in Wirtshaus- und Kinosälen statt. Die meisten Jugendlichen hatten kein eigenes Fahrzeug, und so konnte man nicht erwarten, daß sie so wie heute weite Reisen zu den Konzerthallen auf sich nehmen würden. Da der Prophet nicht zum Berg kommen konnte, mußte der Berg zum Propheten kommen.

Wir machten fast täglich zwei Konzerte. In den Städten lief das so ab, daß das erste Konzert in einer großen Halle schon um 19 Uhr begann. Das zweite Konzert wurde nach der Filmvorstellung in einem Vorstadtkino spätabends gegeben.

In den kleinen Orten auf dem Land fanden oft beide Konzerte gleichzeitig statt. Dies wurde so organisiert, daß die Künstler, die im Ort A die Programmteile vor der Pause bestritten, mit einem Bus in den Ort B gebracht wurden, während die andere Künstlergruppe, die in B schon gespielt hatte, mit einem zweiten Bus nach A fuhr. Wenn man sich unterwegs traf, wurden zwischen den beiden »Mannschaften« die Erfahrungen ausgetauscht.

»Wir haben euch den Laden sehr gut angeheizt. Die sind toll drauf!«

»Dann seid ihr für die lahmen Enten, die wir hatten, genau das richtige Team!«

Im Winter bei Schnee und Glatteis kam es für das Publikum oft zu ziemlich langen Wartezeiten, die mit erstaunlicher Geduld hingenommen wurden.

Die Auftrittsbedingungen waren manchmal kurios. Bei einer Tournee, die der Nürnberger Veranstalter Charly Buchmann organisiert hatte, sollten wir wieder einmal in einem Kino spielen. Als wir Künstler — Jimmy Makulis, die Jazzsängerin Illo Schieder, zwei Tänzerinnen und Fredie Brocksieper mit seinem Orchester und ich — eintrafen, war der Saal bereits gesteckt voll. Wir waren etwas zu spät dran, und ich fragte den Saalwart hektisch, wo denn die Garderoben seien.

»Garderoben«, sagte er und lachte frohgestimmt, als hätte ich ihm soeben den tollsten Witz erzählt. »So was haben wir nicht. Ihr könnt euch in der Kinokasse umziehen.«

»Immer noch besser als gestern im Hof im Freien«, gaben sich die Mädchen begeistert. Ich schloß mich der Begeisterung an und zwängte mich zu den Damen in die enge Kinokasse.

Da erschien mit krebsrotem Kopf Jimmy und verkündete mit der Donnerstimme des griechischen Tragöden: »Scheiße! Die haben hier nicht einmal eine Bühne!«

Der fröhliche Saalwart hatte ihm dieses unbedeutende Manko des ansonsten traumhaften Saales unter glucksendem Lachen gestanden.

»Jetzt reicht's, wo ist der Buchmann?!« brüllte

ich drohend, und Illo kreischte etwas, das wie »umbringen« klang.

Doch unser weiser Tourneeorganisator hatte sich bereits der drohenden Lynchjustiz entzogen und saß feixend in Begleitung der Abendeinnahmen in seinem VW-Kabriolett, um nachzusehen, ob bei der Parallel-Tournee auch alles so blendend funktionierte.

Im Saal klatschte das Publikum rhythmisch und schon etwas ungeduldig unseren Auftritt ein.

Fredie Brocksieper behielt die Nerven. Er bat die Damen und Herren, die in der ersten Reihe saßen, ihre Plätze zu räumen und das Konzert im Stehen zu genießen. Auf den frei gewordenen Sitzen nahm nun das Orchester Platz, und wir Sänger lieferten unsere in diesem Fall äußerst bewegungsarme Show auf der etwa fünfzig Zentimeter breiten Plattform vor der Kinoleinwand ab. Die beiden Tänzerinnen tanzten munter durch den Saal, und so hatte der ganze Auftritt das Flair einer höchst unprofessionellen, aber um so lustigeren Privatparty.

Dem Publikum machte das Ganze jedenfalls großen Spaß.

Natürlich waren diese Tingeltangel-Auftritte nicht die Regel. Vor allem das Live-Erlebnis Rock 'n' Roll zog die jungen Leute an wie ein Magnet. In den Großstädten gab es plötzlich die ersten Mammut-Konzerte mit zehn- bis zwölftausend Menschen. Dabei wurden — manchmal zu Recht, oft zu Unrecht — von den Ordnungshütern Krawalle befürchtet: »12 000 Teenager waren im Delirium —

1000000
DM 10000
0000000

200 Polizisten hatten große Mühe, die vor Vergnügen jubelnde Jugend in Zaum zu halten«, schrieb eine österreichische Zeitung über den »Peter-Kraus-Rummel in der Wiener Stadthalle«. Aber außer Begeisterungskundgebungen war damals in Wien nichts passiert.

Bei meiner vorangegangenen Tournee durch die Schweiz war das etwas anders gewesen: »Heim ins Reich mit dem Seich« und »Kraus raus« war auf den Spruchbändern zu lesen, die Schweizer Jugendliche bei ihren Anti-Kraus-Kundgebungen trugen. Damit standen sie vor den Konzerthallen in Bern und Winterthur und lieferten sich Schreiduelle mit den Fans, die das Konzert besuchen wollten.

In Zürich explodierte dann während meines Auftritts eine Rauchbombe und hätte in dem vollbesetzten Saal beinahe Panik ausgelöst.

Obwohl diese Kundgebungen für mich nicht unbedingt angenehm waren, so verliefen sie doch im Grunde harmlos.

Zu einer Eskalation der Gewalt kam es allerdings 1958 beim Bill-Haley-Konzert im Berliner Sportpalast.

Wenige Tage zuvor hatten Conny und ich im selben Haus ein Konzert gegeben, und dabei waren einige Stühle zu Bruch gegangen. In solchen Fällen war es sehr wichtig, durch richtiges Verhalten auf der Bühne die Stimmung nicht weiter anzuheizen. Ein paar ruhige Lieder, ein paar witzige Worte bei den Conférencen — und die Sache konnte in den meisten Fällen bereinigt werden. In Berlin wurden wir damals trotzdem von den Sicherheitsbehörden zuerst auf das Dach und dann über die Feuerleiter in Sicherheit gebracht.

Beim Bill-Haley-Konzert wurden Conny und ich neben Stadthonoratioren als Ehrengäste eingeladen. Ich selbst verzichtete auf meinen Ehrenplatz und sah mir das Konzert hinter der Bühne an. Ich wollte aus nächster Nähe Haleys Show-Tricks studieren.

Während des Konzertes steigerte sich die Stimmung auf den Siedepunkt, und eine kleine Gruppe hatte begonnen, die Stühle aus den Verankerungen zu reißen. Trotzdem wirkte die Sache noch keineswegs bedrohlich, und für einen besonnenen Showstar wäre es ein leichtes gewesen, die Gemüter zu beruhigen.

Ich wartete jede Minute darauf, daß Haley in dieser Richtung etwas unternehmen würde, denn ich selbst hielt nie viel davon, dadurch Schlagzeilen zu machen, daß sich die Fans bei meinen Konzerten gegenseitig die Köpfe einschlugen.

Mr. Haley war da offensichtlich aus anderem Holz geschnitzt.

Plötzlich spielte er zehn Minuten lang immer das gleiche Gitarrenriff. Dies brachte einen Teil des Publikums in Ekstase, während andere weitere Songs hören wollten und zu pfeifen begannen.

Ungerührt spielte Haley weiter. Noch immer das gleiche zündende, aber nun doch schon elend langweilige Riff.

Der halbe Saal stand inzwischen auf den Stühlen und tobte. Plötzlich schlichen Haleys Roadies auf die Bühne und stellten sich neben die Verstärkeranlagen und das Schlagzeug.

Mit dem Schlußakkord verließen Musiker und Roadies, die die noch verkabelten Verstärker mitschleppten, schlagartig die Bühne.

Es gab kein Good-bye und keine Chance auf eine Zugabe. Nichts.

Der Saal verwandelte sich in einen Hexenkessel. Tausende versuchten nach vorne zu stürmen. Polizeikordons zogen auf. Die Bühne blieb leer. Niemand sagte etwas, niemand versuchte die Menschen zu beruhigen.

Ich kletterte auf das Dach und sah durch die Lüftungsklappen in die Halle.

Der Einsatzleiter der Polizei traf in dieser Situation die wohl dümmste Entscheidung, die möglich war. Von der Bühne aus ließ er mit einem Feuerwehrschlauch Wasser in die Menge spritzen. Eine Abkühlung der Gemüter trat in diesem Fall höchstens bei den Ehrengästen ein, die wie Conny und ihr Vater ganz vorne saßen und die Dusche voll abbekamen.

Bei der großen Mehrheit wurde die durch Haleys provokantes Verhalten entfachte Wut durch diese Polizeiaktion noch gesteigert. In dieser Nacht wurde der Berliner Sportpalast völlig zertrümmert. Man hatte die an der Decke befestigten Neonreklamen mit abgebrochenen Stuhlbeinen heruntergeschossen, und das splitternde Glas verletzte etliche Menschen zum Teil schwer.

Nach dem Konzert wurde ich Haley vorgestellt, und als ich ihn auf die Schrecklichkeiten, die hier passiert waren, ansprach, meinte er nur leichthin, er sei das aus Amerika gewohnt, deshalb spiele er dort auch meist hinter einem schützenden Netz. Ich war schrecklich deprimiert. Wenn das die Zukunft des Rock 'n' Roll sein sollte, daß ich mich vor meinem eigenen Publikum schützen mußte, so konnte ich gerne darauf verzichten.

Aber meine Sorge war unberechtigt. Als ich ein Jahr später in der Berliner Waldbühne bei einem der ersten Open-Air-Konzerte vor 24 000 Zuschauern auftrat, blieben Exzesse wie im Sportpalast glücklicherweise aus. Zuerst war über eine riesige Leinwand mein Film *Alle lieben Peter* gezeigt worden, dann gab ich mein Konzert. Und wie schon bei meiner ersten Tournee mit Freddy Quinn skandierten die Teenager nach der letzten Nummer: »Peter! Zugabe!«

Wie war es zu dieser Welle der Begeisterung gekommen? Durch mein deutsches Rock-'n'-Roll-Debüt hatten die jungen Leute plötzlich einen »Star«, der so alt war wie sie. Einen, mit dem sie sich identifizieren konnten.

Eh' ich es überhaupt richtig kapiert hatte, was da los war, war ich zum »Teenager-Idol« geworden. Und das war damals etwas völlig Neues. Denn es gab noch keine selbstbewußte, eigene Jugendszene wie später in den sechziger Jahren, und alles, was den Teenagern gefiel und Spaß machte, galt als unanständig, jugendgefährdend und schrecklich.

Coca-Cola bewirkte angeblich Leberzirrhose, Rock 'n' Roll führte nach Ansicht honoriger Wissenschaftler, wie dem Wiener Universitätsprofessor Dr. Wolfram, zu »Raserei« und »Tobsuchtszuständen«, und Comics, wie die damals allmählich populär werdenden Mickymaus- und Donald-Duck-Hefte, nannte man schlicht und einfach »Schmutz und Schund«. Zur Rettung des »guten« Geschmacks schreckte man auch vor geschmacklosen Mitteln nicht zurück: In Deutschland und Österreich fanden feierliche Comic-Verbrennungen statt, die fatal an die diesbezügliche Praxis des Dritten Reichs erinnerten.

Nur wenige Erwachsene fanden einen »Draht« zu ihren verrückten Sprößlingen, und erst allmählich erkannten einige clevere Unternehmer, daß die Teenager auch als eigenständige Konsumentengruppe interessant waren. Ein Mann der ersten Stunde war dabei der spätere Regierungssprecher Peter H. Boenisch, der 1956 mit BRAVO die erste Jugendzeitschrift Deutschlands gründete. BRAVO berichtete zuerst vor allem über Filmstars, die bei der Jugend besonders beliebt waren. Doch als die Rock-'n'-Roll-Welle auf Deutschland überschwappte, nahmen die Storys über die Exponenten der neuen Musik einen immer größeren Platz ein. Da jugendliche Jugendidole noch sehr dünn gesät waren, tauchte mein Bild in BRAVO so oft auf, daß man bereits munkelte, ich sei ins Verlagsgeschäft eingestiegen und somit der eigentliche Herausgeber.

1958 erschien über mein Leben eine mehrteilige Serie, die ich selbst mit großer Begeisterung las, denn was da angeblich hautnah und authentisch berichtet wurde, war über weite Strecken auch für mich völlig neu.

1958 hatte die Redaktion die Idee, sogenannte Starschnitte ins Blatt zu nehmen: In jeder Folge der Zeitung wurde der Teil eines Fotos abgedruckt, und wer eifrig sammelte, konnte nach einigen Monaten seinen Star in Lebensgröße an die Wand kleben.

Ich war der erste männliche BRAVO-Starschnitt.

Offensichtlich war dieser noch schwarzweiße Prototyp noch nicht ganz ausgereift, denn meine Lebensgröße war arg geschrumpft: Statt der originalen 1,84 Meter maß der Starschnitt kaum 1,70.

Trotzdem soll die gekürzte Ausgabe des Peter Kraus so manches Teenagerzimmer zur Bestürzung der verzweifelten Eltern verunstaltet haben.

Damals wurden auch die ersten schüchternen Versuche unternommen, Produkte mit den Namen populärer Stars zu versehen und damit deren Marktchancen zu steigern. Aus heutiger Sicht war dieses Merchandising äußerst bescheiden. Während heute Waren aller Art — vom Radiergummi bis zur Schultasche, vom T-Shirt bis zu ganzen Modekollektionen — die Namen populärer Teeny-Stars wie Madonna oder Michael Jackson tragen, gab es damals, soweit ich mich erinnern kann, nur zwei Peter-Kraus-Produkte: Das eine war der sogenannte Peter-Kraus-Coll, ein, wie es in der Werbung hieß, »wertvolles Kleidungsstück aus 100% reiner Wolle und aus echtem Leder (keine Imitation)« gearbeitet. Der Pullover war »in Seesand mit Veneziagrün, Brillantweiß mit Pariserrot, Elfenbein mit Cognac und Nachtblau mit Beige« erhältlich und brachte mir einige Probleme. Das Leder verabschiedete sich nach mehreren Waschgängen gerne von seiner leuchtenden Farbe, und da die Fans mich persönlich für die Verarbeitungsqualität des Peter-Kraus-Colls verantwortlich machten, mußte ich mich mit zahllosen Beschwerden herumschlagen.

Das zweite Produkt war die legendäre Peter-Kraus-Gitarre. Diese Elektrogitarre wurde vom deut-

ECHTES LEDER
(KEINE IMITATION)
GRATIS!
DAS PETER KRAUS-HALSTUCH
mit Autogramm
100%
REINE WOLLE
Peter Kraus Coll
ZUM LEDER
DER PASSENDE
FARBSTREIFEN
und der beliebte Peter Kraus-Colli*
die modische Sensation für jung und alt! Der Peter Kraus-Colli ist aus hochveredelter Baumwolle und Gabardine-Popeline. Leicht waschbar. Leuchtende Farben in den gleichen Größen wie unten angegeben. Zu beiden Ausführungen das
schöne Peter Kraus-Halstuch für nur DM 29.80
Aus 100% reiner Wolle, mit echtem Leder (keine Imitation) und im typischen Film-Star-Schnitt. Name und Modell sind gesetzlich geschützt. Jeder hat die Farb-Wahl nach seinem Geschmack, da der Peter Kraus-Coll in vielen leuchtenden Farbzusammenstellungen gefertigt wird. Peter Kraus bevorzugt: nachtblau mit bleu, bleu mit weiß, seesand mit cognac und pariserrot mit beige. Für Damen und junge Mädchen in den Größen 38—48. Für jüngere und ältere Herren in den Größen 46—54. Jede Farbstellung und Ausführung zum einheitlichen
Sonderpreis von DM 66.60
per Nachnahme
Postkarte genügt.
Alleiniger Hersteller und nur zu beziehen durch:
Punkt -VERSAND Spezialversand der Film-Star-Moden
MÜNCHEN 34 · SCHLIESSFACH 1 · Abt. B 47

schen Instrumentenhersteller Framus gebaut. Sie hatte nur vier statt der üblichen sechs Saiten. Bei meinen Live-Auftritten und in diversen Filmen spielte ich sie selbst.

Die Idee für den Bau dieser Gitarre hatte mein Vater gehabt, da er selbst einmal auf einer der seltenen viersaitigen Tenorgitarren gespielt hatte. Der Vorteil der vier Saiten bestand darin, daß man das Instrument schneller erlernen und die aktuellen Schlager leichter nachspielen konnte.

Zu der Gitarre gab es eigene Gitarrenschulen im Musikalienfachhandel, und die Noten der Peter-Kraus-Songs wurden mit Grifftabellen für die viersaitige Gitarre ausgestattet.

Heute, mehr als dreißig Jahre später, fragen mich die Leute gern, was denn das damals für ein Gefühl gewesen sei: Gerade draußen aus der Pubertät — und schon wird man als Star gefeiert, angehimmelt und von kreischenden weiblichen Fans umringt.

So komisch das heute klingen mag — im ersten Jahr meiner »Schluckaufsänger-Karriere« hatte ich kaum Zeit, mir über meine Situation überhaupt klar zu werden. Das einzige greifbare Resultat meines Erfolges war ein MG TF, den ich mir als hoffnungsloser Autonarr, der ich bis heute geblieben bin, von meinen ersten Lizenzen kaufte. Daß dieser Wagen sehr schnell zum Objekt der Begierde jugendlicher Fans wurde, war mir eher lästig. Ich war ständig damit beschäftigt, die Lippenstiftgraffitis in Form von Herzchen und »Peter, we love you!«-Sprüchen herunterzuwaschen.

Ein Star zu sein hieß in den fünfziger Jahren, völlig widersprüchlichen Erwartungshaltungen gerecht zu werden. Einerseits sollte ich genauso sein wie meine Fans — ein Junge wie Millionen anderer auch. Andererseits wurde von mir die Erfüllung einer Vorbildfunktion erwartet — ich sollte nicht rauchen, keinen Alkohol trinken und keine wechselnden Mädchenbekanntschaften haben. Eine feste Freundin war auch nicht erwünscht, denn das verärgerte die weiblichen Fans.

Kurzum, es war eigentlich unmöglich, ein idealer Star zu sein. Lediglich was das Rauchen betraf, entsprach ich den Erwartungen. Aus Zigaretten habe ich mir mein Leben lang nie etwas gemacht. Und mit siebzehn zog ich ein Glas Milch allen anderen alkoholfreien Getränken vor. Aus dieser Zeit gibt es Unmengen von PR-Fotos, die mich als begeisterten Milchtrinker zeigen, was vor allem den damaligen Ernährungsminister und späteren Bundespräsidenten Lübke begeistert haben dürfte, denn so half ich mit, die Überschüsse der bundesdeutschen Milchproduktion wenigstens teilweise abzubauen.

Als Star hatte ansonsten für mich der Ernst des Lebens begonnen. Statt in Tanzlokalen herumzuflanieren, was vor meinen ersten Plattenerfolgen neben Eislaufen und Tauchen meine Lieblingsbeschäftigung gewesen war, hetzte ich jetzt von einem Termin zum andern — Pressetermine, Dreharbeiten, Tourneen und eine Plattenaufnahme nach der anderen.

In den Jahren 1957—60 nahm ich 36 Singles auf. Die Erfüllung dieses gewaltigen Arbeitspensums war Teil der Marketing-Strategie Mendelsons. Denn kaum hatten die Konkurrenzfirmen gesehen, daß auch die deutschsprachigen Jugendlichen diese *furchtbare* Musik wahnsinnig toll fanden, suchten sie ihrerseits deutsche Rockidole aufzubauen. Als einzige Möglichkeit, »Deutschrock« zu produzieren, galt vorerst das Einkaufen amerikanischer Originalhits, die man mit deutschen Texten versah. Um nun zu verhindern, daß andere Produzenten mit solchen erfolgsträchtigen Coverversions junge Rock-'n'-Roller aufbauen konnten, kauften Mendelson und seine Getreuen alles, was sie an hitverdächtigen Originalmusiken kriegen konnten. Nur in wenigen Fällen waren die anderen schneller: So ging *Suzi Darling* von Robin Luke Mendelson schlicht und einfach wegen Arbeitsüberlastung durch die Lappen, und Tommy Kent landete damit einen deutschen Hit. Aber es fehlte nicht nur an geeigneten Schlagern, auch die Sängerinnen und Sänger für die neue Welle waren offensichtlich gar nicht so einfach zu finden, und so wurde auf Altbewährtes zurückgegriffen. Die kleine Cornelia packte zur Badehose noch ein Oberteil ein und wurde zum kessen Teenager Conny. Als Mendelson hörte, daß Conny Paul Ankas *Diana* auf deutsch herausbringen sollte, ließ er auch mich diesen Titel aufnehmen, um damit die drohende Konkurrenz im Keim zu ersticken. Dasselbe passierte bei Connys nächstem Hit *I love you baby*. Doch auch mit solchen Tricks konnte Mendelson Connys Teenagerkarriere — glücklicherweise — nicht verhindern.

Mendelson kaufte also einen Titel nach dem anderen ein, und meine Aufgabe bestand darin, zu singen, zu singen und noch einmal zu singen.

Die Branche machte sich anfangs über Mendelsons Strategie lustig, innerhalb weniger Wochen eine Kraus-Scheibe nach der anderen auf den Markt zu werfen. Er schöpfe damit nicht das komplette Verkaufspotential eines Schlagers aus und mache sich auch noch selber Konkurrenz.

Diese Einschätzung war zweifellos richtig: Ich erreichte mit keinem Einzeltitel eine goldene Schallplatte, kein Song verkaufte über eine Million Stück. Mit meinem Gesamtplattenumsatz war ich allerdings jahrelang der Topseller in Deutschland. Und in den Top-Ten der BRAVO-Musicbox war ich mehrmals sogar mit drei Titeln gleichzeitig vertreten. Insofern war die scheinbar »unkommerzielle« Strategie des alten Schlitzohrs Mendelson goldrichtig. In den fünfziger und beginnenden sechziger Jahren schaffte es kein anderer Produzent, mit deutschem Rock 'n' Roll über einzelne Zufallserfolge hinauszukommen. Denn mein größter Konkurrent, Widersacher und Hauptfeind numero uno, der gemeinsam mit mir die hoffnungsvolle deutsche Jugend in zwei verfeindete Lager spaltete, das schreckliche und gefürchtete Rauhbein Ted Herold, stand im selben Stall.

Und das kam so.

Es war ein lauer Frühlingsabend des Jahres 1958. Ich saß mit Gerhard Mendelson in einem sündteuren Gourmetlokal in Paris und erhielt Nachhilfeunterricht in feiner Lebensart. Denn der kinderlose Mendelson sah in mir nicht nur einen Klienten, sondern eine Art »Adoptivsohn«, dem er das schöne Leben näherbringen wollte. Und dazu gehörten für ihn als Frankreichfan selbstverständlich ein gepflegtes Diner und ein edler Wein.

Er hatte mit tiefer Erschütterung zur Kenntnis nehmen müssen, daß ich mich bisher geradezu barbarisch ernährt hatte. Die letzten Jahre hatte ich nämlich einen gut Teil meiner Freizeit im Münchner Café meines Vaters, dem damals legendären FK-Espresso, verbracht. Und dort gab es keine große Karte, sondern nur kleine Wiener Schmankerln: Gulyassuppe, Hühnersuppe, Eierspeis', Würschtel mit Saft und so weiter. Meine Mutter hätte mich zwar lieber zu Hause bekocht, und das hätte auch zweifellos besser geschmeckt, aber das Flair im FK ließ mich den heimischen Fleischtopf verschmähen. Für Mendelson war das Essen im FK eine verabscheuungswürdige Parodie auf die wahre Kochkunst, eine Todsünde wider den heiligen Geist des Gaumenkitzels.

So fragte er nicht lange, erwarb zwei Flugtickets, verfrachtete mich in die Maschine nach Paris und erklärte, er werde mich — was die gepflegte Völlerei beträfe — schon Mores lehren. Nun saß ich also am Montmartre und betrachtete mit gemischten Gefühlen die Schnecken, die mich arrogant vom Teller anstarrten, als ob sie wüßten, daß sie im Magen eines kulinarischen Ignoranten landen sollten. Todesmutig überließ ich das erste Untier meinem gut funktionierenden Verdauungsapparat und lauschte den Ausführungen meines Meisters, der jeden Gang der Speisenfolge mit Husten und nützlichen Informationen für den unwissenden jungen Menschen zu würzen wußte. Bei der Vorspeise erklärte mir Mendelson unter beständigem Handpumpen die markanten Unterschiede zwischen einem Châteauneuf du Pape und einem Beaujolais primeur, umriß beim Hauptgang das samtige Bouquet der

Burgunderweine sowie die Feurigkeit des Bordeaux und kam dann beim Dessert zum Thema.

»Wir verkaufen zuwenig Platten«, sagte er mit seinem freundlichen Lächeln und prostete mir mit seinem Chablisglas zu.

Ich fiel aus allen Wolken.

»Wie bitte? Wir verkaufen pro Single zwischen hundert und hundertfünfzigtausend Platten! Was willst du noch?!«

»Mehr verkaufen«, antwortete er trocken und schob behende neben seiner glimmenden Zigarette einen gehäuften Löffel Mousse in seinen Mund.

»Bravo, ein Bombeneinfall«, sagte ich. »Und wie willst du das machen? Du predigst doch selber dauernd, daß Rock 'n' Roll in Deutschland nur einer Minderheit gefällt!«

»Richtig! Und deshalb machen wir was anderes!«

»Was heißt das? Willst du mich in eine Lederhose stecken und in das Heer deiner Volksmusikanten einordnen?«

Mendelson schien diese Vorstellung zu gefallen, denn er stieß ein glucksendes Lachen aus.

»*Du* behauptest doch immer, du möchtest Musical machen, du möchtest vielseitiger werden, du möchtest was weiß ich ...«

»Ja schon, aber ...«

»Dazu wirst du in Hinkunft Gelegenheit haben. Wir machen es wie Elvis — der wilde Rocker wird plötzlich sanft. Für die ganz harten Rock 'n' Roll-Fans hab ich nämlich schon einen anderen Jungen an der Hand! Der Bursche ist nicht schlecht. Lächelt nie, schaut immer drein wie hundert Tage Regenwetter, heißt Harald Schubring und nennt sich Ted Herold. Den mach ich zum neuen deutschen Elvis und dich zum Schwarm der braven deutschen Teenager!«

Ich schob das Dessert beiseite. Mir war der Appetit vergangen.

»Machst du Witze?! Du willst mir einen Konkurrenten ins eigene Nest setzen? Was ist los? Hab ich dich beleidigt oder was?«

»Lieber Peter, ich kann verstehen, daß du dich aufregst. Aber denk einmal kurz nach! Wenn wir den Herold nicht produzieren, dann macht das garantiert ein anderer. Klar? Selbst die dümmsten Produzenten — also die überwältigende Mehrheit — haben längst Blut geleckt. Wenn *ich* den Herold produziere, dann haben wir eine, na ja, eine gewisse Kontrolle eben.«

Er nahm einen weiteren Schluck Wein und schien bester Laune.

»Du brauchst dir keine Sorgen zu machen. Natürlich will ich dich nicht ausbooten, Peter.«

Er sah mich mitleidig an.

»Du kennst mich doch als exzellenten Geschäftsmann: Glaubst du im Ernst, ich würde dich zu einem derart sündteuren Diner einladen, wenn ich unsere Zusammenarbeit beenden wollte?!«

Dieses Argument leuchtete ein. Ich widmete mich also meinem Dessert und harrte der Dinge, die da kommen sollten.

1958 starteten wir mit *Wenn Teenager träumen* die sanfte Welle und sprachen damit völlig neue Publikumsschichten an. Vor allem die weiblichen Fans schienen von dem »neuen« Peter Kraus schwer beeindruckt.

Meine Fanpost vervielfachte sich, und *Wenn Teenager träumen* wurde mehr als 600000mal verkauft. Die Boulevardpresse trug dem Rechnung und änderte ihre Kosenamen: Aus der »Heulboje« wurde allmählich der »Schnulzenheini«, aus dem »Schluckaufsänger« der »Milchbubi«.

Ein großer Teil der neuen Schlager wurde nun nicht mehr importiert, sondern stammte aus Mendelsons eigener Hit-Fabrik: Erwin Halletz schrieb *Kitty Cat,* und Werner Scharfenberger wurde mit Songs wie *Mit siebzehn, Teenager Melodie, Va bene* und *Sugar Baby,* um nur einige zu nennen, zu meinem »Hauskomponisten«.

Ted war inzwischen ebenfalls mit *Ich bin ein Mann* in die Charts gekommen, und die in den fünfziger Jahren frisch aus der Taufe gehobene Jugendpresse stellte die essentielle Grundfrage der Zeit: Peter oder Ted?

STAR-REVUE- und BRAVO-Leser und -Leserinnen schien dieser Konflikt offensichtlich wesentlich mehr unter die Haut zu gehen als die Libanonkrise.

»Sie wissen doch selbst, daß Ted Herold eine armselige Mücke gegen diesen begnadeten Sänger Peter Kraus ist«, schrieb STAR-REVUE-Leserin Rosemarie H.

Dieser sachlich richtigen Einschätzung konnte sich offensichtlich die verblendete Erika K. nicht anschließen, als sie dem gleichen Blatt mitteilte: »Natürlich überrundet Ted früher oder später den Kraus. Peter haben wir einfach über. Seine Masche ist nicht mehr neu.«

Ich weiß nicht, ob der listenreiche Mendelson diesen »Krieg« vorausgesehen hatte. Jedenfalls verschaffte der Presserummel um die Fehde zwischen den zwei Fangemeinden Ted und mir zusätzliche Publicity. Die Polydor heizte die Stimmung weiter an, indem sie uns beide gemeinsam auf Tournee schickte: Peter & Ted am selben Abend, da ist der Bär los!

Ich fand — ehrlich gesagt — diese Art der Werbung schon damals reichlich blöd. Denn das waren keine Konzerte, das waren Kundgebungen.

Wie zu Fußballspielen reisten die jeweiligen Fans an, bejubelten den einen und buhten den anderen aus.

Zweifellos hatte ich die größere Fangemeinde im Saal, aber die beinharten lederbejackten Heroldianer überbuhten die schüchternen, blauäugigen Ringelsocken-Teenager bei weitem. Ich hatte keinen leichten Stand. Immer wenn die Konfliktstimmung im Saal auf dem Höhepunkt war, glaubte Gerhard Mendelson die entfesselten Jugendlichen kraft seiner überwältigenden Autorität einschüchtern zu können. »Ja, liebe Fans, brüllen Sie nur. Dann werden Sie eben keine Musik hören! Wir haben Zeit, wir können warten!« donnerte er im Stil eines Studienrates der alten Schule ins Mikrophon. Der Erfolg war überwältigend. Nach Mendelsons »Auftritt« erreichte das Brüllen, Toben und Pfeifen erst so richtig seinen Höhepunkt. Selbst das Finale, das Ted und ich gemeinsam bestritten, konnte den Streit nicht schlichten. Die geringe Minderheit, die ausgezogen war, um Krawall zu machen, ließ sich von nichts und niemandem davon abhalten. Arm dran waren vor allem die weiteren Mitwirkenden dieser Mammut-Tournee: Alice und Ellen Kessler,

Lolita und die Honey-Twins, die zu Pausenfüllern degradiert wurden.

Der schreckliche Konflikt zwischen Ted und mir wurde wohl endgültig 1989 (spät, aber doch!) beendet, als ich ihn — anläßlich meines Fünfzigers — zur Geburtstags-Live-Show nach Wien einlud. Die zwölftausend Zuschauer im Wiener Austria Center wurden Zeugen einer rührenden Versöhnungsarie, die Ted und ich im Duett zum besten gaben. Es spricht auch für die menschliche Reife des Wiener Publikums, daß es zu keinen Schlägereien zwischen den nun doch schon durchaus der Pubertät entwachsenen ehemaligen Fanclubmitgliedern kam. Wie sagt es der Volksmund so trefflich? Die Zeit heilt alle Wunden.

Aber auch während des damaligen »Kriegszustandes« gab es manchmal einen kurzen Waffenstillstand, wie die folgende Geschichte zeigt:

Es muß 1960 gewesen sein. Ich war auf Deutschland-Tournee mit den Kessler-Zwillingen, und ein Konzert fand in Frankfurt/Main statt. Hier gab es einen Rock-'n'-Roll-Club, und in einigen Zeitungen hatte gestanden, daß unter den Mitgliedern dieses Clubs der Satz kursiere: »Wenn sich dieses Milchgesicht Peter Kraus hierherwagt, dann ist er tot!«

Ein vernünftiger Mensch hätte sich vermutlich gedacht, so schlimm wird's zwar nicht sein, aber ein paar kräftige Ohrfeigen sind schnell kassiert. Weiter hätte sich der vernünftige Mensch gedacht, es gibt doch auch Rock-'n'-Roll-Clubs, in denen dir die Menschen gewogen sind, wo du dir auch die Nächte um die Ohren schlagen kannst, ohne daß sie dir langgezogen werden.

So hätte ein vernünftiger Mensch gedacht und gemäß dieser weisen Einschätzung der Lage auch gehandelt. Ich aber war 21 und hatte zu viele Western gesehen, zwei Faktoren, die bekanntlich die Vernunft in erschreckender Weise reduzieren.

Die Kesslers waren offensichtlich in einem ähnlichen Zustand verminderter Zurechnungsfähigkeit, denn als ich ihnen mein Ansinnen vortrug, die Höhle der Heroldschen Löwen zu betreten, boten die beiden Damen mir spontan ihre Begleitung an.

Als ich flankiert von Alice und Ellen den Club betrat, schienen die anwesenden Boys und Girls vor Überraschung beinahe aus ihren Lederjacken zu fallen. Dem Diskjockey blieb vor Schreck der Mund offen, und er vergaß, die nächste Platte aufzulegen.

Eisiges Schweigen.

Durch ein Spalier von lederbejackten Salzsäulen gingen wir drei fröhlich grinsend auf die Tanzfläche. Ich kam mir aus unerfindlichen Gründen wahnsinnig stark vor. Als literarisch gebildeter Karl-May-Leser erkannte ich eine beeindruckende Parallele zwischen mir und Old Shatterhand, wenn dieser erhobenen Hauptes durch ein Dorf übelst gesinnter Komantschen schreitet.

»Gibt's hier keine Musik?« fragte ich freundlich lächelnd.

Der Diskjockey legte wortlos *Ich bin ein Mann* von Ted Herold auf den Plattenteller.

Nun denn ... Let's dance!

Für unsere Tournee hatten die Kesslers und ich eine fast artistische Rock-'n'-Roll-Tanznummer einstudiert, und die legten wir nun zu dritt aufs Parkett. Nach wenigen Sekunden verließen alle anderen Paare die Tanzfläche und sahen uns zu.

Als der Song vorbei war, brach ein unbeschreiblicher Jubel los: Die potentiellen Kraus-Mörder stürzten sich auf mich und baten um Autogramme. Auf meine schüchterne Anfrage, wie es denn nun um meine Hinrichtung bestellt sei, wurde mir glaubhaft versichert, es habe sich bei der ausgestoßenen Drohung lediglich um einen peinlichen Irrtum gehandelt. Ich müsse das doch selbst sofort erkannt haben, denn sonst wäre ich doch wohl nicht so blöd gewesen hierherzukommen, nicht wahr?

Dieser einleuchtenden Argumentation war nichts entgegenzusetzen.

Als ich Gerhard Mendelson die Geschichte erzählte, traf ihn fast der Schlag.

»Stell dir vor, die hätten dich zusammengeschlagen . . .«

Er mußte sich bei dieser Vorstellung selbstverständlich sofort zur Beruhigung eine Gauloise anstecken und mehrmals mit der Hand pumpen, möglicherweise um die Blutzirkulation zu fördern.

». . . dann hättest du sicher eine herrliche Publicitygeschichte daraus gemacht, lieber Gerhard«, antwortete ich freundlich.

»Publicity hin oder her«, ereiferte er sich während eines Hustenanfalls mittlerer Stärke. »Mir liegt vor allem deine Gesundheit am Herzen!«

Richtig. Denn schließlich war nur ein gesunder Teenagerstar ein gewinnträchtiger Teenagerstar.

Aus diesem Grund sah sich Mendelson dann und wann bemüßigt, mir gegenüber als Gesundheitsapostel aufzutreten, was manchmal fatale Folgen hatte.

Als ich einmal, '58 oder '59, zu Plattenaufnahmen nach Wien kam, mußten wir die Studioarbeit um einige Tage verschieben, denn ich war schrecklich heiser.

Mein Produzent war erzürnt. Er führte meine Heiserkeit folgerichtig keineswegs auf Überarbeitung (ich hatte unmittelbar vorher eine ewig lange Tournee hinter mich gebracht), sondern auf das Fahren mit meinem offenen MG zurück.

»Peter, ich verstehe nicht, wie man vorsätzlich als reifer Mensch seine Gesundheit gefährden kann«, gab er mir tobend zu verstehen, während er von einem Krampfhusten geschüttelt wurde.

Ich sagte nichts, sondern blickte versonnen auf seine ewig glimmende Zigarette.

Er hatte mich verstanden und bekam einen Lachanfall. Als er sich wieder gefangen hatte, verkündete er streng: »Kraus, Sie kriegen die rote Karte! Bei der nächsten Arbeit läßt du gefälligst deine Benzinschüssel in München und kommst mit der Bahn nach Wien!«

Pflichtgetreu erfüllte ich bei nächster Gelegenheit den Befehl meines Herrn und Meisters.

Getreu dem Slogan der Österreichischen Bundesbahnen, »Nerven sparen — Bahn fahren«, saß ich eines Winterabends des Jahres '59 im Schlafwagen des Zuges von München nach Wien.

Draußen herrschte eisige Kälte, doch im Innern des Abteils war es so heiß, daß mir der Schweiß in Strömen herunterrann. Durch einen Defekt war es unmöglich, die Wagenheizung auf eine etwas niederere Stufe zu stellen. An Schlaf war nicht zu denken.

Als wir in Salzburg einfuhren, öffnete ich kurz das Fenster, um die Raumtemperatur ein wenig erträglicher zu gestalten. Ich legte mich aufs Schlafwagenbett und genoß die herrliche, frische Luft, die durch das offene Fenster in den stickigen, überhitzten Raum einströmte.

Als ich einige Stunden später auf dem Wiener Westbahnhof aufwachte, war ich starr vor Kälte, denn ich steckte bis zum Hals im Schnee.

Das Fenster stand sperrangelweit offen — ich war in Salzburg eingeschlafen. Mein Fluchen war nur ein heiseres Krächzen — an Singen war in den nächsten Tagen nicht zu denken. Mendelson war empört, vernichtete in Weltrekordzeit eine Schachtel Zigaretten und hob das sinnlose Autofahrverbot wieder auf. Er war doch schließlich kein Unmensch.

An dieser Stelle möchte ich über den Menschen Mendelson erzählen, der für mich in all den Jahren nicht bloß Produzent, sondern auch ein väterlicher Freund war. Obwohl er in der Branche — und das wohl zu Recht — das Image eines beinharten Geschäftsmannes hatte, war er das, was man in Wien ein »Scherzküberl« nennt. Er war dauernd für irgendwelche Späße zu haben, wobei er nicht nur andere auf die Schippe nahm, sondern auch durchaus über seine eigenen Eigenarten und Schrullen lachen konnte. Als wir einmal von Wien-Schwechat nach Mailand flogen, erfand er das »Flugzeugspiel«, eine heitere Freizeitgestaltung zur Verunsicherung anderer Fluggäste.

Damals war das Fliegen mit Linienmaschinen nur der Crème de la crème des Geschäftslebens vorbehalten, und so saßen wir mit wenigen anderen, seriösen Herren in dem Propellerbomber der AUA. Kaum hob die Maschine ab, als Mendelson auch schon begann, lautstark auf mich einzureden.

»Na, junger Freund? Das erste Mal in Paris? Wundervolle Stadt!«

Mendelson sah auf die Uhr. Dann blickte er vorsichtig zu den anderen Fluggästen.

Die Herren studierten FINANCIAL TIMES und andere bedeutende Wirtschaftsblätter und übergingen mit sichtlicher Kühle das unsinnige Gebrabbel dieses komischen Kauzes, der da auf einem Flug nach Italien irgend etwas von »Paris« daherfaselte.

»In eineinhalb Stunden landen wir auf dem Flughafen Orly«, verkündete Mendelson mit inbrünstiger Überzeugung. »Für mich ist das einer der schönsten Flughäfen der Welt!«

Aus den Augenwinkeln konnte ich erkennen, wie der erste nadelgestreifte Fluggast zu mir herübersah, wohl erwartend, daß ich meinen Sitznachbarn endlich über das wahre Ziel unserer Reise aufklären würde. Ich aber schwieg und lauschte mit sichtlichem Interesse den Ausführungen Mendelsons.

Der gab seinem Affen ein weiteres Stückchen Zucker: »Darf ich Sie auf ein Gläschen Champagner einladen? Als Einstimmung sozusagen. Ich hoffe nur, das Flugwetter hält«, zeigte er sich plötzlich besorgt. »Schließlich haben wir in zwei Stunden eine wichtige Besprechung auf den Champs-Élysées!«

Im Flugzeug ging ein leises Rauschen durch den Blätterwald. Der eine oder andere Passagier schien nun doch ernsthaft darüber nachzudenken, ob er in der Maschine nach Mailand saß. Ebenso laut wie falsch pfiff Mendelson fröhlich den Schlager *Ganz Paris träumt von der Liebe.* Nun war es an der Zeit, daß ich ihn ein wenig unterstützte.

»Stellen Sie sich vor,« sagte ich. »Beinahe wäre ich in die falsche Maschine gestiegen. In die nach Mailand.«

»Um Gottes willen«, empörte sich Mendelson. »Wo Sie doch heute abend bei der Geburtstagsgala von Charles de Gaulle auftreten sollen. Nicht auszudenken!«

Jetzt war es geschafft.

Drei Herren drückten gleichzeitig den Knopf, um die Stewardeß herbeizurufen.

Als diese sofort freundlich lächelnd erschien, sah sie sich zu ihrem Erstaunen mit dem gerechten Zorn einiger Fluggäste konfrontiert.

»Man hat mich falsch informiert!« tobte ein kleiner, rundlicher Herr, dessen Gesicht krebsrot geworden war. »Ich habe einen wichtigen Geschäftstermin in Mailand und sitze jetzt in der Maschine nach Paris. Das wird Konsequenzen für Ihre Fluggesellschaft haben!«

Die Stewardeß sah ihn entgeistert an. »Aber entschuldigen Sie, wir fliegen doch nach Mailand!«

»Nach Mailand!« brüllte Mendelson begeistert. »Ist das nicht herrlich? Mailand hat für mich den schönsten Flughafen der Welt! Und die Geburtstagsgala für Charles de Gaulle, die lassen wir einfach sausen!«

Zufrieden lehnte er sich in seinem Sitz zurück.

Wenn Blicke töten könnten, hätte die deutsche Schlagerbranche in den nächsten Sekunden ihren wichtigsten Produzenten verloren.

Mendelsons »Riecher« für Verkaufserfolge war enorm. Als 1958 die »Kalin-Twins« in den USA den späteren Hit *When* einspielten, war wiederum er der erste, der die Rechte für eine deutsche Version erwarb.

Nun hatte er einen Song, an den er glaubte, aber keine Interpreten. Er hatte kein Duo im Stall, das entsprechend dem amerikanischen Vorbild das Lied hätte interpretieren können.

Also beschloß er kurzerhand, ein solches zu gründen. Er rief mich in München an und verkündete fröhlich: »Ich habe einen Hit, singen wird ihn ein Brüderpaar. Der eine Bruder bist du.«

Seine Euphorie war überwältigend. Erst als er aufgelegt hatte, fiel mir ein, daß ich ein Einzelkind bin und daß die Fans auf Peter Kraus als Solointerpreten abfuhren und nicht als Mitglied einer Gesangsgruppe.

Kurz darauf trafen wir einander in Wien. Er hatte schon den Namen und eine PR-Geschichte für sein Duo parat: Es sollte »James Brothers« heißen, und die PR-Geschichte war die, daß Presse und Publikum erraten sollten, wer sich hinter diesem Pseudonym verbarg.

»Die Sache ist so gut wie gelaufen«, verkündete er selbstsicher und blies mir genüßlich den Rauch seiner Zigarette ins Gesicht. »Bis auf ein kleines Problem: Wer wird der zweite ›James‹? Hast du vielleicht einen Vorschlag?«

Ich hatte einen.

Auf meinen nächtlichen Streifzügen durch die Wiener Musiklokale, die ich gelegentlich nach meinen Plattenaufnahmen unternahm, hatte ich einen talentierten Kärntner kennengelernt, einen Vollblutmusiker und blendenden Sänger. Er war mir aufgefallen, weil er sich sofort auf jedes unbemannte Klavier stürzte, um wie ein Wilder loszujazzen. Wir hatten zu unserem Vergnügen in den Bars schon einiges miteinander gesungen. Ich fand, daß unsere Stimmen sich sehr gut mischten, und so schlug ich Mendelson diesen Kärntner als meinen Partner vor.

Sein Name war Udo Jürgens.

»Den Jürgens? Bist du noch zu retten?« Mendelson reagierte so, als hätte ich ihm vorgeschlagen, King Kong als Duett-Partner zu engagieren.

»Der Kerl hat eine viel zu lange Nase! Aus dem kann nichts werden!«

Woraus man ersehen kann, daß auch Erfolgsproduzenten irren können. Udo mußte sich noch bis 1960 gedulden, dann stürmte sein *Jenny o Jenny* die Hitparade.

Die deutsche Version von *When* kam aber auch ohne Udo unter die »großen Zehn«. Als zweiter »James-Brother« wurde Jörg Maria Berg engagiert, der damals auch bei Polydor unter Vertrag war und bereits mit dem Titel *Ich schieß dir einen Teddybär* einen Erfolg gelandet hatte. Unser Duo blieb mehrere Jahre bestehen, und wir gewannen mit dem Hillbilly-Song *Cowboy Billy* den Silbernen Löwen von Radio Luxemburg. Gemeinsam mit meinem Goldenen Löwen (für *Sugar Baby*) und den beiden Bronzenen (noch einmal für *Sugar Baby* und *Schwarze Rose Rosemarie*) bewacht er die alte Peter-Kraus-Gitarre und andere Utensilien aus der Zeit.

Neben dem »James Brothers«-Projekt ging selbstverständlich meine Solokarriere weiter:

Neben diversen Filmen und den ersten Fernsehproduktionen konnte ich bis 1963 noch etliche Hits landen, darunter *Sweety, Tiger* oder *Schwarze Rose Rosemarie,* die mit knapp einer Million verkaufter Scheiben der größte Plattenerfolg meiner Karriere war. Parallel dazu versuchte Polydor, mich auf ausländischen, nicht deutschsprachigen, Märkten zu verkaufen. Mit recht gutem Erfolg wurden Singles und EPs — zum Teil in der Sprache des jeweiligen Landes — in Jugoslawien, Argentinien, Spanien, Dänemark sowie auch in Frankreich verkauft. Dort wurde ich Anfang der sechziger Jahre von der Presse nicht etwa als »deutscher Elvis« angekündigt, sondern, wie es dem Selbstbewußtsein der Grande Nation entspricht, als »le Johnny Hallyday allemand«. Unbestätigten Gerüchten zufolge galt auch Elvis Presley in Frankreich stets als »le Johnny Halliday américain«.

In Paris war es auch, wo ich 1960 Paul Anka kennenlernte, von dem ich Erfolgstitel wie *Diana* und *Lonely Boy* auf deutsch gesungen hatte.

Er feierte seinen neunzehnten Geburtstag im Hotel George V und lud mich dazu ein. Als ich zusammen mit den Kesslers, die damals die Stars des Pariser Lido waren, bei der Feier eintraf, zeigte sich der kleingewachsene Paul von den beiden großen deutschen »Frolleins« schwer beeindruckt.

Er fragte mich dezent, ob denn die beiden frei oder »engaged« seien und nahm meine Antwort mit sichtlicher Freude zur Kenntnis. Ich erklärte ihm der Wahrheit entsprechend, daß ich zu Ellen ein inniges Naheverhältnis hätte, aber Alice »noch zu haben« sei. Als er darauf kurz an die Bar ging, um sich für seine »Anbandelungsversuche« Mut anzutrinken, weihte ich tückischerweise die Kesslers in die Absichten des amerikanischen Jungstars ein. Wir beschlossen, uns daraus einen Spaß zu machen, bei dem wir uns die Ähnlichkeit des Zwillingspaares zunutze machen wollten.

Immer dann, wenn Paul Anka an diesem Abend versuchte, sich im Trubel der vielen geladenen Gäste einer der beiden zu nähern, tauchte ich auf und erklärte mit freundlicher Bestimmtheit, daß nun gerade diese die Ellen, also »die meinige« sei. Die Verwirrung des armen Paul nahm beständig zu, und die Drinks, die er zwischen seinen erfolglosen Balzversuchen zu sich nahm, erhöhten auch nicht gerade die Klarheit seines Blickes. Und so holte sich unser amerikanischer Freund an diesem Abend statt eines Flirts nur Frust.

Trotzdem fürchtete er offensichtlich am nächsten Tag, daß er sich gegenüber den Damen nicht korrekt benommen hatte, denn er überschüttete Alice und Ellen mit Geschenken. Um sich zu entschuldigen, wie er sagte.

Seine Präsente ließen die Mädchenherzen zweifelsfrei höher schlagen: Er schleppte Decken, Kochtöpfe, Seifen und Badeschwämme an, alles Dinge, die man offenbar nach US-amerikanischer Meinung im armen, kriegsbeschädigten Deutschland auch 1960 noch dringend benötigte.

Während Anfang der sechziger Jahre mit meinen Schallplatten auf dem Kontinent auch außerhalb Deutschlands recht gute Erfolge erzielt werden konnten, scheiterte Mendelson mit dem Vorhaben, mit mir im englischen Sprachraum Fuß zu fassen.

Dabei hatte er sich auch dafür eine besonders clevere Strategie zurechtgelegt. Die Single *O so wunderbar,* die wir in England auf den Markt brachten, enthielt mit »wunderbar« einen Begriff, der neben »Sauerkraut« und »Kindergarten« zu den wenigen deutschen Worten zählt, die Engländern geläufig sind.

Gegenüber den großen internationalen Schallplattenkonzernen erwies sich die deutsche Polydor aber als zu schwach — Vertriebsnetz und Promotion-Möglichkeiten reichten nicht aus, um diese Platte in England ganz oben zu plazieren.

Der Titel *O so wunderbar* schaffte es aber trotzdem, in die englischen Charts zu kommen. Allerdings nicht mit mir, sondern mit einem britischen Interpreten.

Auch meine in New York aufgenommene Single *Mission Bell/Everybody else but me* schaffte den großen Sprung in die Top-Ten der USA nicht.

Trotzdem fand ich mein »Amerika-Abenteuer« ganz toll, denn es brachte mir einige interessante Erfahrungen. Zum einen 1961 einen Auftritt in der legendären Ed-Sullivan-Show im amerikanischen Fernsehen, zum anderen eine Lektion in amerikanischem Professionalismus.

Wir saßen um neun Uhr früh in einem New Yorker Studio, um *Mission Bell* aufzunehmen. Die Musiker spielten sich bereits im Aufnahmeraum ein, nur der Drummer fehlte noch. Der Aufnahmetechniker fragte meinen amerikanischen Produzenten Bob Sharples, wo denn der Schlagzeuger bleibe.

»Bill is the best drummer of New York«, erklärte Bob mit einem gutmütigen Lächeln. »He can be late for five minutes.«

Ich hörte den Musikern zu und war begeistert. *Wenn zu dieser Band noch ein Bombenschlagzeuger dazukommt, dann werden das tolle Aufnahmen,* dachte ich mir.

Um 10 Uhr 5 ging Bob in sein Büro. Als er wieder zurückkam, erklärte er mir, er habe einen anderen Drummer angerufen, und der sei in fünfzehn Minuten da. In diesem Augenblick stürmte Bill ins Studio. Bob sah nur kurz auf die Uhr.

»You're to late, man«, knurrte er und schickte ihn nach Hause. Ich war bestürzt und fragte den Produzenten, ob es nicht etwas voreilig gewesen sei, auf den besten Schlagzeuger bloß deshalb zu verzichten, weil er um ein paar Minuten zu spät gekommen sei.

»We have *seven* best drummers of New York«, erklärte Bob kühl, und damit war die Sache erledigt.

Ich ließ mir das eine Lehre sein und versuche seither bei allen beruflichen Terminen, immer pünktlich zu sein. Ich weiß ja nie, ob nicht schon sechs andere Sänger am Telefon lauern, um mir meinen Job wegzuschnappen.

Ich hatte in all den Jahren seit meinem ersten Rock-'n'-Roll-Auftritt neben meinen laufenden beruflichen Verpflichtungen weiter hart an meiner Ausbildung gearbeitet. Ich nahm regelmäßig Tanz- und Schauspielunterricht und interessierte mich auch sehr für Showregie. Mein Vater hatte mich ständig darauf hingewiesen, daß eine »Teenageridol-Karriere« nicht ewig dauern könne. Und als Anfang der sechziger Jahre das Fernsehen eine immer größere Bedeutung erlangte, war es dank meiner Ausbildung möglich, mir als Präsentator und Regisseur einer eigenen Show neben Film- und Schallplattenarbeiten ein weiteres berufliches Standbein zu schaffen. Die Show hieß *Herzlichst Ihr Peter Kraus* und startete 1961 im deutschen und österreichischen Fernsehen.

1963/64 kamen die Beatles und Rolling Stones auch im deutschsprachigen Raum auf den Markt, und die sogenannte »Beat-Musik« eroberte die Teenager im Sturm. Wie über Nacht war es plötzlich out, deutsch zu singen. Die Verkaufszahlen meiner Platten gingen rapide zurück. Ich hatte als »Teenagerstar« ausgedient.

1965 löste die Polydor meinen Plattenvertrag. Mendelson kündigte daraufhin als Exklusivproduzent bei der Firma und verlegte sein Arbeitsinteresse immer mehr in Richtung Fernsehen. Die deutsche Schlagerindustrie stand der neuen Musikrevolution ziemlich hilflos gegenüber. Statt eigene Strategien auf dem Produktionssektor zu entwickeln, verlegte man sich hauptsächlich auf verstärkte Zukäufe aus England und den USA.

Jetzt machte es sich bezahlt, daß ich nicht nur auf ein Pferd gesetzt hatte.

Wenig schmeichelhaft für Mendelson und mich ist in diesem Zusammenhang die Tatsache, daß wir die neue Welle völlig unterschätzt hatten. Wir reagierten darauf ganz ähnlich wie 1956 die etablierten deutschen Schlagerstars wie Fred Bertelmann oder Freddy Quinn auf meine ersten Rock-'n'-Roll-Gehversuche.

Wir lachten uns kaputt, als wir das erste *Yeah, Yeah, Yeah* der Beatles hörten.

»Dieses Zeug hält gerade einen Sommer lang!«, dessen waren wir uns sicher.

Ich glaube aber, daß dieser Irrtum für mich eine gute Lehre war. Seither versuche ich nicht mehr, mich im Faulbett des Altbewährten auszuschlafen, sondern dem Neuen, Frischen, Aktuellen gegenüber aufgeschlossen zu sein.

Bis auf diesen furchtbaren Scratch- und Hip-Hop-Schmarrn, auf den die Clique meines Sohnes so abfährt. Erst kürzlich habe ich den jungen Menschen erklärt, daß sie sich lieber einen schönen Lennon/McCartney-Song anstatt dieses widerwärtigen, synthetischen Fließbandgedudels anhören sollen!

Wie gesagt: Heute bin ich dem Neuen gegenüber total aufgeschlossen.

Wenn's mir gefällt.

Parties, Fans und erste Liebe — »die wilden Jahre«

Zitternd hielt Schussy sich an mir fest, als Peter Kraus mit einer Trompetenfanfare angekündigt wurde. In einem hellblauen Leinenjackett sprang er auf die Bühne, die Gitarre lässig in seiner linken Hand.

»Peter!« Schussy klatschte sich die Spitzenhandschuhe schwarz.

»Peter! Wie süß, o wie süß! Einfach ein toller Mann!«

(...) Nach Peters Auftritt stahl ich mich mit Schussy in den Schnee hinaus, um nach dem weißen Porsche unseres Idols zu suchen. Er stand neben dem Eisbach, ein schicker Flitzer mit roten Ledersitzen und einem Tennisschläger im Fond. Inbrünstig küßte Schussy den Griff der Autotür. Aus: Renate Fabel, *Wir Wundertöchter. Eine Jugend in den fünfziger Jahren.* München 1981

In wenigen Stunden bin ich nicht mehr am Leben!

Aus einem Abschiedsbrief an Peter Kraus 1958

Sie entledigt sich rasch des lästigen Pullovers. Unter anderem kommt eine tiefausgeschnittene weiße Bluse zum Vorschein. Und ein kleiner Teddybär als Ansteck-

brosche. »Weil ... wegen ... Ihre Platte ›Teddybär‹, die finde ich so ...« Ihre Augen bekommen einen leichten Silberblick. Der Teddybär hebt und senkt sich.

Peter wird es mulmig. Aus: BRAVO Nr. 49, 1958

Mitte der fünfziger Jahre besaß mein Vater in München das FK-Espresso am Maximiliansplatz. Er hatte es 1954 gekauft, und es sollte auf lange Sicht neben der Schauspielerei sein zweites berufliches »Standbein« werden, das er allerdings in der Praxis nie brauchen sollte.

Obwohl mein Vater also nie hauptberuflich Cafetier war, muß ich zugeben, daß seine diesbezüglichen Talente beachtlich waren.

Das FK-Espresso war eines der ersten seiner Art in München und im damals neuartigen italienischen Espresso-Stil gestaltet.

»F« und »K« waren natürlich die Initialen für Fred Kraus, aber die damalige Münchner In-Szene sah in den beiden Buchstaben die Abkürzung für »Fesche Katzen«. Dieser Wiener Ausdruck für »hübsche Mädchen« wurde einerseits wegen der österreichischen Herkunft meines Vater gewählt, andererseits wegen der beeindruckenden weiblichen Klientel: Missen, Models, Filmsternchen und alle, die es werden wollten, saßen gerne im FK, denn es galt damals als *das* Münchner Schickimicki-Lokal. Die männlichen Gäste zählten zum Großteil zu den bajuwarischen Wirtschaftswunderknaben: Autohändler, Tankstellenbesitzer, Filmleute und Typen mit dem Hauptberuf »Sohn«, die ersten sogenannten Playboys wie Gunter Sachs, James Graser oder Fritz Deckel.

Der Parkplatz vor dem Café war so angelegt, daß ein Auto dem anderen die Ausfahrt verstellte. Dieser scheinbare Nachteil erwies sich in der Praxis als großes Kapital, denn die Eigner der Luxuskarossen fanden es ganz toll, wenn die Öffentlichkeit mitbekam, welchen Wagen sie fuhren. So saßen sie bei ihrem Capuccino und lauerten, bis einer kam, der ausparken wollte.

Die Szene spielte sich dann etwa so ab:

Ein dynamischer Jungmanager im großkarierten Diolen-Sakko betrat forsch das Café und sagte lautstark: »Könnte bitte der Besitzer des roten Porsche da mal eben wegfahren? Mir gehört der grüne Studebaker dahinten, und ich will raus!«

Mit stolzgeschwellter Brust und ungeheurer Lässigkeit erhob sich nun der Porschebesitzer, ließ gelangweilt, aber deutlich sichtbar den Autoschlüssel um seinen Zeigefinger kreisen und befreite schließlich mit heulendem Motor den Studebaker aus seinem Gefängnis.

Und da Sportwagen in den fünfziger Jahren *das* Statussymbol schlechthin waren, sahen nun auch die anwesenden jungen Damen in dem Porschebesitzer nicht mehr den unscheinbaren Brillenträger, dem man um die Hüften den Weißbierkonsum deutlich ansah, sondern eine Lichtgestalt von fast James Deanschen Ausmaßen.

1955/56 sitze auch ich regelmäßig nach der Schule im FK auf meinem Lieblingsbarhocker mit der besten Übersicht, trinke eine Cola und schmause eine Gulaschsuppe.

»Herrgott noch einmal«, tobt der weißblonde Reservesiegfried mit dröhnendem Baß durchs Lokal. »Ich muß zu einem dringenden Termin in die Filmstudios Geiselgasteig, will rausfahren, und mein Mercedes-Kabriolett stolpert beinah über so ein *Ding*. Wem gehört denn dieser motorisierte Regenmantel da draußen?«

Unter dem allgemeinen Gelächter der Gäste gleite ich vom Hocker und gehe auf den Parkplatz.

Das Ding, der motorisierte Regenmantel, mein ganzer Stolz, ist eine BMW-Isetta, ein Auto von tatsächlich zwergischen Ausmaßen, neben dem sich ein VW-Käfer ausnimmt wie eine Staatskarosse. Wegen der beeindruckenden Rundumverglasung, die auf der kleinen, autoscooterartigen Karosserie wie eine Käseglocke thront, werden Isetta-Fahrer von böswilligen Zeitgenossen als »Menschen in Aspik« bezeichnet.

Sorgsam falte ich meine 1,84 Meter Körperlänge hinter dem Lenkrad zusammen und drehe den Startschlüssel. Eilfertig beginnt der Motor zu schnurren.

»Was ist das denn? Eine Nähmaschine auf Rädern?«

Die unendlich humorvolle Siegfried-Kopie spricht mit mir von oben herab durch das offene Faltverdeck meines Beinahe-Kabrios und strahlt mich mit überlegenem Grinsen an. Offensichtlich ist sein Termin doch nicht so dringend.

Seine Hände halten die unentbehrlichen Requisiten eines Münchner Jungplayboys, die rechte den Schlüssel mit dem Metallstern, die linke ein in existentialistisches Schwarz gehülltes Sternchen, das mit glockenhellem Lachen den lustigen Spruch ihres Gockels quittiert.

Ich habe eine Mordswut im Bauch.

»Nein«, sage ich freundlich. »Das ist ein Rasenmäher. Und im Gegensatz zu den anderen Vehikeln hier ist der nicht vom Vati finanziert, sondern selbst verdient!«

Das halb unterdrückte, glucksende Lachen der Schwarzgekleideten zeigt mir, daß ich Siegfrieds soziale Verhältnisse richtig eingeschätzt habe.

Dessen eben noch sonnige Stirne umwölkt sich zusehends.

»Nicht frech werden, Bubi, sonst zieh ich dir die Ohren lang!«

»Gerne!!« antworte ich und stoße meine Autotür auf.

Damit ist der Konflikt auch schon beendet, denn zu seiner Überraschung liegt bei der Isetta die Fahrertür vorne an der Wagenfront, dort, wo er sich postiert hat. Ich erwische ihn mit der Tür genau dort, wo es auch einem Playboy am meisten weh tut.

Er stößt einen Schmerzensschrei aus und hat sichtlich die Lust an weiteren Diskussionen und am Ohrenlangziehen verloren.

Gestützt auf seine Begleiterin, zieht er sich taktisch in seine weißwandbereifte Karosse zurück. Vorher murmelt er noch etwas von einem Rotzbuben, den er anzeigen werde, weil der sicher noch keine achtzehn sei und deshalb auch keinen Führerschein haben könne.

Tatsächlich war ich erst sechzehn, doch einen Führerschein hatte ich trotzdem. Damals, in den Kindertagen der Massenmotorisierung, war es möglich, mit Erreichen des sechzehnten Lebensjahres eine Sondergenehmigung und damit eine Lenkerlizenz zu erhalten.

Die Sondergenehmigung war an ein »berufliches Erfordernis« gebunden. Üblicherweise wurde sie Kindern von Gewerbetreibenden erteilt, die neben ihrer Ausbildung im Betrieb aushalfen, etwa für die elterliche Bäckerei Brötchen ausliefern mußten.

Ich selbst bekam den Führerschein, weil ich nach meinem ersten Film *Das fliegende Klassenzimmer* einige kleine Rollen in Münchner Theatern und bei Hörspielen bekommen hatte. Ich war neben dem Gymnasium also schon »berufstätig« und hatte mir von diesen Gagen den »Rasenmäher« gekauft.

Allerdings enthielt mein Führerschein den Zusatz »beschränkt auf berufsnotwendige Fahrten vom Fahrzeugtyp BMW-Isetta«. Dies stellte bei nächtlichen Polizeikontrollen höchste Anforderungen an meine Kreativität und Spontaneität. Ich konnte den mißtrauischen, amtshandelnden Beamten aber immer erklären, warum Theaterproben und Rundfunkaufnahmen zu nachtschlafender Zeit stattfinden mußten — die meisten Regisseure, erklärte ich treuherzig, könnten nur nachts arbeiten.

Künstler sind eben so. Ein bißchen überdreht im Oberstübchen — Sie wissen schon, Herr Inspektor!

Verständnisvoll nickten die Beamten und ließen mich unbehelligt von dannen ziehen.

Mit der Isetta unternahm ich auch meine erste Urlaubsreise ohne Begleitung meiner Eltern, nachdem ich im Sommer 1955 das Gymnasium mit Erlangung der mittleren Reife verlassen hatte.

Gemeinsam mit meinem Freund Rudi, der für einen Teil der Spritkosten aufkam, gondelte ich in den sonnigen Süden, nach Bella Italia. Mit unserem Reiseziel und der Tatsache, daß wir Zelt und Schlafsäcke mitgenommen hatten, lagen wir voll im Trend der Zeit.

Der im Kielwasser des »Wirtschaftswunders« wachsende Wohlstand ermöglichte es damals erstmals auch Angehörigen der Mittelschicht, Urlaubsreisen in »ferne Länder« zu unternehmen. Und was heute für Neckermann-Touristen die Kanarischen Inseln, Mauritius oder die Seychellen sind, das war damals eben Italien.

Mitte der fünfziger Jahre setzten sich die ersten Züge der modernen Völkerwanderung in Bewegung. Vollgepackte Kleinlimousinen schleppten sich über den Brenner. Und damit auf den Campingplätzen zwischen Caorle und Bibione die heimatliche Idylle nicht völlig abhanden kam, bevölkerten neben den Kindern auch häufig der treue Philodendron und der lachende Gartenzwerg den engen Fond des Wagens.

Als ich meinem Geschichtslehrer während der letzten Schultage meine Reisepläne eröffnete, geriet er ins Schwärmen. Er sprach von den »steinernen Zeugen unserer Vergangenheit«, dem David des Michelangelo, der Engelsburg und dem Forum Romanum.

Das Interesse von uns Sechzehnjährigen richtete sich aber weniger auf steinerne Zeugen als auf die höchst lebendigen Vertreterinnen der südländischen Weiblichkeit. Damals waren in Deutschland die italienischen Filmkomödien mit Gina Lollobrigida und Sophia Loren höchst populär — wir nahmen uns vor, möglichst viele Ginas und Sophias kennenzulernen.

Am Strand von Lignano erblickten Rudi und ich auch sogleich ein Mädchen von klassischer Schönheit, in das wir uns ebenso blitzartig wie unsterblich (mit sechzehn ist das nun einmal so!) verliebten. Sie hieß Daniela und war fünfzehn Jahre alt.

Rudi und ich umschwirrten sie beständig wie die Motten das Licht, aber unsere Offensiven blieben ohne Erfolg.

Zwischen Daniela und uns gab es ein Hindernis — Danielas Mutter. Diese schien ein Fußballfan zu sein, denn sie beherrschte das »Catenaccio«, das beinharte »Mauern«, so perfekt wie die italienische Fußballnationalmannschaft. Mißtrauischen Auges verfolgte sie unsere sprachlichen Dribblings, mit denen wir Daniela zu einem Tanzcafé-Besuch überreden wollten, um immer dann, wenn uns das Lächeln der Tochter einen Erfolg unserer Bemühungen in Aussicht zu stellen schien, mit einem beinharten »No Signori!« unsere Sturmläufe zu beenden.

Der einzige schöne Teilerfolg, den wir erreichen konnten, war, daß wir Daniela — und natürlich auch die sie ständig beschattende Mama — auf ein Gelati einladen konnten.

Nach vierzehn Tagen waren unsere Herzen gebrochen und der Urlaub zu Ende. Nicht einmal die strahlende Sonne des Südens konnte die Wolken auf unseren Gemütern auflösen. Wir beschlossen, uns bitter an Italien für die erlittene Schmach zu rächen.

Unser Campingplatz war bewacht, und sobald man mit vollem Gepäck hinausfuhr, war die Rechnung zu begleichen. In den letzten Tagen unseres Italienaufenthaltes brachten wir bei jeder Fahrt zum Strand listenreich einige Gepäckstücke hinaus und versteckten sie in einem nahe gelegenen Pinienwäldchen. Als wir den Campingplatz für die endgültige Abreise verließen, hatten wir nur mehr das Zelt im Kofferraum der Isetta verstaut und gelangten so unbehelligt und ohne die Rechnung zu bezahlen ins Freie.

Das war unsere »Rache an Italien«. Aber »Italien« schlug zurück. Die modischen Mokassins, die wir mit dem eingesparten Geld bei einem Straßenhändler erworben hatten, lösten sich schon nach wenigen Tagen in ihre Bestandteile auf.

Im selben Jahr besuchte ich auch meinen ersten Ball. Diese noble Tanzveranstaltung fand im Deutschen Theater in München statt, und Ehrengast war die damals blutjunge Romy Schneider. Romy hatte soeben ihren ersten *Sissy*-Film abgedreht und war der absolute Jungstar des deutschen Films. Durch die Prominenz meines Vaters saßen meine Eltern und ich an Romys Tisch, und ich war schrecklich aufgeregt.

Ich wollte mir die einmalige Chance, eine solche

Berühmtheit zum Tanz aufzufordern, natürlich nicht entgehen lassen. Die Sache hatte nur einen Haken. Außer *Jitterbug,* dem »wilden« Modetanz, den ich täglich mit Akribie übte, beherrschte ich keinen einzigen Gesellschaftstanz.

Ich fragte also Romy, ob sie Jitterbug tanzen könne, und als sie begeistert bejahte, bat ich sie, diesen Tanz für mich zu reservieren. Sie willigte ein, und ich wartete ungeduldig, bis Hugo Strassers Orchester endlich die richtige Musik intonierte.

Romy und ich gingen auf die Tanzfläche, und ich nahm sie lässig in meine Arme.

»Jitterbug ist ein verdammt schwieriger Tanz. Ich weiß nicht, ob ich das so toll kann«, meinte Romy mit einem schüchternen Augenaufschlag.

Keine Sorge, Baby. Der Meister persönlich wird dich übers Spiegelparkett lenken!

»Wir schaffen das schon«, sagte ich und schickte mich an, eine Probe meiner tänzerischen Perfektion zu liefern.

In diesem Augenblick brach auf ein Zeichen Hugo Strassers die Musik ab.

Erstaunt blickten wir zum Orchesterpodium. Hugo ging ans Mikrophon: »Meine Damen und Herren — soeben hat die bezaubernde Romy Schneider, unsere *Sissy,* das Tanzparkett betreten.«

Die Ballbesucher applaudierten.

»Und um der österreichischen Kaiserin die entsprechende Ehre zu erweisen«, setzte Klarinetten-Hugo mit Schmelz in der Stimme fort, »wollen wir jetzt den Walzer *An der schönen blauen Donau* spielen!«

O Gott, das darf doch nicht wahr sein!

Um die Peinlichkeit der Situation auf die Spitze zu treiben, schlossen die anderen Tänzer unter Applaus um Romy und mich einen Kreis, um unsere »kaiserlichen« Tanzkünste genau beobachten zu können.

In Bruchteilen von Sekunden bildete sich ein glänzender Schweißfilm auf meiner Stirn.

»Ich habe noch nie Walzer getanzt«, raunte ich Romy verzweifelt zu.

»Es gibt immer ein erstes Mal«, erwiderte sie kichernd.

»Kannst du führen?!« fragte ich hektisch.

Ohne eine Antwort zu geben, wirbelte uns Romy bereits im Walzertakt übers Parkett. Während ich um sie herumstolperte, spürte ich die kritischen Blicke der Umstehenden wie Nadelstiche in meinem Rücken.

An diesem Abend schwor ich Stein und Bein, daß dieser erste Ball mein letzter sein sollte.

Wie so viele Schwüre meiner holden Jugendzeit habe ich auch diesen gebrochen.

1958 brachte mein Durchbruch als Rock-'n'-Roll-Sänger auch das Ende meines Mauerblümchendaseins im FK mit sich; mein neues Auto, der weiße MG TF, konnte ob seines beeindruckenden englischen Aussehens durchaus mit den anderen »Aufreißer-Karossen« auf dem Caféparkplatz mithalten. Ob es ausschließlich auf meinen sprühenden Charme zurückzuführen war oder ob auch der neue, chromblitzende fahrbare Untersatz das Seinige dazu beitrug, wage ich heute nicht zu beurteilen — Tatsache ist jedenfalls, daß ich in diesem Jahr Vera Tschechowa, meine erste große Liebe, kennenlernte.

Irgendwie hatte es Vera eines Tages ins FK-Espresso verschlagen, und ich war sofort schwer von ihr beeindruckt.

Obwohl ich üblicherweise nicht gerade auf den Mund gefallen war und mich auch der Damenwelt gegenüber als witziger Unterhalter zu präsentieren wußte, stand ich immer, wenn es ernstlich bei mir »funkte«, da, als ob ich nicht bis drei zählen könnte.

So auch jetzt. Ich saß an der Bar und betrachtete Vera. Ich fand sie hinreißend — ihre dunklen Haare, ihren braunen Teint, ihre grünen Augen, selbst die Art, wie sie ihren Schokoladekuchen verspeiste.

Herrgott, du mußt irgend etwas unternehmen!

Ich suchte in den hintersten Winkeln meines Gehirns nach einem originellen Bonmot, mit dem ich das Gespräch hätte eröffnen können. Aber meine kleinen grauen Zellen waren in Streik getreten. In meinem Oberstübchen war in diesem Augenblick ungefähr soviel Originalität wie Wasser in der Wüste Gobi.

Du blöder Idiot! Sonst kannst du deine Klappe nicht halten, und jetzt, wo's darauf ankäme, ist sie geschlossen wie ein Vergnügunglokal am Karfreitag!

Unverwandt starrte ich sie an wie ein waidwundes Reh. Endlich, ich hatte es kaum noch zu hoffen gewagt, erwiderte sie meinen Blick und lächelte. Jawohl, sie lächelte!!

Jetzt oder nie, Peter! Das ist die Chance deines Lebens!

Verzweifelt klammerte ich mich an den Rettungsanker der Bücherweisheit.

In den fünfziger Jahren war es üblich, die jungen Menschen mit sogenannten »Anstandsbüchern« zu traktieren, die das angeblich richtige Benehmen in allen Lebenslagen zu vermitteln wußten. Wie die meisten anderen Angehörigen meiner Generation fand ich diese steifen Benimmregeln wahnsinnig öd. In diesen Minuten der Not aber erschien mir ihre Anwendung der einzige Ausweg. Ich ging also zu Veras Tisch, machte eine kleine Verbeugung und sagte: »Verzeihen Sie, mein Fräulein, wenn ich Sie so direkt anspreche, mein Name ist Kraus, Peter Kraus, meinem Vater gehört das Lokal hier. Ich bin also quasi ... gewissermaßen ... der Juniorchef und wollte Sie nur fragen, ob alles zu Ihrer Zufriedenheit ...??«

Einige Sekunden starrte mich Vera wie ein Wesen von einem anderen Stern an. Dann bekam sie einen Lachkrampf. Sie fand es saukomisch, daß der »deutsche Elvis«, die »Heulboje«, die bundesdeutsche Antwort auf die zornigen jungen Männer aus Amerika, herumfabulierte wie Theo Lingen, wenn er einen Butler zu spielen hatte.

Als sie mir das unverblümt mitteilte, mußte ich ebenfalls lachen, und das Eis war gebrochen. Wir plauderten, schäkerten und flirteten. Dann lud ich sie zu einer Spazierfahrt im neuen MG ein. Wenige Tage später war es dann passiert.

Keine Angst, geschätzte Erziehungsberechtigte — Sie müssen das Buch an dieser Stelle keineswegs Ihren minderjährigen Sprößlingen aus der Hand reißen und den wißbegierigen Nachwuchs unter Androhung von wochenlangem Fernsehverbot ins Bett schicken. Es folgen keine schrecklichen Enthüllungen des Intimlebens, wie sie ansonsten in der

Memoirenliteratur üblich sind. Denn wir befinden uns schließlich in den fünfziger Jahren, und der Sex wurde in Deutschland erst zehn Jahre später von Oswald Kolle erfunden.

Was passierte, war ein romantischer Kuß im romantischen MG bei romantischem Mondlicht. Und während im Autoradio die letzten Takte von *Love me tender* allmählich verklangen, da wußten Vera und ich: Wir sind ein Paar.

Allerdings muß ich doch gestehen, daß ich zu diesem Zeitpunkt bereits einige Erfahrungen gesammelt hatte, die in schroffem Gegensatz zu dem Bild stehen, das man sich heute von den prüden fünfziger Jahren macht.

Die im Durchschnitt zehn bis fünfzehn Jahre ältere Playboy-Clique des FK hatte mich als »Benjamin« hin und wieder bei ihren Streifzügen durchs Münchner Nachtleben mitgenommen. Und dabei verhielt man sich keineswegs so, wie es die damalige »Aufklärungsliteratur für die reifere Jugend« empfahl. In diesen Elaboraten angeblicher Pädagogen sollten die Pubertierenden mit Botanisiertrommel und Schmetterlingsnetz in die freie Natur eilen, daselbst das Befruchtungsverhalten von Margerite und Kohlweißling studieren, um daraus messerscharfe Schlüsse auf die eigene, spätere Ehepraxis zu ziehen.

Völlig unaufgeklärt von Schule und Elternhaus, hatte ich die Sexualität im Sog der Münchner Wirtschaftswunderbuben beim Ansehen der ersten Porno-Schmalfilme und bei Gruppensexorgien kennengelernt. Das alles gab's in den »feinen Münchner Kreisen« damals tatsächlich. Nach außen gab man sich puritanisch und zugeknöpft, doch hinter der Fassade der zu Schau gestellten kleinbürgerlichen Moral lebte man jene »Triebe« aus, die man öffentlich als »tierisch« oder »schmutzig« bezeichnete.

Obwohl einem jungen Buben wie mir diese Formen »erotischer« Praxis nicht sonderlich zusagten und ich auch regelmäßig furchtbare Anfälle von schlechtem Gewissen bekam, hielt ich sie dennoch für notwendig, um nicht wie der sprichwörtliche Ochs vor dem neuen Tor zu stehen, wenn mich die erste Liebe übermannen sollte.

Das ewige Glück mit Vera dauerte nicht allzu lange. Ich war ständig unterwegs, auf Tourneen oder zu Plattenaufnahmen in Wien, und Vera schickte sich an, als Schauspielerin in die Fußstapfen ihrer berühmten Großmutter Olga zu treten.

Anfang 1959 erhielt sie ein Angebot, in einem italienischen Film eine größere Rolle zu spielen. Der Produzent war ein junger, stinkreicher Erbe und nicht nur an Veras beruflichen Fähigkeiten interessiert.

Ihrer geschäftstüchtigen Mutter Ada erschien eine Liaison Veras mit einem Produzenten wesentlich zielführender als die Verbindung mit einem Teenagerstar, bei dem es ohnehin nur eine Frage der Zeit zu sein schien, wann er den Weg aller Wegwerfprodukte amerikanischer Provenienz gehen würde.

So landete Vera, halb hingezogen, halb vom sanften Druck der Mutter geschubst, an der behaarten Brust des finanzstarken Latin lovers.

Ich selbst warf mich gramgebeugt neuerlich in das wilde Münchner Partyleben. Allerdings hatte ich mich von den dirty old men der Playboyrunde längst gelöst und als Jungprominenter, der ich nun war, eine eigene Clique um mich gebildet. Neben zahlreichen »Mitläufern«, die mit mir vor allem deshalb befreundet waren, weil ich prominent war, gab es einen harten Kern echter männlicher und weiblicher »Kumpels«: Meine Schulfreunde Rudi und Helmut, der italienischstämmige begnadete Jitterbug-Tänzer Sergio Cosmai, meine Schauspielerkollegen Peter Vogel, Renate Ewert, Susanne Kramer und — Vivi Bach.

Vivi hatte ich auf einem Münchner Ball kennengelernt und mich auf den ersten Blick in sie verliebt. Nachdem ich sie tiefbeeindruckt eine Viertelstunde lang angestarrt hatte, war es ihr zu dumm geworden, und sie eröffnete unseren mehrere Monate dauernden, innigen Dialog mit den Worten:

»Ich bin die Vivi Bak. Und wer bist du?«

Bak war Vivis richtiger Name, der erst, als sie bald darauf als Sängerin und Schauspielerin Karriere machte, in »Bach« geändert und damit »eingedeutscht« wurde.

Auch als unsere Liebesgeschichte zu Ende war, blieben Vivi und ich gute Freunde. Wenn ich von Plattenaufnahmen oder Dreharbeiten nach München zurückkam, war die Clique meine »Anlaufstelle«, im Freundeskreis konnte ich relaxen, Unsinn treiben und mußte nicht ständig auf mein »Image« Rücksicht nehmen.

Zu den Blödheiten, die wir damals machten, gehörte das sogenannte »Playboys reizen«, ein Spiel, in dem es Sergio und ich zu einer gewissen Meisterschaft brachten.

Für diese Freizeitgestaltung setzten wir uns Frauenperücken auf und umkreisten im MG die Rialto-Eisdiele in Schwabing, bis wir einiger dynamischer »Aufreißertypen« ansichtig wurden, die soeben in ihren Luxusschlitten einstiegen. Wir hupten sie aus einiger Entfernung an und winkten ihnen zu. Die Herren glaubten natürlich regelmäßig, ihre überwältigende männliche Ausstrahlung habe zwei flotte Bienen angelockt, und fuhren hinter uns her.

Was folgte, war eine wilde Jagd durch die Münchner Innenstadt. Mit halsbrecherischem Tempo rasten wir durch die Gassen, unsere Anbeter im Schlepptau. Nach einiger Zeit ließen wir uns einholen und warteten, bis die Typen ausstiegen und mit charmantem Blendaxlächeln auf uns zugingen. Dann rissen wir uns die Perücken vom Kopf.

Sergio schleuderte ihnen noch ein schnelles »Haut ab, ihr geilen Böcke!« entgegen, und mit quietschenden Reifen entzogen wir uns dem heiligen Zorn der erbosten Möchtegerncasanovas.

Schon als Achtzehnjähriger hatte ich erste Schockerlebnisse mit weiblichen Fans. Die Rock-'n'-Roll-Begeisterung war entgegen aller Prognosen von den USA auch über Deutschland gekommen und steigerte sich in Einzelfällen bis zur Hysterie. Die Teenager waren von den Ringelsocken, und gegen die Verklemmtheit und Borniertheit, die jungen Leuten üblicherweise in den fünfziger Jahren entgegenschlug, mußte das neue Musikerlebnis wie ein Ventil für verdrängte Gefühle wirken. Damals bekam ich täglich bis zu 900 Fan-Briefe, von denen mindestens die Hälfte mehr oder weniger eindeutige Liebeserklärungen enthielt.

In einem Brief stand ein Satz, der mir einen mächtigen Schock versetzte:

»In wenigen Stunden«, hieß es darin, »bin ich nicht mehr am Leben!«

Obwohl ich dramatische Selbstmorddrohungen vom Kaliber »Wenn du mich nicht erhörst, dann gehe ich ins Wasser!« gewohnt war, nahm ich den Inhalt dieses Briefes ernst und alarmierte die Polizei.

Tatsächlich hatte das Mädchen 29 Schlaftabletten geschluckt, wurde sofort in die Intensivstation eines Münchner Krankenhauses gebracht und konnte zum Glück noch gerettet werden.

Noch eine zweite »Fan-Geschichte« hätte schrecklich enden können.

Es war 1960, und ich war gemeinsam mit Peter Vogel zu Synchronisationsaufnahmen für den zweiten Conny-und-Peter-Film in Berlin.

Nach dem ersten Arbeitstag fuhren Peter und ich in unser Berliner Stammlokal Bei Ricci. Wir nahmen einen Drink, und Peter schlug — arbeitseifrig, wie er war — vor, wir sollten noch schnell wenigstens einmal die Dialogstellen, die wir am nächsten Tag zu synchronisieren hatten, durchgehen.

Ich hatte das Drehbuch im Kofferraum meines Wagens liegen. Ich ging auf die Straße, öffnete den Kofferraumdeckel und erstarrte. Neben dem Drehbuch lag, zusammengepfercht, leichenblaß und halb bewußtlos, ein Mädchen.

Ich hob sie aus dem Wagen, nahm sie mit ins Lokal und verabreichte ihr einen Kognak. Als sie wieder halbwegs zu sich gekommen war, fragte ich sie, was sie sich bei ihrer Wahnsinnsaktion gedacht habe.

»Ich wollte doch nur den Peter kennenlernen«, verkündete sie treuherzig.

»Dachte ich es mir doch«, trompetete Peter Vogel. »Und das ist dir auch gelungen. Hier stehe ich in voller Lebensgröße!«

Nachdem wir das etwas verwirrte Kind in ein Taxi verfrachtet und nach Hause geschickt hatten, bemerkte ich, daß meine Knie zitterten. Nicht auszudenken, was passiert wäre, wenn ich das Drehbuch nicht geholt hätte. In Zukunft achtete ich darauf, daß der Kofferraum meines Wagens immer ordentlich versperrt war.

Diese Formen der Starverehrung waren mir schon immer unheimlich. Ich habe auch nie — obwohl ich die mönchische Askese nicht zu meinem Lebensziel erklärt habe — mit fanatisierten Verehrerinnen irgendwelche Techtelmechtel begonnen.

Oder sagen wir, um der Wahrheit die Ehre zu geben, *fast* nie.

Da ich selbst als anfaßbares Objekt der Zuneigung weitgehend ausfiel, mußten häufig meine Autos herhalten. Die Karosserien zierten beständig mit Lippenstift geschriebene Liebesbeteuerungen. Laut eines Presseberichtes aus den fünfziger Jahren kam auch ein Kollege einmal in den Genuß dieser kreativen Neugestaltung seines Autolacks. In dem Artikel hieß es wörtlich:

Peter Weck hat in diesem Zusammenhang »eine Mordswut« auf Kollegen Peter Kraus. Vor ein paar Tagen parkte er seinen 190 SL mit der Münchner Nummer vor dem Konzerthaus. Peter-Kraus-Fans hielten den Wagen für den ihres Idols — und behandelten ihn in der üblichen Manier. Resultat: Peter Weck mußte ihn frisch spritzen lassen.

Warum Peter Weck einen mit Lippenstift beschriebenen Wagen neu spritzen lassen mußte, wird wohl ewig ein Geheimnis des Journalisten bleiben.

Ich selbst war allerdings einmal gezwungen, mein Auto nach heftigen Fan-Kontakten der kundigen Hand eines Karosseriespenglers zu überlassen.

Im Sommer 1961 nahm ich, gemeinsam mit Senta Berger, an einem der damals so beliebten »Blumen-Korsos« in der niederösterreichischen Kleinstadt Tulln teil. Ich fuhr damals einen BMW 507, einen Sportwagen, den die bajuwarischen Konstrukteure mit einer Alu-Karosserie ausgestattet hatten, um so den Wagen möglichst leicht und damit möglichst schnell zu machen.

Als wir im prächtig geschmückten Wagen in der Kolonne durch Tulln rollten, stürzte sich eine Meute entfesselter Autogrammjäger auf uns. Jene, die von der Seite nicht mehr zu Senta und mir vordringen konnten, robbten über Kühlerhaube und Kofferraumdeckel zu uns. Senta versetzte dieser Ansturm derart in Panik, daß sie einen Schreikrampf bekam. Ich lenkte den Wagen von der Menschentraube weg, scherte aus der Kolonne aus, und es gelang mir, durch eine Parkanlage der Meute zu entkommen.

Die Welle der Fanbegeisterung hatte die Karosserie meines Wagens in Wellblech verwandelt.

Ich bin nicht nachtragend, dennoch war ich menschlich schwer erschüttert, als ich erfahren mußte, daß mein langjähriger Autor Fritz Schindlecker gebürtiger Tullner ist. Allerdings konnte er glaubhaft machen, daß er als damals Achtjähriger beim Attentat auf meinen BMW nicht beteiligt war. Somit konnte die Vertrauenskrise wieder aus der Welt geschafft werden.

1959 befand mein Vater, ich solle das bisher verdiente Geld vernünftig anlegen.

»Wenn man eine sinnvolle, große Investition tätigt und daraus beträchtliche monatliche Zahlungsverpflichtungen auf einen zukommen, ist man nicht versucht, sein Geld für Schwachsinnigkeiten beim Fenster rauszuwerfen«, verkündete er und meinte, auch ich solle mir diesen Wahlspruch zu eigen machen.

Er plante in der vornehmen Münchner Pienzenauerstraße ein Grundstück zu kaufen, wo er für Mutter und sich ein Haus bauen wollte, und meinte, ich solle mich an diesem Projekt beteiligen und ebenfalls ein eigenes Heim errichten. Ich war anfangs von dieser Idee absolut nicht begeistert. Mit knapp zwanzig sah ich keinen Sinn darin, schon seßhaft zu werden. Außerdem hatte sich mein Faible für Sportwagen zu einer ausgewachsenen Spinnerei entwickelt, und ich hatte mir eben einen sündteuren, nagelneuen Austin Healey zugelegt und gedachte mir weitere Rassewagen anzuschaffen. Nun aber besitzt mein Vater seit jeher neben seiner künstlerischen auch eine gute Ader fürs Geschäftliche und darüber hinaus eine Überzeugungskraft, der man sich nur schwer entziehen kann. Im konkreten Fall erklärte er mir, ich könne bei dem neuen Haus doch meiner geheimen Leidenschaft, dem Design, nach Herzenslust frönen. Und sollte einmal — Gott behüte! — bei mir der »Karriereknick« eintreten, so hätte ich mit dem Haus eine solide Absicherung.

Mich überzeugte vor allem sein Argument, ich könne mein Haus selbst entwerfen, und so willigte ich schließlich ein. Das Bauprojekt war von meinem Vater sehr vernünftig durchdacht. Neben unseren beiden Häusern errichteten wir drei Mietappartements, die einen Teil der laufenden Kosten abdecken sollten.

Der Finanzierungsplan war vernünftig, das Haus meines Vaters war vernünftig, nur das, was nach meinen Plänen von einem Baumeister in die Praxis umgesetzt wurde, war extrem unvernünftig. Zwar war die Villa, die ich ein Jahr später mit stolzgeschwellter Brust bezog, in ihrem äußeren Erscheinungsbild ein schlichtes Bauwerk ganz im schmucklosen Stil der fünfziger Jahre, aber die Innengestaltung hätte unter dem Titel »Klein Peter träumt von Groß-Hollywood« in der Krankengeschichte bundesdeutscher Innenarchitektur einen absoluten Ehrenplatz verdient.

Das riesige Wohnzimmer wurde von einer fünf Meter langen Couch dominiert, die sich schier endlos über dem kühlen Marmorboden erstreckte. Aus der ansonsten sparsamen Möblierung ragte neben der Stereoanlage, deren Boxen in die Zimmerdecke integriert waren, eine kühne Konstruktion hervor, die den Schwarzweiß-Fernsehapparat schwenkbar machte, wodurch die Pionierleistungen deutscher TV-Unterhaltung auch vom Garten aus genossen werden konnten. Der Raum selbst war von der Terrasse durch eine versenkbare Glaswand getrennt. Der Presse war dies nicht genug — sie schilderte dem staunenden Publikum, daß im Kraus-Haus *alle* Wände versenkbar seien. Da Zeitungen bekanntlich nicht lügen, verbrachte ich armer Kerl also einen gut Teil meiner Zeit unter einem freischwebenden Dach und war somit allen Fährnissen des rauhen Münchner Klimas ausgesetzt. Dies erklärt auch, warum ich bald darauf meinen Hauptwohnsitz ins sonnige Tessin verlegte.

Vom Wohnraum meines Traumhauses führte eine freischwebende Treppe direkt ins Schlafzimmer, das ein konisches Bett von riesigen Ausmaßen barg, in dem drei Anita Ekbergs und fünf Jayne Mansfields Platz gefunden hätten, welche mich aber (vermutlich aus Zeitmangel) nie besuchten. Den hollywoodschen Vorbildern gemäß besaß diese herrliche Schlafstätte einen integrierten Eisschrank und der Raum selbst eine prächtige Lichtanlage, die je nach Geschmack, Lust und Laune ein romantisches Abendrot ebenso zaubern konnte wie grellstes Neonlicht. Vom Schlafzimmer gelangte man in ein selbstverständlich mit schwarzen Mosaiksteinchen ausgelegtes Bad, von dem aus ein Fluchtweg *(Jetzt erblaßt du vor Neid, James Bond, was?)* über die Terrasse zur Garage führte.

Im Keller befand sich neben einem Tanz- und Fitneßraum ein großzügig angelegtes Heimkino, dessen Ausdehnung im schroffen Gegensatz zu den zwergischen Dimensionen der Küche stand. Diese wirkte bereits überladen, wenn man einen Topf auf den Herd stellte. Dafür war der Swimmingpool um so größer, denn ich wollte, meinem Vorbild Hans Hass nacheifernd, darin Unterwasseraufnahmen machen, und so hatte das Becken eine Tiefe von nahezu drei Metern. Leider hielt die damalige Reinigungstechnologie mit meinen kühnen Plänen nicht Schritt, und so schwamm in dem Becken eine grüne Brühe, deren Algenreichtum zwar das Herz eines Biologen hätte höher schlagen lassen, nicht aber das eines begeisterten Unterwasserfilmers.

Insgesamt hatte das Haus, dem Zeitgeschmack entsprechend, eine »coole« Atmosphäre. Dies führte dazu, daß sich bei den zahlreichen Festen, die ich veranstaltete, alle Gäste im einzigen gemütlichen Raum drängten — der kleinen Bar, in der sich ein offener Kamin befand. Mit Naturholz rustikal gestaltet, stellte sie eine Vorausdeutung auf meinen späteren Wohnstil dar.

Lediglich der grauenhafte Naphtalingestank trübte die Wohnlichkeit der Bar etwas — als begeisterter Hobbytaucher hatte ich die Beute meiner Unterwasserexpeditionen, Fische und Seeigel, präpariert und in einem kühn über die Decke geworfenen alten Fischernetz aufgehängt.

Ich führte damals ein gastfreundliches, offenes Haus, und auch die Damenbesuche gestalteten sich recht abwechslungsreich.

Meiner Mutter war das ein Dorn im Auge, und sie sah in mir einen skrupellosen Herzensbrecher, dem es allerdings auch die Mädchen aufgrund seiner Schallplattenerfolge »allzu leicht« machten. Dies war nicht zu leugnen, obwohl ich damals, strotzend vor jugendlichem Selbstbewußtsein, meine diesbezüglichen Erfolge in erster Linie auf meine Cleverneß zurückführte.

Ich pflegte nämlich vor meinen nächtlichen Abenteuern früh zu Bett zu gehen und mich dann gegen zwei Uhr morgens ausgeschlafen ins Münchner Nachtleben zu stürzen. Während die männliche Konkurrenz schon etwas übermüdet und durch übermäßigen Alkoholkonsum geschwächt war, konnte ich im Vollbesitz meiner geistigen Kräfte so manches brillante Bonmot an die Frau bringen.

Häufig entstanden aus diesen nächtlichen Unternehmungen *early morning parties* bei mir zu Hause, bei denen neben meinen Freunden auch mir unbekannte Nachtschwärmer und -schwärmerinnen ihr feuchtfröhliches Unwesen trieben und nach deren Ende regelmäßig meine Schallplattensammlung arge Verluste zu beklagen hatte. Unbeschwerte Heiterkeit hat nun einmal ihren Preis.

Das Haus meiner Eltern war nur durch eine Schiebetür von meinem getrennt, und so wurde meine Mutter gegen Mittag häufig Zeugin einer Abschiedsszene zwischen einer jungen Dame und mir.

Beim anschließenden späten Frühstück, das meine Mutter mir machte, mußte ich mir in schöner Regelmäßigkeit ihre Meinung zum Geschehen anhören.

»Eines Tages«, pflegte sie mit der unheilverkündenden Miene der trojanischen Prophetin Kassandra zu sagen, »eines Tages wird eine kommen, die dir all das zurückzahlen wird, was du jetzt den Mädchen antust!«

Dem homerischen Vorbild gemäß ging diese Prophezeiung in Erfüllung.

Anno Domini 1962 trat die Rachegöttin in Gestalt der Schwedin Lill Babs auf den Plan. Das heißt, sie *trat* eigentlich nicht, sie wurde von mir *geholt*.

Ich war damals zu Dreharbeiten für meine erste eigene Fernsehshow-Serie *Herzlichst Ihr Peter Kraus* in Wien.

Durch Zufall bekam ich im Hotel eine schwedische Tageszeitung in die Finger, mein Blick fiel auf das Titelblatt, und ich war sofort wie elektrisiert: Was für eine tolle Frau!

Obwohl meine Kenntnisse in der schwedischen Sprache gleich Null waren, reimte ich mir aus der Bildunterschrift zusammen, daß die Dame Lill Babs hieß und Schwedens Schlagerstar Nummer eins war.

Ich eilte zu meinem Produzenten Mendelson und erklärte ihm freudestrahlend, daß ich soeben einen Stargast für unsere Show gefunden hätte.

»Was ist die? Eine schwedische Sängerin? Wir brauchen Stars, junger Freund, Stars!« erklärte er mir entrüstet.

»Die ist ein Star! In Schweden ist die die absolute Nummer eins!« wandte ich ein.

»In Schweden«, brummelte Mendelson geringschätzig. »Na und? Bloß, weil im hohen Norden ein paar entfesselte Lappen vor Begeisterung ihre Pelzwämser durchschwitzen, wenn die Dame ein Liedchen trällert, ist sie noch lange kein internationaler Show-Act. Und nur einen solchen brauchen wir!«

In einem letzten verzweifelten Versuch hielt ich Mendelson das Zeitungsblatt mit dem Foto unter die Nase.

»Sieh sie dir doch wenigstens einmal an, Herrgott noch mal! Die ist toll, die hat Klasse, das sieht man doch auf den ersten Blick!«

Mendelson stutzte kurz, lachte zufrieden, da er mich durchschaut hatte, und zündete sich eine Zigarette an.

Während er genüßlich den Rauch in meine Richtung blies, machte er auf empört: »Aha, daher weht der Wind! Herr Kraus versucht private Interessen mit beruflichen zu verbinden! Herr Kraus ist unprofessionell! ... Aber bitte«, lenkte er ein, »da ich nun einmal kein Unmensch bin ...«

»Das ist mir neu«, unterbrach ich ihn giftig.

»Da ich nun einmal seit neuestem kein Unmensch bin, werde ich die Dame zu Probeaufnahmen nach Wien einladen. Das wird mich zwar eine Stange Geld kosten ...«

»Solltest du dich dabei finanziell ruinieren, mach ich ein Benefizkonzert für dich. Im Duett mit Ted Herold!«

»*Jedes* deiner Konzerte ist ein Benefizkonzert für mich, junger Freund! Gut, die Dame kommt nach Wien. Schließlich liegt mir das Liebesglück meiner Schäfchen sehr am Herzen.

Aber ich stelle noch einmal mit aller Deutlichkeit fest: In unserer Show tritt diese ... dings da ... nicht auf!«

Damit behielt Mendelson recht. In *Herzlichst Ihr*

Peter Kraus trat Lill tatsächlich nicht auf, dafür aber in zahlreichen späteren Produktionen. Wir nahmen unter Mendelsons Leitung auch zwei Duett-Singles miteinander auf.

Aber was das Wichtigste war: Wir sahen uns an, nachdem sie in Wien angekommen war, und waren bis über beide Ohren ineinander verliebt.

»Das ist *die* Frau meines Lebens!« war mein erster Gedanke, als ich sie in der Empfangshalle des Flughafens Wien-Schwechat abholte.

»Das ist *der* Mann zum Heiraten!« dachte sie im gleichen Augenblick, wie sie mir später gestand.

Auf diesem beiderseitigen, grundsätzlichen Irrtum basierte unsere drei Jahre dauernde Beziehung, die in ihrem Charakter stark an den Nah-Ost-Konflikt erinnerte: Beide Seiten beteuerten einander beständig ihre Friedensbereitschaft, aber von kurzen Waffenstillständen abgesehen herrschte Krieg.

Schon nach kurzer Zeit drängte Lill auf eine baldige Hochzeit. Ich wollte mit dreiundzwanzig mein Junggesellendasein noch nicht beenden, erklärte, ich sei für die Ehe noch nicht reif, und schob den Termin immer wieder hinaus.

Zusätzlich zu diesem permanenten Konfliktstoff wurden wir von verzehrender Eifersucht geplagt, was von den lieben Kollegen eifrig geschürt wurde.

Wenn Lill, die auch in Deutschland als Show-Star Fuß fassen konnte, auf Tournee war oder Fernsehen machte, erklärten mir wenig später die sie begleitenden Musiker oder Schauspielerkollegen, mit denen ich auch auftrat, welche Eskapaden sich meine Noch-nicht-Angetraute wieder einmal angeblich geleistet habe.

War ich auf Tournee, funktionierte diese »Künstlerpost« umgekehrt ebenso perfekt.

Die Folgen waren Streit, Trennungsdrohungen, nächtelange Telefongespräche, dann wieder traumhaft schöne Versöhnungen und der immer wieder gebrochene heilige Eid, nun doch in Kürze zu heiraten.

Lill hatte ein offenes, sympathisches Wesen. Als Schwedin war sie in einer wesentlich liberaleren Atmosphäre aufgewachsen, als dies damals in Deutschland üblich war. Sie spielte nicht wie die damaligen höheren Töchter das schüchterne unnahbare Geschöpfchen, sie brach gerne aus dem weiblichen Rollenklischee aus und schenkte — zum Beispiel — einem Mann, der ihr sympathisch war, spontan Blumen, was nach den rigiden Knigge-Vorstellungen der Zeit geradezu eine Todsünde wider den guten Geschmack darstellte.

Da es ihnen an Zickigkeit mangelte, wurde den Nordländerinnen wie Gitte, Lill Lindfors, Vivi Bach, Ann Smyrner, Wencke Myrhe und Lill, die damals im deutschen Show-Geschäft aktiv wurden, gleich unterstellt, mit jedem sofort ins Bett zu gehen. Ein blödes Klischee, das auch in den diversen Sex-Filmchen der sechziger und siebziger Jahre seinen Niederschlag fand.

Ich wurde in Shows, in denen Lill auftrat, grundsätzlich nicht engagiert; einige der deutschen Show-Macher dachten wohl, entsprechend dem Bild, das sie von einer Schwedin hatten, in meiner Abwesenheit bei Lill locker landen zu können.

Peters „heimliche Ehe"

Vermißt waren Peter Kraus und Lill Babs

Heirateten Lil und Peter heimlich in Schweden?

... und Lil Babs und Peter Kraus heiraten doch!

„Immer diese Gerüchte", seufzt das verliebte Paar

Peter Kraus tief enttäuscht – seine Lil heiratet

Peter Kraus-Lill Babs: Nur noch im Fernsehen ein Paar

In Wahrheit war Lill an irgendwelchen Techtelmechteln während eines Jobs überhaupt nicht interessiert. Sie war eine beinharte Arbeiterin, und ihr ging es in erster Linie darum, ihre Familie zu ernähren. Sie sorgte für ihre kleine Tochter Monica, unterstützte ihre allein lebende Mutter und finanzierte ihrem Bruder Lars das Studium.

Obwohl ich bis über beide Ohren in Lill verliebt war und im Grunde auch ihren Charakter kannte und schätzte, zerrten die dauernden Latrinengerüchte der Branche doch schwer an meinen Nerven.

Im Sommer 1965 drehten wir gemeinsam die Show *Das Studium der Weiber ist schwer.* Unsere Beziehung war auf einem absoluten Tiefpunkt angelangt. Nach den Dreharbeiten rauschte Lill wütend und ohne ein Abschiedswort Richtung Schweden ab.

Ich saß in der Augusthitze im Englischen Garten in München und versuchte meine wiedergewonnene Freiheit zu feiern. Die Sonne schien, die Vöglein zwitscherten, das Leben war herrlich. Alles war einfach wunderbar. Es gab nur einen winzigen Wermutstropfen im Hochgefühl dieses Sommers, ich fühlte mich einfach beschissen.

Ich sah nur einen Ausweg, ich mußte Lill wiedergewinnen! Ich rief in Stockholm an und erfuhr von ihrer Mutter, daß sie auf Tournee sei.

Nachdem ich ihren Tourneeplan in Erfahrung gebracht hatte, versuchte ich sie an verschiedenen Orten telefonisch zu erreichen. Lill ließ sich verleugnen. Daraufhin faßte ich folgenden filmreifen Entschluß: Am nördlichsten Ort ihrer Konzertreihe, dort, wo das Nordlicht glitzert, der Lappe sein einfaches Liedlein pfeift und die braven Rentiere einander gute Nacht sagen, dort wollte ich ihr nach dem erfolgreichen Konzert hinter der Bühne gegenübertreten und ihr nach einem tiefen Blick in die Augen die unsterblichen Worte mit Humphrey-Bogart-Stimme zuflüstern: »Baby, es ist soweit. Wir heiraten!«

Danach würde ich schweigend die Schatulle mit den Eheringen und dem Brillanten öffnen, meine Lill zärtlich in die Arme nehmen, und während uns die milden Strahlen der Polarsonne beschienen, würden sich unsere Lippen zu einem zärtlichen Kusse finden.

Gedacht, getan.

Ich ging zum nächsten Juwelier und kaufte die notwendigen Utensilien.

Der Juwelier war begeistert: »Heiraten Sie die Lill nun doch? Na endlich! Das wurde aber auch Zeit!«

Offensichtlich war er ein eifriger Leser der Yellow-Press, die seit Jahr und Tag mit viel Akribie und noch mehr Phantasie unsere Liebesgeschichte dokumentiert hatte.

Dann flog ich mit der Linienmaschine nach Stockholm, wo ich sofort eine kleine, einmotorige Cessna charterte, die mich in den hohen Norden Schwedens brachte.

Der Zeitplan für das hollywoodgemäße Happy-End unserer Beziehung funktionierte perfekt.

Als ich am Ort des Freiluftkonzerts hinter der Bühne eintraf — den Mann am Bühneneingang hatte ich erfolgreich bestochen —, sang Lill gerade ihre letzte Zugabe.

Noch wußte sie nicht, welch unsagbares Glück ihrer harrte!

Da kam sie auch schon die Stufen herunter — in wenigen Sekunden würde sie mich sehen und . . .

Sie sah mich kurz an, ihre Augen blitzten vor Zorn, und ihre Lippen formten die unsterblichen Worte: »O Gott! Was machst denn *du* da?!«

Dann drehte sie sich auf dem Absatz um und würdigte mich keines weiteren Blickes. Es gab keinen Zweifel, sie hatte die Nase endgültig und gestrichen voll von mir.

Da stand ich nun in einem läppischen Kaff, die Schatulle mit den Trauringen in der Hosentasche, und fühlte mich wie ein begossener Pudel. Ich schwor Stein und Bein, daß dieser erste Heiratsantrag meines Lebens auch mein letzter sein sollte.

Auf dem Rückflug besserte sich mein Befinden. Ich hatte das Gefühl, als weiche langsam, aber sicher eine zentnerschwere Last von mir. Der Teufelskreis von Eifersucht, Streit und Versöhnung war endgültig durchbrochen.

Während ich aus dem Flugzeug sah, ließ ich die letzten Jahre noch einmal Revue passieren.

Ich fragte mich, was geschehen würde, sollten wir uns zufällig wieder einmal treffen.

Ich habe es nie erfahren. Lill Babs und ich haben einander nie mehr wiedergesehen.

Akrobat schöööön!
— meine Zirkusträume

18. März 1949. Ich habe heute Geburtstag. Meinen zehnten! Die letzten Tage bin ich schrecklich aufgeregt gewesen. Immer wieder habe ich aus dem Fenster unserer Wiener Wohnung geschaut, auf das große bunte Plakat, das vis-à-vis an der Litfaßsäule klebt.

Besuchen Sie den Zirkus!
Das wunderbare Erlebnis für Jung und Alt!

steht da geschrieben.

Und heute ist es soweit — meine Mutter geht mit mir in den Zirkus.

Ich freue mich schon auf die Tiger und Löwen, auf die Ponys und die Elefanten und am meisten natürlich auf die lustigen Clowns.

Das Zirkuszelt steht auf einer Wiese im Wiener Prater. Es beeindruckt mich tief. Der bunte, kuppelartige Bau erinnert mich an die phantastischen Illustrationen meiner Märchenbücher, um die grellbemalten Zirkuswagen schwirren abenteuerliche Gestalten in bombastischen Kostümen, aus den Käfigen steigt der strenge Geruch der Raubtiere, und das tausendfarbige Strahlen der Lichtgir-

landen verführt zum Besuch dieser Zauberwelt. All der Glitzer und Flitter in einer Stadt, die noch von Bombentrichtern und Schutthalden übersät ist. Was für Eindrücke für ein kindliches Gemüt!

Die Vorstellung selbst zieht mich vollends in den Bann der Zirkuswelt. Ich bestaune die Kunst der schönen Reiterin, schüttle mich vor Lachen bei den derben Späßen der Clowns und sterbe fast vor Angst, als der Dompteur seinen Kopf in den Rachen des Löwen steckt.

Aber der absolute Höhepunkt des Abends, das wunderbarste Erlebnis, kommt am Schluß der Vorstellung.

Das Zirkusorchester intoniert eine gewaltige Fanfare. Ins Licht der Scheinwerfer treten zwei Männer und eine Frau — alle drei tragen prächtige, mit Edelsteinen besetzte Umhänge. Mit lässiger und doch hoheitsvoller Geste, im vollen Bewußtsein der Tatsache, daß sie die Stars des Abends sind, legen sie die Umhänge, die sofort von eilfertigen Zirkusdienern übernommen werden, ab und klettern in ihren engen Trikots eine chromblitzende Stange hinauf, hoch und immer höher, bis sie mir ganz klein vorkommen da oben, knapp unter dem höchsten Punkt der Zirkuskuppel.

Und dann fliegen sie wahrhaftig durch die Luft!

Die Trapezkünstler sind der Inbegriff der Zirkuskunst.

Und an meinem zehnten Geburtstag beschließe ich: Einmal, wenigstens einmal im Leben möchte ich in der Manege stehen!

1966 war es dann soweit. Mein Traum vom Zirkusauftritt ging in Erfüllung.

Nach dem Münchner Vorbild der *Stars in der Manege* war in der Wiener Stadthalle eine Benefizveranstaltung unter dem Titel *Galanacht der Stars* geplant. Blacky Fuchsberger, der die Show moderieren sollte und mein Faible für Circensisches kannte, fragte mich, ob ich denn da mitmachen wolle.

Ich war sofort Feuer und Flamme. Mir wurde die Mitwirkung in einer Pferdenummer angeboten, und ich sagte sofort zu.

Aber leider gab es da noch ein kleines Problem. Ich spielte zu dieser Zeit in den Wiener Kammerspielen, der Dependance des Theaters in der Josefstadt, das Erfolgsstück *Kaktusblüte* mit Kurt Heintl und Elfriede Ott.

Als ich die Josefstädter Direktion über meine Zirkuspläne informierte, teilte man dort meine Begeisterung nicht.

»Was wollen Sie machen, Herr Kraus? Eine Pferdenummer? Und was ist, wenn der Teufel es will und Sie fallen von dem Rößl runter? Dann können wir soundso viele Vorstellungen absagen. Tut uns leid, aber wir müssen Sie in diesem Zusammenhang an unsere vertraglichen Vereinbarungen erinnern!«

Tatsächlich untersagte mir mein Vertrag mit dem Theater in der Josefstadt während der Spielzeit jede Form von sportlicher Betätigung, bei der eine akute Unfallgefahr bestand.

Ich dachte aber nicht daran, meinen Zirkusauftritt sausenzulassen, und überlegte, was ich machen könnte. Die Lösung des Problems war, daß ich inkognito auftrat. Ich vereinbarte mit den Organisatoren der Gala, daß mein Name in der Presseaussendung nicht genannt wurde, und beschloß, mit blonder Perücke und in Frauenkleidern als »die große Unbekannte« meinen Auftritt zu absolvieren. Mein Inkognito funktionierte schon bei den Proben ausgezeichnet.

Meine Reitnummer war um 22 Uhr 30 eingeplant, die Vorstellung in den Kammerspielen endete um 22 Uhr, genug Zeit, um mit einem Wagen in die Stadthalle gebracht und dort für den Auftritt noch geschminkt zu werden.

Es klappte alles wie am Schnürchen: Vor dem Bühnenausgang der Kammerspiele wartete Punkt 22 Uhr der Wagen mitsamt Chauffeur, ich stieg ein, und im Eiltempo fuhren wir los. Zumindest bis zur nächsten Kreuzung, an der ein anderes Fahrzeug unseren Vorrang mißachtete und in unseren Wagen hineinkrachte.

Zum Glück wurde niemand verletzt, aber an eine Weiterfahrt war mit diesem Auto nicht mehr zu denken.

Ich wollte mir sofort ein Taxi rufen, da stürzten sich mehrere Passanten auf mich und hielten mich fest.

»Der mocht Fahrerflucht, der Verbrecher!«

»Hoits eam auf, den Hund!«

»Polizei! Wo is de Polizei? Immer, waun mas braucht, is net do!«

Das goldene Wiener Herz hatte mich messerscharf, aber falsch, als Fahrer und als solchen auch gleich als flüchtig diagnostiziert!

Glücklicherweise erschien bald darauf ein Polizist, und der Sachverhalt konnte geklärt werden.

Schließlich saß ich dann doch in einem Taxi und erreichte mit halbstündiger Verspätung die Stadthalle. Dort war alles in hellem Aufruhr, die gesamte

Abendplanung war durcheinandergeraten. Während ich geschminkt wurde, schilderte ich Blacky im Telegrammstil meinen Unfall.

Dann begann mein erster großer Zirkusauftritt.

In dieser Pferdenummer stellte ich eine tolpatschige Ballerina dar. Mein Partner stand aufrecht auf zwei nebeneinanderlaufenden Pferden, und ich versuchte, auf ihm herumturnend, Anmut und Schönheit zu verbreiten. Dabei gehörte es zum Effekt der Nummer, daß ich wiederholt abzustürzen drohte und immer wieder im letzten Augenblick von dem Artisten aufgefangen wurde. Dabei trug ich ein weißes Tutu, das an den richtigen Stellen mit Schaumgummi ausgestopft war.

Nachdem ich meinen Auftritt erfolgreich hinter mich gebracht hatte, lüftete Blacky mein Inkognito, das wegen meiner Angaben im Polizeiprotokoll ohnehin nicht mehr aufrechtzuerhalten gewesen wäre.

Am nächsten Tag waren die Wiener Zeitungen voll mit Schlagzeilen wie: *UNBEKANNTE SCHÖNE WAR PETER KRAUS!* und *EINES DER SCHÖNSTEN MÄDCHEN IN DER STADTHALLE: BLONDINE PETER KRAUS!*

Die Direktion des Theaters in der Josefstadt sah mir meinen verspäteten »Bubenstreich« nach, nachdem ich hoch und heilig versprochen hatte, während der Spielzeit von *Kaktusblüte* von weiteren Eskapaden Abstand zu nehmen.

Schon im Herbst desselben Jahres erhielt ich mein nächstes »Zirkusengagement«.

Bei der von der Münchner ABENDZEITUNG gesponserten Benefizveranstaltung *Stars in der Manege* sollte ich endlich meine sportiven Fähigkeiten voll ausspielen können. Man bot mir an, bei einer Nummer der damals weltberühmten mexikanischen Artistengruppe Rodrigez mitzuwirken.

Diese hatten eine Trampolin- und eine Trapeznummer in ihrem Programm. Die Wahl zwischen diesen beiden Nummern bedeutete für mich keine Qual, denn die Trapezartisten hatten mich nicht nur bei meinem ersten Zirkusbesuch als Kind in ihren Bann gezogen — auch als Sechzehnjähriger war ich von dem damals aktuellen Hollywoodfilm *Trapez* mit Gina Lollobrigida, Tony Curtis und Burt Lancaster schwer begeistert gewesen. Die Chance — wie weiland diese Hollywoodstars (oder besser ihre Stuntmen) —, hoch oben in der Zirkuskuppel vor den staunenden Augen der atemlosen Besucher durch die Lüfte zu sausen, wollte ich mir nicht entgehen lassen.

Als ich dem Chef der Artistengruppe meinen Wunsch vortrug, betrachtete mich der Mexikaner mit gerunzelter Stirn von oben bis unten und sagte dann nur lakonisch mit einem freundlichen Lächeln und hartem mexikanischem Akzent wie Marlon Brando in *Viva Zapata:* »Trampolin is better!«

Aber so leicht gab ich nicht auf. Wort- und gestenreich machte ich ihm klar, daß ich schon als kleiner Junge ausschließlich die Trapezkünstler beim Zirkus bewundert hatte, daß ich ein hervorragender Wasserskifahrer sei, also ein ausgezeichnetes Gleichgewichtsgefühl hätte, und daß er meine Bitte einfach nicht abschlagen dürfe!

Der erfahrene Artist sah mich an wie einen Führerscheinaspiranten, der einem Rennstallbesitzer einzureden versucht, er brauche einen Formel-1-Vertrag, denn er sei der kommende Weltmeister. Er fragte mich, ob ich absolut schwindelfrei sei.

Obwohl ich immer schon ein mulmiges Gefühl im Bauch gehabt hatte, wenn ich aus großer Höhe hinunterschaute, log ich frisch von der Leber weg: »Yes!« Ich war überzeugt, durch große Willensanstrengung das Schwindelgefühl bekämpfen zu können.

Der Mexikaner lächelte noch immer, aber jetzt mehr sphinxhaft.

»Okay, try it. Just try it«, sagte er mit einem Achselzucken. (Er trug auch denselben Bart wie Marlon Brando in *Viva Zapata*.)

»Try it. Now!«

Ich sah mit gemischten Gefühlen zur Kuppel des Zirkus-Krone-Baus hinauf.

Hoch. Verdammt hoch!

Einige Meter über der Manege war das Netz gespannt, das mich im Fall des Falles auffangen sollte.

Mein »Trainer«, die schon bekannte mexikanische Sphinx, meinte, ich solle mich erst einmal an die Höhe gewöhnen, bevor ich zu den ersten Schwüngen am Trapez ansetzte.

Ich schmierte meine Hände mit Magnesium ein und kletterte auf einer schwankenden Strickleiter zur Kuppel hinauf. Oben angelangt, auf der kleinen Plattform, von der aus die Trapezflüge gestartet werden, blickte ich hinunter in die Manege.

Tief. Verdammt tief!

Ich starrte auf einen winzig kleinen Kreis, die vormals riesige Manege des Zirkus Krone, über den sich ein winzig kleines Netz spannte. Im Zentrum des winzig kleinen Kreises stand ein winzig kleiner Mexikaner, der zu mir heraufschrie:

»Don't look down! Try to relax!«

Entspannen! Gern. Aber wie, wenn einem das Herz bis zum Hals schlägt?

Von den Haarwurzeln bis zu den Zehenspitzen gab es keinen einzigen Muskel in meinem Körper, der sich nicht verkrampft hatte.

Ich schluckte und versuchte, langsam und regelmäßig durch die Nase zu atmen und mein aufgewühltes Innenleben wieder zu beruhigen.

Vergeblich. Ich hatte das Gefühl, daß mich die schreckliche Tiefe anzog wie ein Magnet ein Stück Eisen.

Mir brach der Schweiß aus allen Poren, und meine Hochachtung für Burt Lancaster und Tony Curtis stieg ins unermeßliche.

Nach einer mir endlos scheinenden Zeit löste sich die Verkrampfung doch etwas, ich faßte die Trapezstange, so fest ich konnte, und sah noch einmal zu meiner Freundin Ingrid, die am Rand der Manege stand und vermutlich genausoviel Angst hatte wie ich.

Endlich ließ ich mich von der Plattform rutschen, sauste in die Tiefe, schwang mehrmals hin und her und hing schließlich wie das Pendel einer stehengebliebenen Uhr über dem Zentrum der Manege. Ich löste meine Hände und ließ mich in das Netz plumpsen.

Als ich endlich wieder festen Boden unter den Füßen spürte, hatte ich noch immer das Gefühl, die Erde würde heftig schwanken, und ich konnte mich nur mit Mühe auf den Beinen halten.

Leichenblaß ging ich mit vorsichtigen Schritten auf den Mexikaner zu.

Der lächelte.

»It's very high, isn't it«, sagte er sanft.

»Ich mach die Trampolinnummer«, stotterte ich und setzte mich in den Sand der Manege.

»Trampolin? O yes, Trampolin much better!! I knew it. But you wanted to try!« sagte er fröhlich.

Ich bin in sportlichen Dingen schrecklich ehrgeizig, und das Gefühl, kläglich versagt zu haben, machte mich ganz elend. Jetzt mußte ich also bei dieser läppischen Trampolinnummer mitmachen und mit einem Poncho als Mexikaner verkleidet den Clown spielen. Ein bißchen Herumhüpfen auf der federnden Unterlage, ein Salto — was war da schon dabei?

Ich war vorher schon öfter auf kleinen Sporttrampolins gesprungen und hielt die Sache für ziemlich einfach und völlig ungefährlich. Doch bei den ersten Übungen mußte ich feststellen, daß dieses Zirkustrampolin anders war als die, die ich kannte. Es hatte eine wesentlich höhere Spannung, und man wurde schon noch wenigen Sprüngen in eine beachtliche Höhe geschleudert. Es war gar nicht einfach, bei den Salti-Versuchen im Gleichgewicht zu bleiben, den beachtlichen Druck abzufedern und nicht zu Sturz zu kommen.

Schon zu Beginn der Proben landete ich nach einem Sprung so unglücklich auf dem Trampolin, daß ich mir den Brustkasten prellte. Jedes Durchatmen tat höllisch weh, und da Springen bekanntlich besonders viel Luft erfordert, konnte ich die restlichen Trainingstage, die Generalprobe und schließlich den Auftritt nur vollgepumpt mit schmerzstillenden Medikamenten bestreiten. Trotz dieses »Dopings« behinderte mich die Verletzung, und ich überdrehte einen Salto derart, daß ich vor den Augen des Publikums höchst unsanft neben dem Trampolin im Sand der Manege landete. Obwohl mir einer meiner Partner zuraunte, ich solle aufhören, wollte ich es nicht bei diesem verunglückten Versuch bewenden lassen. Nach dem Motto der echten Artisten, die Manege niemals nach einem mißlungenen Kunststück zu verlassen, biß ich die Zähne zusammen, stieg neuerlich auf das Trampolin, und diesmal klappte der Salto tadellos.

Nach der Vorstellung wurde ich allerseits beglückwünscht, und ein Journalist meinte: »Das war absolut professionell, Peter! Vor allem dieser einstudierte Unfall beim Salto! Perfekt! Kein Profi hätte die Spannung besser steigern können!«

Ich lächelte etwas verkrampft, soweit dies die Schmerzen zuließen, fuhr nach Hause, legte mich ins Bett und relaxte, wie es der Mexikaner empfohlen hatte. Nach einer Woche waren die Folgen des »einstudierten Unfalls« weitgehend vergessen.

1972 ergab sich für mich die nächste Gelegenheit, bei *Stars in der Manege* mitzuwirken. Die Veranstaltung war inzwischen auch zu einem TV-Großereignis geworden. Während sie anfänglich nur im Bayerischen Fernsehen zu sehen gewesen war, lief sie inzwischen bundesweit alljährlich im ZDF am Silvesterabend zur Hauptsendezeit.

Ich war inzwischen verheiratet, und meine Frau

Ingrid erklärte mir freundlich, aber bestimmt, was sie von diesen »halsbrecherischen Unsinnigkeiten« hielt.

Selbstverständlich beherzigte ich ihren dezenten Hinweis und ließ mich nur von einem Pferd durch die Manege schubsen — wieder als Clown. Meinen Vorstellungen von Zirkus entsprach diese »Hanswurstiade« überhaupt nicht; ich hatte kurz zuvor im französischen Fernsehen Jean-Pierre Cassel gesehen, der den damals berühmtesten komödiantischen Zirkusakt der Welt vorgeführt hatte — die Laternennummer des Weltklasseartisten Fattini.

In dieser Nummer klettert ein betrunkener Lebemann in Frack und Zylinder auf eine Gaslaterne, um sich Feuer für seine Zigarre zu holen. Ein sehr beeindruckendes Kunststück — denn die »Laterne«, eine Konstruktion aus speziellem Stahl, ist zwölf Meter hoch und schwankt bedrohlich. Die Nummer wird ohne Netz gemacht, und außer Fattini waren bis dato nur Jean-Pierre Cassel und Jean Marais dieses Wagnis eingegangen.

Nach der Premierenfeier saßen meine Frau und ich mit der Organisatorin der Veranstaltung, der Herausgeberin der Münchner ABENDZEITUNG, Frau Anneliese Friedmann, an einem Tisch.

»Herr Kraus«, sagte sie höflich, »ihre Clownnummer war herrlich! Sie hat mir ganz ausgezeichnet gefallen!«

Ich hatte einige Gläser Sekt getrunken, war beschwingt und plauderte locker vor mich hin: »Ach was — das ist doch alles nichts! Absolut nichts! Wir deutschen Künstler trauen uns einfach zu wenig! Die einen führen dressierte Pudel vor, die andern dressierte Seehunde, und ich laß mich von einem dressierten Gaul herumschubsen. Wenn ich dagegen an die Franzosen denke . . .«

Und ich schilderte meiner Gesprächspartnerin Cassels Auftritt in den leuchtendsten Farben.

»Sehr schön«, sagte Frau Friedmann, als ich zu Ende geredet hatte, »aber kennen Sie bei uns jemanden, der so was machen würde?«

»Na, mich zum Beispiel«, erwiderte ich spontan und unterdrückte einen Schmerzensschrei, denn Ingrids Stöckelschuh hatte zielsicher meinen Knöchel getroffen.

Frau Friedmann war beeindruckt.

»Wenn Sie die Fattini-Nummer machen würden, das wär natürlich toll. Das wäre *die* Attraktion im nächsten Jahr!«

Als wir im Taxi nach Hause fuhren, fragte mich Ingrid, ob ich übergeschnappt sei, eine solche Nummer zuzusagen, wo ich doch um meine Höhenangst und mein Nicht-schwindelfrei-Sein spätestens seit meinen Trapezversuchen bestens Bescheid wisse.

»Ach was, ein bißchen auf den Putz hauen kann in so einer Gesellschaft nie schaden«, sagte ich locker. »Die Fattini-Nummer kriegen die sowieso nie!«

»Ich schwör dir, die Friedmann wird dich beim Wort nehmen!« prophezeite Ingrid kassandrisch düster.

Ein Dreivierteljahr später stellte sich heraus, daß die übersinnlichen Fähigkeiten meiner Frau die meinen bei weitem übertreffen.

Im Oktober 1973 erhielt mein Büro einen Anruf von der ABENDZEITUNG, daß Herr Fattini engagiert und bereit sei, mich im Laternenklettern zu unterweisen.

Mein Stolz ließ keinen Rückzieher zu, und leider fiel weder mir noch meiner prophetischen Gattin eine plausibel erscheinende Ausrede ein.

Ich versprach Ingrid hoch und heilig, bei den ersten Anzeichen eines Schwindelanfalls sofort aufzugeben. Dann begab ich mich unter die Fittiche von Maestro Fattini.

Ich traf den Artisten in der Garderobe des Zirkus Krone. Seine Frau hatte mit einem Tauchsieder — wie ihn nur noch echte Artisten verwenden — heißes Wasser und damit Kaffee gemacht, und ich fragte Fattini mit aufkeimender Hoffnung, ob die für ihn konstruierte Laterne wohl meine 76 Kilo auch wirklich tragen könne, denn Fattini war ein kleiner, extrem schlanker Mann — er wog nur 53 Kilo.

Dies sei kein Problem, meinte er beruhigend und wollte dann wissen, ob ich schon Zirkuserfahrung hätte.

Ich erzählte ihm von meinem mißglückten Trapezversuch.

»Schwindelgefühl«, sagte Fattini, »kann man wegtrainieren!«

Als ich ihn etwas skeptisch ansah, erklärte er mir die Sache genauer.

Er könne mich natürlich nicht *absolut* schwindelfrei machen. Aber es sei zu schaffen, durch langsame Gewöhnung an die spezifische Situation — an den Raum, in dem die Veranstaltung stattfindet, und an die Laterne, die mich tragen sollte — die unangenehmen Begleiterscheinungen eines Schwindelanfalls zu reduzieren.

Fattini ging beim Training schrittweise vor. Am Anfang sollte ich nur das Klettern auf dem Stahlmast üben. Als ich beim ersten Versuch gleich die zwölf Meter bis zum Gipfelpunkt der Laterne schaffte, war er rührend stolz auf mich. Mich aber überfiel, als ich ganz oben saß, das mir schon bekannte, schauerliche Gefühl. Jetzt setzte Fattinis »Anti-Schwindel-Therapie« ein. Er ließ mich eine volle Woche täglich vormittags und nachmittags je eine Stunde auf der Laterne sitzen. Natürlich war ich dabei mit einem Seil gesichert. Von dort oben beobachtete ich mit täglich geringer werdender Verkrampfung die Proben der Kollegen in der Manege. Tatsächlich wirkte diese langsame Gewöhnung an die Höhe Wunder, und nun konnten wir mit dem Training der eigentlichen Nummer beginnen.

Diese bestand im wesentlichen darin, daß man die Laterne in Schwingung versetzte und so dem Publikum die Illusion eines dauernd drohenden Absturzes vermittelte. Zusätzlich spektakulär war dabei der Effekt, daß die Laterne so weit ausschwang, daß sich der scheinbar absturzgefährdete Artist schließlich über den Zuschauersitzreihen befand.

Es erforderte viel Geschick, das eigene Körpergewicht so zu verlagern, daß man die ausschwingende Laterne abfing und einen Gegenschwung einleitete. Dabei kam es darauf an, den richtigen Moment für die Gewichtsverlagerung zu erwischen. War man zu früh, so schwang die Laterne nur sehr gering aus, und ein Großteil des Effekts der Nummer ging verloren. War man zu spät, so pendelte die Laterne so weit aus, daß sie schließlich, am toten Punkt angelangt, einige Augenblicke gekrümmt stehenblieb, um dann, durch die Elastizität des Materials, abrupt zurückzuschnalzen und den »Lebemann« abzuwerfen.

Während des gesamten Trainings kümmerte sich der Maestro wirklich rührend um mich. Er ließ keinen Garderobier an mein Kostüm, sondern bürstete es selbst aus, reichte mir persönlich die Requisiten — Zylinder und Zigarre — und schmierte mir regelmäßig Hände, Hosenbeine und Schuhe mit Magnesium ein.

Fattini selbst krönte seine Nummer mit einem Kopfstand auf dem schwankenden Mast. Offensichtlich hatte ich mich beim Training nicht allzu ungeschickt angestellt, denn einige Tage vor der Premiere sagte er zu mir: »Du kannst alles schon sehr, sehr gut! Jetzt üben wir nur noch den Kopfstand!«

Seine Frau hatte diesen Vorschlag mit angehört und wurde leichenblaß. Die beiden hatten mich — wie ich sie auch — ins Herz geschlossen, und sie wollte mir dieses Risiko offensichtlich nicht zumuten. Kaum hatte sich der Meister kurz abgewandt, eilte sie zu mir und flüsterte: »Mach auf keinen Fall den Kopfstand! Den kann nur er. Sieh ihn dir doch an: Das ist kein Mensch — das ist ein Affe! So lange Arme hat doch nur ein Affe!«

Tatsächlich hatte Fattini im Verhältnis zu seinem

kleinen und zierlichen Körperbau unwahrscheinlich lange und muskulöse Arme.

Obwohl ich natürlich weit davon entfernt war, in dem Meister einen Affen zu sehen, schloß ich mich doch — zu Ingrids großer Beruhigung — hinsichtlich des Kopfstandes der Meinung der Artistengattin an. Das Risiko war mir doch zu groß.

Auch ohne Kopfstand wurde mein Auftritt ein toller Erfolg.

KRAUS RISKIERTE FÜR DIE ZDF-SHOW »STARS IN DER MANEGE« KOPF UND KRAGEN!

schrieb BILD & FUNK, und auch zahlreiche andere Magazine brachten mehrseitige Berichte.

Ich darf wohl nicht ohne Stolz behaupten, daß mein Laternen-Auftritt als kleine Legende in die Annalen von *Stars in der Manege* einging.

Es war natürlich nicht leicht, eine ähnlich spektakuläre Zirkusnummer für einen Nachfolgeauftritt zu finden, und bei den üblichen Pudel- oder Taubendressuren den Reifen zu halten, durch den das gelehrige Tier dann hüpfte, dazu hatte ich keine Lust. So blieb ich dem Zirkus eineinhalb Jahrzehnte fern.

1988 rief mich Direktor Schrammel vom Zirkus Krone an und meinte, er habe möglicherweise eine ähnlich aufregende Zirkusnummer im Repertoire, die ich für *Stars in der Manege* einstudieren könnte. Der Artist nannte sich GEROKU, und die Nummer hieß *Das GEheimnis der ROllenden KUgel.*

Dabei zwängt sich der Artist in eine Aluminiumkugel mit einem Durchmesser von circa 70 cm, die sich über ein schmales, in Spiralenform laufendes Stahlschienenpaar, wie von Zauberhand gelenkt, entgegen den Gesetzen der Schwerkraft bis auf eine Höhe von etwa sieben Metern bewegt und darauf langsam wieder nach unten rollt.

Die Vorbereitungen liefen äußerst geheimnisvoll. Bevor ich mit den ersten Proben beginnen durfte, mußte ich eine schriftliche eidesstattliche Erklärung abgeben, daß ich den Trick der Nummer nicht verraten würde, um so das GEROKU zu bewahren.

Gespannt harrte ich am ersten Trainingstag der feierlichen Lüftung des Geheimnisses, der Erklärung des Tricks, der es ermöglichen sollte, weitgehend ohne Risiko und ohne unmenschliche Kraftanstrengung die Kugel von innen aus nach oben zu bugsieren.

GEROKU erklärte mir mit verschwörerischer Miene den Vorgang — und ich war enttäuscht. Das Geheimnis, das zu bewahren ich feierlich geschworen hatte, gab es meines Erachtens gar nicht. Die Kugel wird schlicht und einfach durch menschliche Muskelkraft, ohne mechanische Hilfe, ohne Magnetkraft und ohne Pedale in Rotation versetzt.

Wie man das mit Füßen und Händen genau macht, ohne sich dabei fast übermenschlich anzustrengen, dieses Geheimnis *kann* ich Ihnen gar nicht verraten — ich habe es nie ergründet. Schon nach wenigen Sekunden Arbeit in dem engen Aluminiumball war ich schweißüberströmt.

Beim Gedanken an den Auftritt beschlich mich ein mulmiges Gefühl. Nach meinem Dafürhalten widersprach die Nummer dem Prinzip von Zirkus, mit relativ überschaubarem Aufwand und kalkulierbarem Risiko ein Maximum an Effekt zu erzielen. In diesem Fall schien mir die Sache genau umgekehrt. Der Zuschauer sah eine langsam nach oben und dann wieder nach unten rollende Kugel — und sonst gar nichts. Das enorme Risiko, durch eine einzige falsche Bewegung die Kugel aus den Schienen zu heben und in ihr eingeschlossen mehrere Meter abzustürzen, war nicht einmal zu erahnen.

Tatsächlich hatte diese Nummer bereits ein Todesopfer gefordert: GEROKU selbst war während einer Vorstellung einmal so unglücklich abgestürzt, daß seine damalige Frau und Assistentin von der herunterfallenden Kugel erschlagen wurde. Er selbst zog sich schwere Rückgratverletzungen zu.

Ingrid, die bei den ersten Proben mit dabeigewesen war, teilte meine Meinung über die Nummer und beschwor mich, die Sache abzublasen.

»Wenn du selber so unsicher bist, kann das doch nur schiefgehen!« meinte sie.

Natürlich hatte sie recht.

Trotzdem — irgend etwas in mir sperrte sich dagegen, das Handtuch zu werfen.

Vielleicht war es ganz simpel die Tatsache, daß in wenigen Monaten mein »Fünfziger« bittere Wirklichkeit werden sollte und ich mir vorher noch schnell beweisen mußte, daß ich es noch immer mit jedem Jüngling aufnehmen konnte.

Ich machte also weiter.

Beim anfänglichen Training rollte ich in der Kugel nur bis zu einer relativ geringen Höhe, in der mich GEROKU zuerst mit den Händen und später mit einer Stange bei einer falschen Bewegung wieder in die Schienen bugsieren konnte. »Jetzt wärst du wieder abgestürzt!« pflegte er seine Hilfestellungen zu kommentieren.

Diesen Satz hörte ich ziemlich oft und dachte, GEROKU übertreibe und wolle mir mit seinem dauernden »Jetzt wärst du schon wieder abgestürzt« bloß die Gefährlichkeit der Nummer drastisch vor Augen führen.

Ich hatte inzwischen das Gefühl, die Kugel sicher auf den Schienen ausbalancieren zu können, und bei den Proben am 29. November sollte ich zum ersten Mal in eine Höhe hochrollen, in der mir der Artist keine Hilfestellung mehr geben konnte.

Die ersten Kurven der Serpentine überwand ich auch perfekt und hörte die zustimmenden Zurufe GEROKUS.

Doch dann machte ich einen winzigen Fehler — die Kugel sprang aus den Führungsschienen, und ich stürzte aus etwa vier Meter Höhe ab.

Ich hörte Ingrid aufschreien und spürte fast gleichzeitig einen stechenden Schmerz in meinem Knie.

Glücklicherweise hatte sich mein rundes Aluminiumgehäuse im Fallen so gedreht, daß ich nicht mit dem Rücken, sondern mit den Knien am Boden aufprallte.

Ingrid und GEROKU stürzten auf die Kugel zu, um die kleine Einstiegsluke zu öffnen. Sie zogen mich so hektisch heraus, daß ich mir an den Kanten der verbeulten Kugel Schnittwunden zuzog.

Mein erster Gedanke war — mein Knie ist zerschmettert. Ich versuchte mein Bein zu bewegen, humpelte durch die Arena und murmelte immer wieder: »Keine Sorge, Ingrid, es ist nichts passiert, es ist nichts gebrochen!«

Doch innerhalb weniger Minuten schwoll mein Knie an. GEROKU rannte los, um die diensthabende Ärztin des Zirkus Krone zu holen. Aber die Dame war nicht aufzutreiben — und das, obwohl zur selben Zeit Jan Niklas in der Hauptmanege eine Löwennummer probierte.

Ingrid tat, trotz des Schocks, den sie erlitten hatte, sofort das Richtige, sie brachte mich zu Bayerns Sportarzt Nummer eins, Dr. Müller-Wohlfahrt, da der im Gegensatz zu vielen seiner Kollegen alles daransetzt, seinen Patienten eine Operation zu ersparen.

Ich wurde fast täglich von ihm behandelt, und am 24. Dezember punktierte er mich während der Weihnachtsfeier mit seinen Angestellten. Anschließend tranken wir auf den noch glücklichen Ausgang des schweren Unfalls.

In den folgenden Monaten ließen die Beschwerden nach, und bei meinen drei Geburtstagskonzerten im Wiener Austria-Center konnte ich schon wieder singen, tanzen und springen.

Bei der anschließenden Geburtstagsfeier im kleinen Kreis versprach ich Ingrid hoch und heilig, ab nun endlich meine riskanten Spielchen einzustellen.

Schließlich entwächst man(n) mit fünfzig doch langsam der Pubertät, oder?

Wenn die Conny mit dem Peter — die Filme

»Kraus. Guten Tag.«

»Guten Tag, Herr Kraus. Hier Blumenberg. Ich drehe in Kürze meinen ersten Film. Ich hätte eine Rolle für Sie. Haben Sie Lust, wieder einmal einen Film zu machen?«

Hans Christoph Blumenberg, der gefürchtete Filmkritiker der ZEIT, war am Telefon. Offenbar hatte er Blut geleckt und wollte die Fronten wechseln, vom Kritisierer zum Kritisierten.

Ich war ob dieses Anrufs, gelinde gesagt, überrascht. 1984, als er mir dieses Angebot machte, hatte ich fünfzehn Jahre lang mit Kino nichts mehr zu tun gehabt. Außerdem war ich bisher immer davon ausgegangen, daß mich die neue Generation der deutschen Regisseure, die als Jung- und Autorenfilmer bekannt geworden waren, nicht besonders schätzte.

Und die Klamaukrollenangebote in Billig-Produktionen habe ich in reiferen Jahren immer dankend abgelehnt. Beim 420. Aufguß eines Wörtherseefilmchens mitzuwirken, in der Lederhose kumpelhaft zu jodeln oder meine Supernase ins Eis am Stiel zu stecken erschien mir nicht gerade als die Erfüllung meiner Schauspielerträume.

Blumenbergs Angebot einer Charakterrolle klang da schon wesentlich interessanter.

»Natürlich bin ich interessiert. Aber wie sind Sie eigentlich auf mich gekommen? Ich hätte nicht gedacht, daß ich bei einem deutschen Filmkritiker das Image eines ernsthaften Schauspielers habe . . .«

»Bei mir schon, Herr Kraus. Sie haben doch als ganz junger Schauspieler beachtliche Leistungen geboten. In *Die Frühreifen* zum Beispiel, oder in *Die Freundin meines Mannes*. So was verlernt man nicht!«

Ich dankte Blumenberg für die Blumen, und wir verabredeten einen Termin für Probeaufnahmen. Da wir uns beide eine professionelle Zusammenarbeit sehr gut vorstellen konnten und mir das Drehbuch gefiel, sagte ich zu, in seinem Erstling *Tausend Augen* die Rolle eines skurrilen Taxifahrers zu spielen. Der Film wurde dann auch ein recht beachtlicher Publikumserfolg, obwohl etliche bundesdeutsche Kritiker sich erwartungsgemäß die Chance nicht entgehen ließen, ihren Ex-Kollegen verbal ordentlich zu ohrfeigen.

Mir selbst brachte der Film neben einer Reise zu den Filmfestspielen nach Rio, die meine Frau Ingrid und ich begeistert antraten, und der Tatsache, daß ich das Weltbild einiger Kritiker erschüttern konnte (»Also dem Kraus hätten wir das gar nicht zugetraut!«), zwei weitere Rollen in Blumenberg-Filmen, in *Der Sommer des Samurai*, zusammen mit Cornelia Froboess, und in *Der Madonna-Mann*.

Mit der bei öffentlich-rechtlichen Anstalten üblichen Verzögerung zeitigte diese Arbeit schließlich auch beim Fernsehen Erfolg. 1989 wurde ich für die

ARD-Serie *Eine glückliche Familie* engagiert. Die zuständige Redakteurin des Bayerischen Rundfunks, Bea Schmidt, hatte alle drei Blumenberg-Filme gesehen und schlug mich für die Rolle des »Wolfi« Wolfsberger vor.

Bei meinen jüngsten Film- und Fernsehspiel-Produktionen machte ich die Erfahrung, daß sich die Arbeitsbedingungen für die Schauspieler in den letzten Jahrzehnten sehr verändert haben. Da die Budgets extrem knapp bemessen sind, herrscht heute getreu dem Motto »Zeit ist Geld« in den Film- und Fernsehstudios eine ungeheure Hektik. Das sieht dann ungefähr so aus:

Der Schauspieler versucht sich in der Dekoration auf die nächste Szene einzustimmen. Er brüllt, seinen Text memorierend »Ich hasse dich, Ludmilla!« und schluchzt, weil seine Rolle das verlangt.

»Lächeln, bitte«, ruft der Standfotograf. Der weinende Schauspieler öffnet seinen Mund zu einem breiten Blendax-Lächeln, da läßt ihn der barsche Befehl der Maskenbildnerin: »Lassen Sie den Mund zu!« jäh stoppen.

Ihr wird die Arbeit ohnehin schon dadurch erschwert, daß der Requisiteur beständig versucht, dem Mimen für die nächste Szene eine brennende Zigarette zwischen die Lippen zu pressen. In der zweiten Reihe liefern Garderobier und Tonmann einander einen erbitterten Grabenkampf. Der eine will noch rasch einen Knopf ans Schauspielerjackett nähen, an das der andere soeben ein Mikrophon heftet. Dazwischen drängt sich der Kameraassistent, der auf Befehl des Kameramannes die Belichtung vor dem Schauspielerantlitz mißt. Inzwischen versucht die Journalistin eines intellektuellen Blattes dem genervten Darsteller etwas über dessen Brechtsches Theaterverständnis zu entlocken. Gleichzeitig verlangt ein Klatschreporter das Geständnis, daß der Mime ein ehebrecherisches Verhältnis zum Skriptgirl unterhalte.

Während der Garderobier einen kleinen Sieg gegen den Assistenten erfochten hat und wie ein Wilder näht, gesteht der Schauspieler hektisch — um endlich seinen Text memorieren zu können — seine sexuelle Gier nach Brecht, lobt die Theatertheorien des Skriptgirls, versucht dazwischen zu weinen und haßerfüllt »Ich liebe dich, eh — ich hasse dich, Ludmilla!« zu brüllen, als plötzlich der Ruf des Regieassistenten ertönt: »Ruhe bitte!«

Schüchtern lispelt darauf das Skriptgirl: »Dreisechsunddreißig A zum ersten Mal.«

»Action!« bestimmt die sonore Stimme des Regisseurs erwartungsvoll.

Der Schauspieler will sich voller Elan in die Szene stürzen, fühlt ein zentnerschweres Gewicht auf sich lasten und hat den Text vergessen. Das ist aber halb so schlimm, die Szene ist ohnehin geschmissen. Denn das zentnerschwere Gewicht ist der Garderobier, der in der Hektik nicht nur den Knopf, sondern gleich sich selbst an den Rockärmel des Darstellers angenäht hat.

Der Regisseur bricht tobend zusammen, wird von einem arbeitslosen Mediziner, der als Statist jobbt, wiederbelebt, und das Ganze beginnt von vorne.

In den fünfziger Jahren war das natürlich alles ganz, ganz anders. In dieser guten alten Zeit waren die Filme noch »Straßenfeger«, es war genug Geld und damit auch genug Zeit vorhanden.

In *Die Freundin meines Mannes* probten wir unter der Regie von Axel von Ambesser die einzelnen Szenen dieser »gepflegten Boulevardkomödie« — so die Kritik im *Lexikon des internationalen Films* — wie bei einem Theaterstück zwei Wochen vor Drehbeginn in zwei Hallen in den bereits fertiggestellten Dekorationen.

Ich war schrecklich nervös. Damals — 1957 — hatte ich zwar schon meine ersten Hits gelandet, aber meine Vorliebe galt nach wie vor der Schauspielerei. Die Chance, nach meiner Kinderrolle im *Fliegenden Klassenzimmer* als fast Erwachsener in einem großen Film mitzuwirken, wollte ich nutzen.

Du mußt allen beweisen, daß du mehr kannst als Rock 'n' Roll singen!

Durchdrungen von diesem Gedanken, fegte ich mit weit ausladender Gestik und mächtiger Stimme pointenschleudernd durch die Szene. Erwartungsvoll harrte ich der Kritik des Regisseurs. Ich war der festen Überzeugung, daß er angesichts meiner Ifflandring-verdächtigen Darstellerkunst schlicht von den Socken sein mußte.

Axel von Ambesser lächelte milde.

»Das war ... na ja ... also nicht ganz so gut, Peter. Du spielst nicht für den zweiten Rang eines Provinztheaters. Wir machen hier Film! Du mußt etwas ruhiger werden. Setz dich eine Stunde ruhig hin, hör keine laute Musik und denk einfach an nichts. Vor allem nicht daran, daß du *unheimlich gut* sein mußt.«

Schwer erschüttert und geknickt, nahm ich auf einer Bank Platz und folgte dieser »Regieanweisung«. Tatsächlich wirkte die Therapie Wunder: Ohne die zwanghafte Vorstellung, jeden meiner Sätze mit Burgtheaterdonner gestalten zu müssen, fand ich viel leichter in meine Rolle. Nicht ohne Stolz konnte ich bald feststellen, daß ich in den Augen unseres Regisseurs neben berühmten Publikumslieblingen wie Hannelore Schroth und Hans Söhnker offensichtlich nicht abfiel.

Für mich als Neuling war diese Möglichkeit, bereits in den Originaldekorationen in aller Ruhe proben zu können, ideal. Sogar bei den Dreharbeiten wurde die jeweilige Szene zuerst von den Schauspielern »trocken« durchgespielt. Während die Schauspieler in die Maske gingen, kam die technische Crew mit dem Kameramann und den Ton- und Lichtleuten ins Studio, um das Licht einzurichten, die Schienen für die Kamerafahrten zu legen etc. Erst dann begannen die eigentlichen Dreharbeiten, wobei auch hier die ersten drei »Klappen« mit Film noch als Probe galten.

»So! Jetzt machen wir aber wirklich Ernst, Kinder!« verkündete Axel von Ambesser. Und das war üblicherweise das Signal für den ersten Hänger — kein Wunder, da man doch hoffnungslos »überprobiert« war.

Axel von Ambesser engagierte mich neben Gert Fröbe und Heinz Rühmann ein Jahr später auch für den Film *Der Pauker*. Als ich ihm bei einer Vorbesprechung vorgestellt wurde, betrachtete mich Rühmann skeptisch vom Scheitel bis zur Sohle und sagte mit bekümmerter Miene: »Sie sind aber lang!« Sein Körperwuchs stand im umgekehrten Verhältnis zu seiner komödiantischen Größe, und er schätzte es nicht besonders, wenn Nebendarsteller ihn um mehr als Haupteslänge überragten.

Solche Größenunterschiede löst man üblicherweise, auch im Interesse des Kameramanns, der sich ein ausgewogenes Bild wünscht, so, daß der kleinere Darsteller auf Telefonbücher oder Kisten steigt.

In unserem Fall war dieser Trick nicht einsetzbar, denn das Drehbuch sah vor, daß wir während eines langen Ganges über einen Autoschrottplatz in Großaufnahme einen Dialog zu sprechen hatten. Ich befürchtete, daß der Meister einen unbändigen Zorn auf mich bekommen würde, wenn er ständig zu mir aufblicken mußte. Aber von Ambesser löste das Problem elegant. Während der Szene ging ich in einem zwanzig Zentimeter tiefen Graben und blickte auf diese Weise dem Star fast direkt ins Auge. Heinz Rühmann war zufrieden und adelte mich, indem er mich zu einem Rundflug in seiner Privatmaschine einlud, die er selbst pilotierte. Ein Privileg, das — wie mir die Filmcrew ehrfürchtig versicherte — nur ganz wenigen Auserwählten zuteil wurde. Mein »Kleinermachen« hatte sich gelohnt.

Bei dem Film *Die Freundin meines Mannes* wirkte ein weiterer Top-Star des damaligen deutschen Films mit, Barbara Rütting. Barbaras selbstbewußte Ausstrahlung als Schauspielerin und Frau faszinierte mich ungeheuer, und ich empfand als Achtzehnjähriger eine schwärmerische »Primanerliebe« für sie.

Sie mochte mich offensichtlich auch ganz gern, und wir gingen nach Drehschluß oder an den freien Tagen oft gemeinsam spazieren. Barbara hatte schon damals ein ausgeprägtes »ökologisches Bewußtsein«, wie man das heute nennen würde. Das war in der damaligen Zeit, die auf Künstlichkeit, Plastik, Spanplatten und Synthetik eingeschworen war, äußerst untypisch. Und mir als »Junk-Food«-Vertilger und Fan von schnellen Wagen erschienen ihre Ausführungen über die Schönheit des Natürlichen und die Einheit von Mensch und Natur wie Botschaften von einem anderen Stern. Trotzdem — oder gerade deswegen — fand ich es faszinierend, mit ihr barfuß durchs nasse Gras zu wandern und mich dabei meinen romantischen Gefühlen hinzugeben.

Unsere Beziehung war rein freundschaftlich — die verheiratete Barbara sah in mir einen netten, jungen Buben, und ich in ihr eine unerreichbare Lichtgestalt. Trotzdem walzte die Regenbogenpresse mit Begeisterung unsere angebliche Liebesgeschichte aus, daß sich die Balkenlettern der Titelseiten bogen. Das Klischee »attraktive reife Dame treibt es mit jungem Rotzlöffel« beflügelte sichtlich die schwülen Phantasien der bundesdeutschen Skandalreporter.

Unsere spektakuläre Ankunft bei den Internationalen Turniertanzmeisterschaften, die im Kurhaus Wiesbaden stattfanden, bewirkte dabei den Höhepunkt dieser Berichterstattung.

Ich hatte Barbara vorgeschlagen, gemeinsam

mit mir einen beeindruckenden »Hollywood-Auftritt« zu liefern. Obwohl der Ballsaal nur wenige Meter von unserem Hotel entfernt war, schlug ich vor, mit meinem Wagen vorzufahren. Sie im weißen Ballkleid, ich im weißen Anzug, wir beide im weißen MG — so was fand ich damals ungeheuer toll.

Amüsiert stimmte Barbara meinem Plan zu, und so rollten wir die festlich erleuchtete Auffahrt zum Portal des Kurhauses hoch.

Unter dem Blitzlichtgewitter der Fotografen riß ich ihr gentlemanlike den Schlag auf. Sie wollte aussteigen — und ihr Lächeln fror ein.

»Ich hänge mit dem Kleid fest«, zischte sie mir zu, und mein Teint paßte sich der Farbe meines Anzuges an. Mit Schrecken bemerkte ich, was passiert war.

Am Nachmittag hatte ich meinem MG neue Nebelscheinwerfer verpaßt und zur Montage des Schalters im Innern des Wagens die Verkleidung unter dem Armaturenbrett abgenommen, um an die Kabel heranzukommen. Doch faul, wie ich nun einmal war, hatte ich die Abdeckplatte nicht wieder befestigt. Und nun waren die Spitzen und Rüschen von Barbaras sündteurem Modellkleid hoffnungslos im Kabelsalat festgehakt.

Ich beugte mich mit hochrotem Kopf zu den Beinen meiner Begleiterin und zerrte im sinnlosen Versuch, die Verstrickung zu beenden, mit schweißnassen Händen an den Kabeln und ihrem Kleid. In der nächsten Minute bescherte ich der Fotofilmindustrie herrliche Gewinne, denn die Pressefotografen knipsten sich halb tot vor Begeisterung.

Während ich literweise Adrenalin absonderte,

bewahrte Barbara glücklicherweise die Übersicht und ihren Humor.

»Laß das, Peter, das funktioniert ohnehin nicht«, sagte sie ruhig, setzte ihr strahlendstes Lächeln auf, riß kräftig an den Spitzen, stieg aus dem MG und ging hoch erhobenen Hauptes mit zerfetztem Kleid in den Ballsaal.

Am nächsten Tag waren die Zeitungen voll von eindeutigen Zweideutigkeiten über Kraus' »Fummeleien« an Rüttings Beinen.

Wir beide trugen es mit Fassung, und auch Barbaras Ehemann konnte von der Harmlosigkeit des angeblich so skandalträchtigen Unterfangens überzeugt werden.

1957 hatte ich offensichtlich bei meinen Filmen ganz besonderes Glück mit der Presse. Auch bei der zweiten Produktion, die ich in diesem Jahr machte, bei *Die Frühreifen*, wurde ich als Sexstrolch gegeißelt.

Ich spielte in diesem für heutige Begriffe arg schwarzweiß gezeichneten Sozialdrama einen jugendlichen Miniplayboy aus reichem Hause, der durch seine amoralische Verderbtheit zwei kreuzbrave Arbeiterkinder, gespielt von Heidi Brühl und Sabine Sinjen, ins Verderben reißt.

In einer Szene mußte ich laut Drehbuch der sechzehnjährigen Sabine Sinjen einen Kuß rauben. Selbstverständlich war das, Sitte und Anstand der Zeit gemäß, ein sogenannter Filmkuß, ein Bussi neben den Mund, das durch die Kameraposition wie ein leidenschaftlicher Kuß wirken sollte.

Das orale Attentat hielt sich also in Grenzen, Sabine überstand es auch ohne sichtbare Schäden, und die Dreharbeiten konnten plangemäß fortgesetzt werden. Deshalb war ich völlig aus dem Häuschen, als ich beim Start des Films in der STAR-REVUE ganzseitig lesen konnte:

DER KUSS, DEN SIE NICHT VERGESSEN KANN

Unter einem Bild der weinenden Sabine — einem Foto aus einer Filmszene — erklärte Mutter Marlen Sinjen: »Während der Aufnahmen zu dem Film *Die Frühreifen* bekam Sabine von Peter Kraus den ersten Kuß ihres Lebens. Die Szene war sehr unschön. Sabine trug einen Schock davon und hat seither den Rühr-mich-nicht-an-Komplex.« Und laut ihrer Mutter sagte Sabine: »Ich drehe nie und nimmermehr mit Peter Kraus! Ich ekle mich vor ihm!«

Kurze Zeit später standen wir beide in Hans Albers' letztem Film *Kein Engel ist so rein* mit Gustav Knuth, Horst Frank und Walter Giller wieder vor der Kamera.

Nachdem ihre Mutter die publicityträchtige Story voll »moralischer« Entrüstung vermarktet hatte, war Sabines Ekel geschmolzen wie Schnee in der Sonne. Marlen Sinjen hatte als Journalistin Erfahrung darin, wie man aus Verklemmtheit und Prüderie publizistisches Kapital schlagen konnte.

Ich hatte mich natürlich darauf gefreut, mit der Legende Hans Albers in einem Film spielen zu dürfen, aber es war dann doch deprimierend, miterleben zu müssen, wie sehr dem Star das Alter und der übermäßige Alkoholkonsum zugesetzt hatten. Sein Gedächtnis ließ ihn bereits schwer im Stich, und so begann er jeden Drehtag mit dem gleichen, für uns alle schrecklich langweiligen Witz.

»Kinder«, verkündete er mit noch immer kraftvoller Stimme. »Gestern hab ich ihn reingelegt.«

Erwartungsvoll blickte er in die Runde, und jeden Tag erbarmte sich eine milde Seele und stellte die immer gleiche Frage im Ton höchsten Interesses: »Reingelegt? Ja wen denn, Herr Albers?«

»Den Arsch ins Bett«, dröhnte der Altmeister und hielt sich den Bauch vor Lachen.

Albers hatte einen Vertrag mit einer Champagnerfirma, die ihn während der Dreharbeiten beständig mit Nachschub versorgte. Wer morgens zwischen sieben und acht in den Katakomben des CCC-Studios in Berlin, wo wir die Innenaufnahmen drehten, nicht schnell genug an Albers' Garderobe vorbeihuschte, mußte, ob er wollte oder nicht, seine frühmorgendliche Trinkfestigkeit unter Beweis stellen. Für einen notorischen Milchtrinker wie mich hätte das fatale Folgen gehabt, und so fürchtete ich die gut gemeinten Einladungen des alten Albers wie der Teufel das Weihwasser.

Wenn eine Großaufnahme von ihm gedreht werden sollte, baute Kameramann Karl Löb kunstvoll zwei Mini-Scheinwerfer, sogenannte Liliputlampen, auf, die seine Augen beleuchteten und so, gemeinsam mit dem vorher konsumierten Champagner, das berühmte »Wasserblau« unterstrichen.

Obwohl ich für meine Rollen in *Die Frühreifen*, *Der Pauker*, *Die Freundin meines Mannes* und *Kein Engel ist so rein* eine Reihe guter Kritiken bekam, hatten die meisten meiner Filmrollen in den folgenden Jahren immer etwas mit meinem »Hauptberuf« als Schlagersänger zu tun.

Die Produzenten setzten auf meine diesbezügliche Popularität und engagierten mich für Musikfilme, die nach dem amerikanischen Muster der Elvis-Presley-Produktionen gestrickt waren. Allerdings mit dem Unterschied, daß Elvis dann und wann durchaus auch »harte Burschen« wie entlassene Sträflinge, Rennfahrer oder Cowboys spielen durfte, während man mich auf das Rollenklischee des »netten Jungen von nebenan« festlegte.

Mendelson war das durchaus recht, denn er hatte sich über meine Böse-Buben-Rolle in *Die Frühreifen* schrecklich aufgeregt: »Die Leute können doch zwischen Film und Wirklichkeit nicht unterscheiden«, teilte er mir seine Ansicht über das deutsche Filmpublikum mit. »Die glauben doch, du bist auch in Wirklichkeit ein reicher, arroganter Kotzbrocken!«

Womit er nicht unrecht hatte. Denn in damaligen Zeitungsartikeln stand zu lesen, daß der junge Kraus, dieser Rotzlöffel, seine Zigaretten mit Fünfzigmarkscheinen anzuzünden pflege. Auch die Journalisten verwechselten offensichtlich gerne Film und Realität, denn ich habe privat nie in meinem Leben Zigaretten geraucht.

Trotzdem hätte ich viel lieber »tough guys« gespielt als brave Schüler, aber diese Rollen blieben wesentlich älteren Kollegen wie Peer Schmidt, Hans Clarin oder Hardy Krüger vorbehalten. Auch als ich Mitte der sechziger Jahre das Alter für dieses Rollenfach gehabt hätte, blieben die diesbezüglichen Angebote aus. Mein väterlicher Freund Axel von Ambesser begründete das so: »Gut, Peter, du bist jetzt zwar fast dreißig, aber dein Gesicht kommt nicht mit. Aber dein momentanes Handicap, jünger auszusehen, als du bist, wird sich bald als großer Vorteil erweisen.«

Und damit sollte er recht behalten.

Wenn es mir schon versagt blieb, den harten Kerl zu mimen, so wollte ich wenigstens Komödien von der Art spielen, wie sie damals mit Danny Kaye zu sehen waren. Von den Kaye-Filmen war ich begeistert, und ich sah sie mir bis zu zehnmal hintereinander an. Aber auch größere Komödianten als ich bekamen in Deutschland damals keine Drehbücher dieser Qualität zu Gesicht, und so nahm ich mit dem vorlieb, was angeboten wurde: nette Geschichtchen um Sommer, Sonne, Musik und junge Liebe.

Die Welle dieser Musikfilme wurde 1958 mit *Wenn die Conny mit dem Peter . . .* gestartet. Obwohl Cornelia und ich insgesamt nur zwei Teenager-Streifen miteinander drehten — der zweite war *Conny und Peter machen Musik* und kam 1960 in die Kinos —, wurden wir beide so etwas wie das »Teenagertraumpaar« dieser Zeit. Was Ruth Leuwerik und O. W. Fischer für die reiferen Jahrgänge waren, das waren wir für die ganz jungen.

Da ich bis heute, vorwiegend von Damen, gerne gefragt werde, wieso ich die liebe Conny denn damals nicht geheiratet habe, möchte ich jetzt die

Gelegenheit ergreifen und endlich feierlich und mit aller zu Gebote stehenden Deutlichkeit die ganze bittere Wahrheit über Conny und mich enthüllen.

Sie wollte mich nicht heiraten! Nie!

Ich wäre vor Gram fast gestorben. Wenn ich sie hätte heiraten wollen. Aber glücklicherweise wollte ich das auch nicht. Zwischen uns beiden war, außer einer Freundschaft, die bis heute geblieben ist, nie etwas.

Wir fuhren einfach nicht aufeinander ab, wie man das heutzutage formulieren würde.

Cornelia fand damals einen ganz anderen Peter toll: zuerst meinen mehrfachen Filmpartner und Freund Peter Vogel, dann Peter Weck, mit dem sie eine jahrelange Beziehung hatte. Der war es auch, glaube ich, der sie darin bestärkte, den Berufsweg einer ernsthaften Bühnenschauspielerin einzuschlagen. Daß sie es dann auch schaffte, gegen ihr Image als Kinder- und Teenagerstar eine der ersten Charakterdarstellerinnen im deutschen Sprachraum zu werden, ist allerdings ihr Verdienst: Ihr zäher Arbeitswille und ihr herausragendes Talent machten das Unmögliche möglich.

Bei den Dreharbeiten zu *Wenn die Conny mit dem Peter . . .* führten wir beide tiefschürfende Gespräche über unsere berufliche Zukunft.

»Ne, ne, die Schlagerträllerei hat keene Zukunft. Ick will doch nich als olle Oma noch *Pack die Badehose ein* von mir geben. Ick mach auf Schauspielerin«, meinte Conny auf berlinerisch. »Was willst'n du machen? Mit fünfzig *Tutti-Frutti* trällern? Det will dann bestimmt keener mehr hören!«

Hier irrte Conny.

»Natürlich nicht«, gab ich ihr recht. »Weißt du, ich weiß jetzt schon, wo's in Zukunft in der deutschen Unterhaltungsbranche langgehen wird. Man braucht nur nach Amerika zu schauen!«

»Wie bitte? Du denkst wohl, die machen in Deutschland Wildwestfilme, wa'? Und du spielst'n singenden Cowboy?«

»Ich sage nur eines: Musical! Deshalb nehm ich Tanzunterricht und lerne steppen! In ein paar Jahren gibt's die ersten großen deutschen Musicalproduktionen. Dafür lege ich meine Hand ins Feuer!«

Hier irrte ich.

Das große deutschsprachige Musical wurde in den letzten dreißig Jahren oft angekündigt, aber bis heute nicht geschrieben.

Wenn die Conny mit dem Peter ... wurde der Kassenschlager des Jahres.

Im Film sang ich mit Conny zwei Duette: *Teenager Melodie* und *Ich möcht' mit dir träumen*. Beide Titel wurden mit uns als Originalinterpreten auf Single gepreßt, die zu Promotionszwecken bei der Filmpremiere verteilt wurde, aber nie in den freien Verkauf kam. Die wenigen noch existierenden Exemplare dieses Originalfilmmusikmitschnitts werden unter Fans heute zu horrenden Preisen gehandelt.

Daß die Oringinalversionen nie auf den Markt kamen, war Resultat eines Streits zwischen Connys Plattenfirma Electrola und meiner Firma, der Polydor. Die beiden konnten sich nicht einigen, mit welchem Label die Single zu veröffentlichen sei. Aller-

Jung sein, jung bleiben - mit viel Musik
Wenn die Conny mit dem Peter...
»TEENAGER-MELODIE«
Es singen und spielen
- erstmals zusammen -
die Publikumslieblinge
CONNY FROBOESS und PETER KRAUS
Loni Heuser · Peter Vogel · Ernst Stankowski · Polly Geerts · Rolf Wolter · Thomas Fabian · Rolf Pinegger · Heinz Weiss · Alexander Gildo · Gaby Prasser und Rudolf Vogel
Regie Fritz Umgelter
Ein MELODIE-FILM im Verleih Constantin-Film

dings wollte auch kein Konzern darauf verzichten, am Filmerfolg via Schallplatte mitzunaschen. So hielten beide, die Electrola in Berlin und die Polydor in Wien, nach geeigneten Partnern für Conny und für mich Ausschau.

Electrola fand in Will Brandes einen Sänger, der als Kraus-Kopie geeignet schien. Und in Wien gab Mendelson in allen Zeitungen Inserate auf:

»Polydor sucht Mädchen, die wie Conny Froboess singen können.«

Aus der Hundertschaft, die sich darauf meldete, wurde schließlich eine ausgewählt, deren Gesang tatsächlich verblüffend an den von Conny erinnerte: die sechzehnjährige Johanna Svolanek aus dem siebenten Wiener Gemeindebezirk. Sie sollte unter dem Namen »Micky Main« meine Gesangspartnerin für die Single und eine anschließende Tournee werden.

Auf Anraten Mendelsons und der Polydor unterzog sich Micky einer sogenannten »Schönheitsoperation«, bei der ihre Nase verkleinert wurde. Wieweit die damals Sechzehnjährige mündig genug war, selbst zu entscheiden, ob sie diesen Eingriff wollte oder nicht, sei dahingestellt. Angesichts des lockenden Plattenvertrags überwog sicherlich der Traum von der großen Karriere alle anderen Bedenken.

Über den »Aufstieg und Fall« der Micky Main ist damals viel berichtet worden. Rührselige Aschenputtel-Anekdoten ebenso wie durchaus ernsthafte Artikel, die sich mit der Kurzlebigkeit von Schlagerkarrieren auseinandersetzten.

Tatsache ist, daß die drei Schallplatten, die nach

unserer erfolgreichen Duettarbeit und gemeinsamen Tournee die Solo-Karriere der Micky Main begründen sollten, allesamt floppten.

»Ein Schlagerstar«, pflegte Mendelson zu sagen, »bist du erst, wenn du drei Hits in Folge hast!«

Mickys Stärke, genau wie Conny Froboess zu singen, erwies sich jetzt bei ihren Solo-Versuchen als großer Nachteil. Die Leute wollten das Original, nicht die Kopie, und Ende 1959 löste Polydor den Vertrag mit ihr.

Bei unserem zweiten Film, *Conny und Peter machen Musik*, gab es keinen neuen Aufguß der Partnersuche: Electrola und Polydor brachten beide *Sag mir, was du denkst*, das Duett dieses Films, in der Originalversion als B-Seite unserer Singles auf den Markt. Connys A-Seite hieß *Der Jolly Joker*, meine *Va bene*. Werner Scharfenberger hatte diese Schlager geschrieben und auch die Filmmusik komponiert, wobei er die charakteristischen Refrains der Hits instrumental variierte. Dabei kontrollierten die Vertreter der beiden Plattenfirmen penibel, wie lange das Zitat »ihres« Hits in der Filmmusik vorkam. Hatten die Electrola-Leute den Eindruck, daß *Va bene* zu sehr im Vordergrund stand, so schrien sie Zeter und Mordio, erschienen den Polydor-Vertretern die *Jolly-Joker*-Anteile zu präsent, legten sie ihr Veto ein. Für Scharfenberger muß diese Arbeit wahrlich die Hölle gewesen sein.

Der Musikfilm, der mir persönlich am meisten Spaß machte, war *Alle lieben Peter*, den wir 1959 drehten.

Regisseur Wolfgang Becker inszenierte die Story mit viel Slapstick und amerikanischen Comedy-Elementen. Selbst die rührende Liebesszene zwischen Christine Kaufmann und mir wurde — ganz untypisch für den deutschen Film — als bombastische, rührselige Kitschparodie in Szene gesetzt: So tanzten wir uns durch einen mystisch ausgeleuchteten, parkähnlichen Garten an einem Swimmingpool vorbei, um uns schließlich in einer blumengeschmückten Hollywoodschaukel zu küssen. Dazu schlug ein steinerner Amor, der sich plötzlich bewegte, die viersaitige Peter-Kraus-Gitarre.

Es scheint mir heute typisch für den Geschmack der fünfziger Jahre zu sein, daß *Alle lieben Peter* wegen seiner überdrehten Komik beim deutschen Publikum nicht so ankam wie andere Musikfilm-Produktionen. Heute allerdings erfreut sich der Film bei Wiederaufführungen im Kino wie im Fernsehen ungeheurer Beliebtheit, vor allem beim ganz jungen Publikum.

Lediglich den Titel des Films, *Alle lieben Peter,* fand ich überheblich und provokant. Leider wurde mein Einspruch dagegen nicht berücksichtigt. Die Chefin des Gloria-Filmverleihs, Ilse Kubaschewsky, »die große Kuba« genannt, beharrte darauf, und da sie immer wieder betonte, sie wolle mit mir in den kommenden Jahren große deutsche Tanzfilme nach amerikanischem Vorbild machen, gab ich aus taktischen Gründen klein bei. Ansonsten wurde mir, dank des Erfolges von *Wenn die Conny mit dem Peter,* ein gewisses Mitspracherecht bei der Produktion eingeräumt. Das nutzte ich auch, indem ich durchsetzte, daß für eine Schlägerei-Szene am Ende des

Films die französische Stunt-Gruppe der Eddie-Constantine-Filme engagiert wurde. Damals waren diese Burschen unter der Choreographie Henri Cogans in Europa die einzigen, die spektakuläre Action mit komödiantischen Elementen präsentieren konnten. Und das war nicht immer ungefährlich: Einer der mutigen Kämpfer mußte während der Dreharbeiten mit einem gebrochenen Rückenwirbel ins Krankenhaus eingeliefert werden. Getreu seinem Grundsatz, »Ein kluger Kopf schützt sich selbst«, erschien mein Freund Peter Vogel bei den Proben für die Schlägerei grundsätzlich nur mit Sturzhelm. Nicht umsonst, wie sich bald herausstellte, denn zweimal landete eine Schlagzeugtrommel auf seinem glücklicherweise behüteten Haupt.

Für die Tanzszenen suchte ich einen Choreographen, der neben tänzerischer Perfektion auch Witz hatte. Durch Zufall wurde ich fündig.

Ich saß im FK-Espresso und entdeckte ein junges Mädchen, das allein an einem Tisch saß und auf jemanden zu warten schien.

Ich ging zu ihrem Tisch und sprach sie an.

»Sie sehen so aus, als würden Sie auf jemanden warten. Könnte ich vielleicht der Jemand sein?«

Ihr gelangweilter Gesichtsausdruck signalisierte mir, was sie von meinem herrlichen Bonmot hielt.

»Das dürfte Ihnen schwerfallen. Ich warte auf eine Dame. Kai Fischer. Kennen Sie sie zufällig?«

Natürlich kannte ich sie und erklärte der Unbekannten, daß es völlig sinnlos sei, auf Kai Fischer zu warten, da diese grundsätzlich ihre Termine vergesse. Ich bot ihr an, sie zu Kai zu bringen, und so fuhren wir los.

Abends gingen wir zu dritt in ein Tanzlokal, und mir fiel auf, daß das Mädchen alle Modetänze perfekt beherrschte und gleichzeitig parodierte. Während wir tanzten, fragte ich sie: »Sag mal, was machst du eigentlich beruflich?«

Sie war empört.

»Ich denke doch, daß man das merkt. Ich bin Solotänzerin am Frankfurter Schauspielhaus und möchte Choreographin werden.«

»Ich suche gerade für meinen neuen Film eine Choreographin. Vielleicht wär das ein Job für dich.«

»Das wär natürlich toll. Aber eins sag ich dir gleich: Jeden Dreck mach ich nicht!«

Sie hieß Irene Mann und war, wie man unschwer feststellen konnte, eine Person, die wußte, was sie wollte.

Ich sprach mit der Produktion, und die alten Filmhasen fanden es natürlich unmöglich, daß ich eine so junge Tänzerin als Chefchoreographin engagieren wollte. Da ich aber stur blieb, bekam sie den Job und bewährte sich hervorragend.

Aus dieser ersten Begegnung entstand eine langjährige Zusammenarbeit und Freundschaft. Irene Mann machte nicht nur in vielen meiner Fernseh-Shows und Filme die Choreographie, sie war auch meine wichtigste Tanzlehrerin. Daß sie sich dabei von meinen zahlreichen Ausreden, vorgetäuschten Verletzungen und sonstigen Versuchen, mich vor dem beinharten Drill zu drücken, nicht aus dem Konzept bringen ließ, war ein neuerlicher Beweis ihrer Willensstärke.

Ihre Karriere verfolgte Irene ebenfalls konsequent und wurde schließlich Chefchoreographin beim ZDF. Aber damit hatte sie ihr Ziel noch nicht erreicht. Sie wollte Regisseurin werden, und als ihr der Sender in dieser Richtung keine Chance gab, verabschiedete sie sich in einer Live-Sendung spektakulär vor einem Millionenpublikum als ZDF-Mitarbeiterin. Obwohl die Fernsehgewaltigen tobten, Skandal schrien und davon sprachen, daß die Mann jetzt aus der Branche draußen sei, hat sie es dank ihrer konsequenten Haltung und ihres Talents letztendlich doch geschafft.

Heute zählt Irene Mann zu den gefragtesten Musical-Regisseurinnen in Deutschland. Daß ich sie »entdeckt« habe, diese Feder stecke ich mir mit Stolz an den Hut.

In *Alle lieben Peter* spielte neben Hannelore Schroth Christine Kaufmann die zweite weibliche Hauptrolle. In der Presseaussendung wurde sie als Sechzehnjährige angekündigt, was meinen Freund Peter Vogel, der in diesem Film ebenfalls mitspielte, in Erstaunen versetzte.

»Was? Das *Rosenresli* ist schon sechzehn? Da sieht man's wieder, an den Kindern merkt man, daß man alt wird!«

Wenige Tage vor Drehbeginn erhielten Peter und ich eine Einladung. Christines Vater bat uns zu »einem Gespräch unter Männern«. Da es nicht gerade Usus war, von den Eltern der Schauspielerkolleginnen und -kollegen vorgeladen zu werden, harrten wir gespannt der Dinge, die da kommen würden.

Wir saßen bei Kuchen und Kaffee in der Kaufmannschen Wohnung und führten einen Small talk über das Wetter, den zunehmenden Autoverkehr und das Lieblingsthema der Kaufmanns: die Karriere des Töchterchens. Peter Vogel, der den stolzen Vater auf die Schaufel nehmen wollte, ließ eine schwülstige Lobeshymne auf den Film *Rosenresli* vom Stapel, den er im privaten Gespräch immer als einen Celluloid gewordenen Alpdruck bezeichnet hatte.

»Ein wundervolles Werk! Welche Kraft, welches Gefühl — und dabei nicht einmal die Andeutung von Kitsch! Ich sehe die Pracht der Farben (*Rosenresli* war ein Schwarzweißfilm) noch heute vor mir, als ob es gestern gewesen wäre! Dabei muß das doch schon einige Jährchen hersein — wo Christine doch schon sechzehn ist . . .«

Herr Kaufmann erhob sich von seinem Sessel, und seine Stirn war umwölkt. Er ging zum Fenster, blickte kurz auf das sonnendurchflutete Panorama von München und machte eine militärisch-knappe Kehrtwendung in unsere Richtung.

»Damit sind wir beim Thema, meine Herren«, sagte er mit befehlsgewohnter Stimme; er war Unteroffizier bei der deutschen Bundeswehr.

»Christine ist erst vierzehn. Da sie in dem Film eine Liebesszene zu spielen hat, hielten wir es für besser, sie für sechzehn auszugeben. Aus moralischen Gründen. Das bleibt natürlich unter uns! Ich hoffe, ich kann mich auf Ihre Diskretion verlassen. Sie sind doch wohl Ehrenmänner!«

Sie sind doch wohl Ehrenmänner!

Wir fühlten uns wie Rekruten in einer preußischen Militärklamotte.

»Ehrenmänner, jawoll!« erwiderte Peter todernst, und einen Moment glaubte ich, er werde auch noch salutieren.

»Wir werden schweigen wie ein Grab!« fügte ich hinzu und senkte dabei meine Stimme um zwei Oktaven, um so meiner Seriosität Ausdruck zu verleihen.

Aber Herr Kaufmann war noch nicht zufrieden.

»Sie kennen die Gesetzeslage, meine Herren! Vierzehnjährige stehen unter Jugendschutz . . .«

Peter schien zu begreifen.

»Wir haben voll und ganz verstanden, Herr Kaufmann! Wir werden selbstverständlich streng darauf achten, daß Ihre Tochter während der Dreharbeiten keinen Tropfen Alkohol zu sich nimmt . . .«

Herr Kaufmann wurde sichtlich ungeduldig.

»Aber, meine Herren! Darum geht es doch nicht! Mit vierzehn ist Christine für Sie noch nicht . . .«

Er räusperte sich und verstummte. Verwirrt blickten Peter und ich einander an.

»Was denn, bitte?« fragten wir im Chor.

»So verstehen Sie doch endlich, meine Herren«, flehte der genervte Vater völlig unmilitärisch, »vor allem Sie, Herr Kraus. Sie spielen mit Christine eine . . . eine Kußszene . . . und ich erwarte selbstverständlich, daß Sie im Privaten diese Szene . . . eh . . . nicht fortsetzen! Ich sagte es schon: Sie ist erst vierzehn!«

»Aber Herr Kaufmann!!« empörte ich mich. »Ich habe noch nie mit einer Filmpartnerin privat . . .«

Locker ging mir diese Lüge von den Lippen.

Aber Herr Kaufmann war dadurch nicht beruhigt.

»Nun ja — es gibt da diverse Presseberichte ...«

Er hatte den Satz noch nicht beendet, als Peter Vogel aufsprang, aus dem Kaufmannschen Zeitungsständer wahllos eine Zeitung herausgriff und voll Abscheu damit auf den Nierentisch trommelte.

»Sie glauben doch nicht etwa das Geschmiere dieser Reporter des Satans!« zitierte er brüllend den Titel eines damals sehr erfolgreichen Billy-Wilder-Films.

Herr Kaufmann konnte glaubhaft machen, daß er dem Geschmiere ebenfalls keinen Glauben schenkte, und so bekam er seine Zeitung etwas verknittert, aber ansonsten unbeschädigt wieder.

Die Sorge des Vaters um die Unschuld der Tochter war — nebenbei bemerkt — völlig unbegründet. Weder Peter Vogel noch ich hatten ein Faible für kleine Mädchen. Das einzige Gefühl, das wir der armen Christine während der Dreharbeiten entgegenbrachten, war Mitleid.

In den kurzen Drehpausen mußte sie sich beständig die Tiraden ihrer ehrgeizigen Mutter anhören. Frau Kaufmann, eine echte »Eislaufmutter«, bestätigte nimmermüde ihrer Tochter deren überirdische Schönheit. Zu diesem Zweck führte sie stets einen Stapel Modejournale mit sich und kommentierte das Aussehen der Mannequins, die selbstverständlich dem Vergleich mit dem bezaubernden Fräulein Tochter nicht standhalten konnten.

»Siehst du die da, Christine? Nein, diese Haare! Daß die überhaupt in die Zeitung kommt! Wahrscheinlich hat sie was mit dem Chefredakteur. Kein

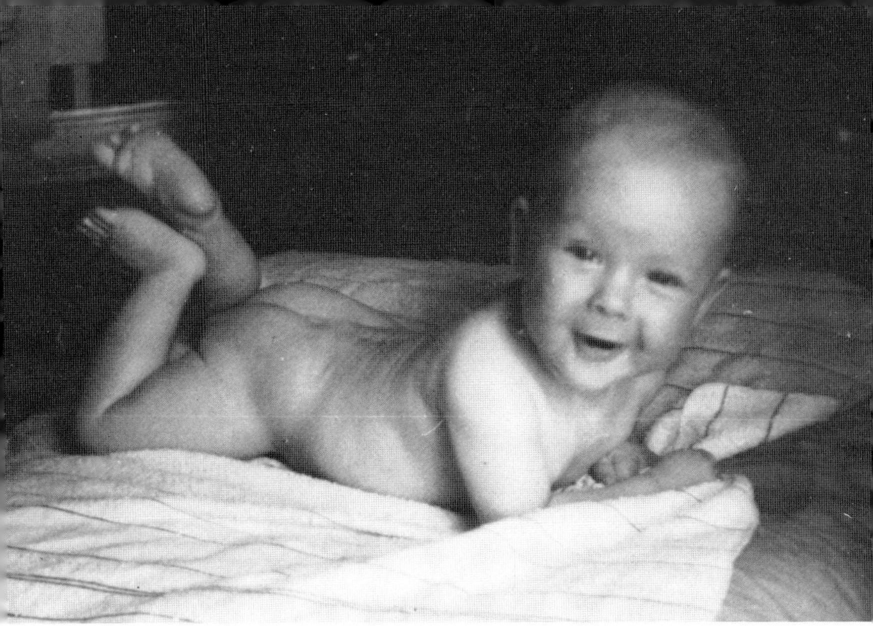

Im Showgeschäft gibt es eine beinharte Forderung: Man muß immer jung bleiben. Wie Sie sehen, habe ich mir in vorbildlicher Weise mein kindliches Gemüt bewahrt! (1, 2)

Vom kleinen Racker zum wilden Rocker: Ich war schon immer eine wilde Mischung aus Tiger und Teddybär! (3, 4, 5, 6)

Schluckauf im Wiener Austrophonstudio – ein neuer Gesangsstil
wird geboren. (7)

Mit Schmachtlocke und knallhartem Blick – ein echter Rocker lächelt nie! (8, 9)

Freundlich erkläre ich meinem Produzenten Mendelson, warum ich schon wieder heiser bin (links). Wie im richtigen Leben: In „Melodie und Rhythmus" spielte Fred Kraus meinen Vater (oben). (10, 11

Erich Kästner erklärt mir, wie man ein Klassenzimmer zum Fliegen bringt. (12)
Paul Dahlkes Standpauke nahm ich gelassen entgegen – als Lohn winkte ein Rennrad! (13)

Sabine Sinjen und ich demonstrieren die unbeschwerte Heiterkeit, die bei Filmdreharbeiten herrscht. (14)

Die kleine Cornelia mit eingepackter Badehose und großem Fan (links). Conny und Peter machen Musik (unten). (15, 16)

Der Pauker Heinz Rühmann und die bösen Buben. (17)

In „Kein Engel ist so rein" spielte ich neben Gustav Knuth und Hans Albers den Scheinheiligen. (18)

In „Alle lieben Peter" war ich noch ein junger Hüpfer (oben) und schon als Teenager zwang mich Connys Charme auf die Knie (unten). (19, 20)

Nett und adrett in der Corvette – Lill Babs und ihr langjähriger ständiger Begleiter vor der Skyline von Stockholm (oben). Mein erstes selbstverdientes „Automobil", auch „Menschen in Aspik" genannt (unten links). Eine Plakatsammlung sollte man nicht an die Wand kleben, wenn man – wie ich – sein Haus verkauft. (21, 22, 23)

ıit dem Bäng Bäng-Team
:monstrierte ich im ZDF
ɔmisches (oben). (24)
ie Rosen kamen von meinem
oduzenten, das Küßchen von mir.
ɔnny Francis nimmt's gelassen
nks unten). (25)
ı Gast in meiner ersten Show-
:rie „Herzlichst Ihr Peter Kraus":
ankreichs Superstar Sacha
stel. (26)

Der Rocker (rechts unten) mit der berückenden Rücker (oben) ist sichtlich auf den Hut gekommen (links unten). (27, 28, 29)

Bei „Schlagerbummel" führte mein Vater Regie, Danny Mann, Freddy Quinn und ich tanzten nach seiner Pfeife. (30)

Die Vera mit ihrem Verehrer: Mein junges Glück mit Vera Tschechowa dauerte nur wenige Monate. (31)

Bei meinem ersten Ball mußte ich zu Ehren von Kaiserin Romy im Walzertakt stolpern, statt als Jitterbug-Kanone zu brillieren. Zwei nette Widmungen entschädigten mich für die erlittene Schmach. (32, 33)

Nach einem Clubbesuch bei Harald (oben) zog ich aus, um „Eine glückliche Familie" ordentlich durcheinanderzubringen... (unten, mit Julia Heinemann). (34, 35)

Im Zirkus Krone auf
einer 12 m hohen,
schwankenden Laterne
und oben mußte ich au
noch Zigarre rauchen!
Pfui Teufel! (36)

In „Hallo Peter" standen die Terraner Maria Schell und Peter Frankenfeld plötzlich einigen Außerirdischen gegenüber. (37)

Mit Brille verwirrte ich in „Tausend Augen" die Kinobesucher: Ist das wirklich Peter Kraus? (38)

Der Macho und seine
Sugarbabies – krauslich!!! (39, 40, 41, 42)

„Das ist die Frau, die Du heiraten wirst!" sagte meine Mutter, als sie Ingrid zum ersten Mal sah. Und sie sollte Recht behalten. (43)

Urlaubsidylle mit der Familie. (44, 45, 46)

Zwischen meinen zahllosen Comebacks tauchte ich gerne unter. (47)

Mein Sohn versucht verzweifelt, aus mir einen Wassersportler zu machen. (48)

Die Ruhe vor dem Sturz: Wetbike-Fahren mit Ingrid. (49)

Mit sie-ie-ieb-zehn. Micky findet mich auf dem alten Foto „saukomisch". (50)

Meine Tochter Gabi und mein Sohn Micky zeigen mir manchmal gern die Zähne. (51)

Mein Liebesduett mit Lill Babs klang nicht immer ganz harmonisch. (52)

Unter der Regie meines Vaters Fred Kraus drehte ich etliche Fernsehshows; hier soll offensichtlich die Kamera mein autofahrerisches Können für die Nachwelt im Bild festhalten. (53)

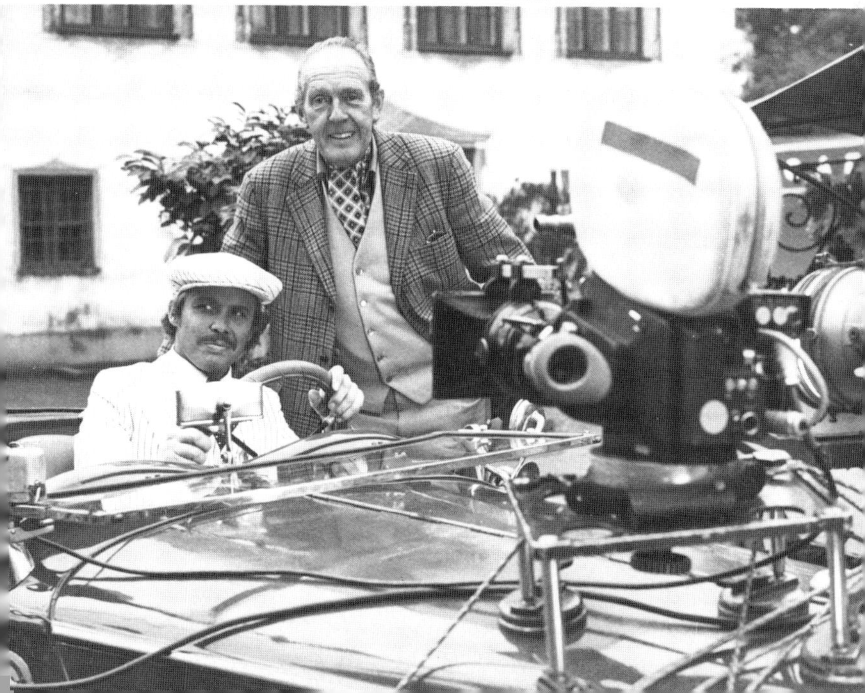

8x1 in Noten mit Gitte, Mary Roos, Irene Sheer, Lena Valaitis, Udo Jürgens, Peter Rubin, Roberto Blanco und Regisseur Ekkehard Böhmer. (54)

Ob im Sweat-Shirt oder Smoking – die Tanzeinlagen in „Hallo Peter" mit Ballett (oben) und Stars wie den Kesslers (unten) brachten mich immer ganz schön ins Schwitzen. (55, 56)

In meinen Revues „Als Teenager träumten" und „Vorwärts in die Fifties" lehrten wir selbst hartgesottenen Teddybären das Fürchten ... (57, 58)

Wer in den Himmel des Showgeschäfts gelangen will, muß alle irdischen Schönheiten hinter sich lassen. Da bleibe ich doch lieber auf der Treppe, oder? (59)

Vergleich mit dir! Und die da — schau — ja, die hat einen schönen Busen, das muß man ihr lassen ... aber natürlich kein Vergleich mit deinem! Und dabei bist du erst vier- ... ah ... sechzehn!!«

Und in dieser Tonart ging es weiter und weiter. Es war zum Kotzen. Dabei soll die Sache noch schlimmer gewesen sein. Denn während ihre Mutter Christines Schönheit in der Öffentlichkeit in der geschilderten Form feierte, soll sie sie unter vier Augen immer als häßliches Entlein bezeichnet haben.

Hätten meine Eltern mit mir einen ähnlichen Zirkus aufgeführt, wäre ich vermutlich auch aus dem elterlichen Heim geflüchtet, nach Amerika ausgewandert und hätte Tony Curtis geheiratet.

Manchmal hat man im Leben nichts mehr zu verlieren.

Apropos Amerika: Der Wunschtraum, das El Dorado aller Filmschauspieler ist natürlich Hollywood. Dort, im Mekka des internationalen Films, eine Rolle angeboten zu bekommen, ist deutschsprachigen Schauspielern bekanntlich nur sehr selten und in echten Ausnahmefällen vergönnt.

Als mein Vater eines Tages mit der Nachricht kam, Hollywood habe angerufen, dachte ich zuerst an einen weiteren Aufguß des uralten Schauspielerwitzes, der seit Jahrzehnten durch deutsche Filmstudios geistert:

»Du, hör mal, Hollywood hat für dich angerufen!«

»Wirklich? Was haben sie denn gesagt?«

»Die Schaukel wird morgen geliefert!«

Aber mein Vater wollte mich nicht verschaukeln. Es war 1962, und Walt Disney suchte für seine Produktion *Waltz King,* die das Leben und Wirken von Johann Strauß zum Inhalt hatte, einen geeigneten Darsteller für den Strauß-Bruder Josef. Irgendwie war auch ich in die engere Wahl gekommen, doch Altmeister Disney hatte sich die endgültige Entscheidung für die Besetzung des Films selbst vorbehalten. Neben dem Amerikaner Kerwin Methews, der die Titelrolle spielte, war von den deutschsprachigen Schauspielern nur Senta Berger fix engagiert worden, die zu diesem Zeitpunkt bereits einige Filme in den USA gedreht hatte.

Wenige Wochen nach dem Anruf aus Hollywood wurde ich nach Wien ins Hotel Imperial gebeten, wo mich Disney in seiner Suite empfangen sollte.

Ich wollte die Rolle des Josef Strauß unbedingt spielen, aber mir war nicht klar, wie ich den Schöpfer der Micky Mouse von meinen darstellerischen Qualitäten überzeugen sollte. Ich hatte zu diesem Zeitpunkt zwar schon in 14 Filmen mitgespielt, fürchtete aber, daß meine Schlagersängerkarriere und mein Image als Teenagerstar einem Engagement in einem Operettenfilm abträglich sein könnten. Einige meiner Freunde waren derselben Meinung und rieten mir, die Tatsache, daß ich Sänger war, einfach zu verschweigen.

Als ich dann Walt Disney gegenüberstand und er mich fragte, was ich denn so machte, schien es mir aber reichlich blöd, den wichtigsten Teil meines beruflichen Werdegangs unter den Tisch fallen zu lassen. Zumal ohnehin davon auszugehen war, daß er sich über die Biographie der in Frage kommenden Schauspieler informiert hatte.

Ich gestand also, daß ich *»a rock 'n' roll singer«* sei. Ganz entgegen meinen Erwartungen zeigte sich Disney begeistert: »A Rocksinger? That's great!«

Er meinte, daß schließlich auch die Strauß-Brüder zu ihrer Zeit so etwas wie »Pop-Stars« gewesen seien, und gab mir die Rolle.

Die Dreharbeiten zu *Waltz King*, der unter dem Titel *Liebe im 3/4 Takt* auch in die deutschen Kinos kam, liefen ganz im aufwendigen Stil des alten Hollywood ab. Allein an einem Cancan, der im traditionsreichen Theater an der Wien aufgenommen wurde, drehte Regisseur Steve Previn eine Woche — im Film dauerte die Szene wenige Minuten.

Die Atmosphäre war freundlich, konzentriert und professionell. Arroganz schlug mir nur von der Komparserie entgegen. Die Produktionsfirma hatte als Statisten zum Großteil Sprößlinge aus österreichischen Adelsfamilien engagiert. Die imperiale Pracht der Filmausstattung und die historischen Kostüme weckten bei den vornehmen Jungdamen und Jungherren offenbar nostalgische Gefühle. Hochnäsig stelzten sie durch die Szenerien, und dann und wann entnahm ich ihrem durchaus nicht leisen, nasalen Getuschel, daß sie »den Kraus, diesen Heuler, ganz, ganz schrecklich« fanden. So manchem Junggrafen erschien es unerträglich, daß die hergelaufenen Plebejer die großen Rollen spielten, während die Jeunesse dorée das jubelnde Fußvolk darzustellen hatte.

Dem alten Strauß hätte diese Umkehrung der Gesellschaftshierarchie seiner Welt vermutlich ganz gut gefallen. Schließlich hatte er, nachdem er sich zur Republik bekannt hatte, unter den Gängeleien des österreichischen Herrscherhauses genug zu leiden gehabt. Als der streng katholische Kaiser Franz Josef sich weigerte, seiner Ehescheidung zuzustimmen, wurde Strauß 1887 kurzerhand Staatsbürger des deutschen Fürstentums Sachsen-Coburg-Gotha. So starb der Wiener Walzerkönig als Sachse.

Mein Film mit den aufwendigsten Tanzeinlagen war *Melodie und Rhythmus*, der 1959 in die Kinos kam. Meinen Filmvater spielte mein eigener Vater, und die Story gab uns Gelegenheit, die Konflikte, die wir privat nie hatten, wenigstens auf der Leinwand auszutragen. Irene Mann machte die Choreographie, und wir probten wochenlang auf dem Gelände der Berliner Produktionsfirma CCC. Den Vertrag für diesen Musikfilm hatte ich mit CCC-Chef Arthur »Atze« Brauner unter der Bedingung abgeschlossen, in einem anderen Film eine reine Schauspielerrolle ohne Gesang zu bekommen. Diese Vertragsbedingung hat »Atze« bis heute nicht eingelöst, aber ich trage diesen »Vertragsbruch« offen gesagt mit Fassung, hat sich Brauners spätere Produzententätigkeit doch immer mehr auf den Porno- und Sexfilmsektor verlagert.

Meinen — bis 1984 — vorläufig letzten Film drehte ich 1969 gemeinsam mit Christiane Krüger und Roger Fritz. Diese italienische Produktion hieß *Love Maker* und setzte sich ironisch mit der bundesdeutschen Doppelmoral auseinander. Dies war vermutlich auch der Grund, warum dieser Film bis heute nicht in die deutschen Kinos kam.

In den beginnenden sechziger Jahren wurden die »klassischen« deutschen Musikfilme immer mehr zu reinen Schlagerfilmen. Die Handlung wurde immer dünner und diente eigentlich nur noch dazu, die Pausen zwischen den Songs auszufüllen. In Filmen wie *Das haben die Mädchen gern* oder *Schlagerraketen* spielten wesentlich mehr Schlagerstars mit als Schauspieler: Gus Backus, Trude Herr, Lolita, Lil Babs, Bill Ramsey — um nur einige meiner Kolleginnen und Kollegen in diesen Filmen zu nennen.

Viele dieser Streifen wurden auch kühn mit Heimatfilmsujets vermischt.

Der Exponent dieser erfolgsträchtigen Melange war Franz Antel, bei dem ich 1961 *Im schwarzen Rößl* (mit Trude Herr, Karin Dor und Lolita) und 1964 *Die große Kür* (mit Marika Kilius, Hans-Jürgen Bäumler und Paul Hörbiger) drehte.

Antel, der wenige Jahre später erfolgreich mit seinen »Wirtinnen-Filmen« auf der Sex-Welle mitsurfte, pflegte schon damals sein Image als »schöner Franz« und Liebling der Frauen. Während der Dreharbeiten hatte er immer mehrere Paare Damenschuhe mit dabei, die er abwechselnd Abend für Abend vor die Tür seines Hotelzimmers stellte — als Indiz für seine ständige amouröse Präsenz.

Antel galt damals als Meister der »heiteren Dreharbeiten«, und böse Zungen behaupteten, daß die Entstehung seiner Filme wesentlich lustiger war als das Resultat. Dies ist sicher ungerecht — Antel hat viele wirklich brillante Komödien gemacht. Wenn jedoch der Geschäftsmann Antel den Regisseur Antel zum »Vieldrehen« überredete, dann allerdings entstanden nicht immer reine Kunstwerke.

Mein letzter Schlagerfilm hieß *Wenn man baden geht auf Teneriffa* und wurde seinem Titel voll gerecht. Die Produktionsfirma hatte die notwendigen Zollformalitäten für das Einführen der technischen Ausrüstung auf die Kanarischen Inseln nicht erledigt, und so lagen wir Schauspieler eine volle Woche untätig in der Sonne, bevor mit den dortigen Aufnahmen begonnen werden konnte. Das hatte zur Folge, daß uns der staunende Zuschauer des Films in der Anfangsszene in München mit blütenweißem Teint ins Flugzeug steigen sah, um uns nach kurzem Flug braungebrannt in Teneriffa wieder aussteigen zu sehen. Offensichtlich hatte im Flugzeug die Sonne geschienen.

Obwohl dieser Film wahrlich kein cineastisches Meisterwerk war, fände ich es doch ungerecht, mich alleine für die Umwandlung der Kinopaläste der fünfziger Jahre in Supermärkte und Eros-Center verantwortlich zu machen.

Privat bin ich der Daddy-Bär — meine Familie

Am 3. 10. 1969 liefen bei den Top-Modefotografen von Wien bis Paris die Telefone heiß. Ganze Kohorten von deutschen und österreichischen Enthüllungsjournalisten wollten wieder einmal nur das eine: Ein hüllenloses Foto.

»Herrgott noch mal! Die Ingrid Nieuweboer ist doch Fotomodell. Da *muß* es doch ein Aktfoto von ihr geben!«

Leider, leider: Die ganze Rackerei war umsonst. Es wurde ein schwarzer Tag für die Textilfreiheit der Presse. Das einzige, was die emsigen Rechercheure ihren erschütterten Chefredakteuren präsentieren konnten, war ein Bikini-Foto. Und damit war leider kein Skandal zu machen.

Der Grund, warum die Yellow-Press ihre besten Spürhunde auf Jagd nach nackten Tatsachen geschickt hatte, bestand darin, daß Ingrid Nieuweboer seit zwei Tagen Ingrid Kraus hieß.

Wir hatten frecherweise ohne großen Presserummel in Morcote heimlich geheiratet, und nun versuchte das Imperium zurückzuschlagen — ohne Erfolg.

Ingrid und ich hatten einander drei Jahre zuvor, im Jänner 1966, in Wien kennengelernt. Ich probte damals *Kaktusblüte* in den Wiener Kammerspielen und ging mit einigen Freunden und »Adabeis« nach der Vorstellung in das Schaukelpferd, ein damals sehr beliebtes und gepflegtes Speiselokal.

An einem der Nachbartische saß neben einem Herrn eine langbeinige Blondine, die mich sofort tief beeindruckte. Der Geschäftsführer des Lokals brachte mit den Aperitifs das Gästebuch und bat mich um eine Eintragung. Ich erklärte mich selbstverständlich gerne dazu bereit, meinte aber, er solle doch vorher das Buch den Gästen am Nebentisch reichen.

Der Geschäftsführer sah mich zwar etwas verwundert an, kam aber meinem Wunsch sofort nach. Durch diesen genialischen Geistesblitz schaffte ich es auf dezente Weise, den Namen der bezaubernden Dame zu erfahren.

Während ich scheinbar die Speisekarte studierte, überlegte ich hin und her, wie ich denn einen Kontakt herstellen könnte. Wie immer, wenn mein Herz von Amors Pfeil getroffen war, schaltete mein Hirn auf Sparflamme. Diesmal mußte es besonders schlimm sein, denn mir fiel absolut nichts ein.

Und während ich eben dabei war, endlich eine charmante Formulierung für einen »Anbahnungsversuch« zu finden, erhob sich doch tatsächlich dieses wunderbare Wesen, die potentielle Mutter meines zukünftigen Kindes, von ihrem Sitz und ging, ohne mich auch nur eines Blickes zu würdigen, mit ihrem Begleiter aus dem Lokal.

Ich starrte ihr mit offenem Mund nach, sah die

Nach dem Honigmond – Peter Kraus stellt seine junge Frau vor

Geheimnis um Peter Kraus' Gattin gelüftet?

Peter Kraus: Hier – meine Frau!

Das ist sie!

Peter blieb diskret: Geheim bis zum Standesamt

Peter sagte „Si" zur Ehe

PETER KRAUS – Wie aus dem „wilden Mann" ein zahmer Mann wurde

Peter Kraus

Vorbei die flotte Playboyzeit

Ex-Heulboje hielt Ehefrau geheim

Peter Kraus unter der Haube

versäumte Gelegenheit dahinschmelzen wie Schnee in der Sonne und wurde durch die höfliche Frage des Kellners, was ich denn zu speisen wünschte, jäh aus meinem Trancezustand gerissen. Ich sah verwirrt den Kellner an, dann die Speisekarte, die ich zwar minutenlang in Händen gehalten, aber überhaupt noch nicht gelesen hatte, und bestellte rasch irgend etwas.

Die Tischrunde sah mich grinsend an.

»Den Kraus hat's erwischt!« verkündete einer spitzbübisch, und die anderen stimmten lachend zu.

»Kennt irgend jemand von euch die Dame?« fragte ich.

Allgemeines bedauerndes Kopfschütteln.

Da meldete sich ein Typ, der zu jenen gehörte, die immer bei Parties, Plattenpräsentationen und Premierenfeiern anwesend sind, die Gott und die Welt kennen und von denen man nie so recht weiß, wer sie sind und wo sie hingehören.

»Keine Angst, Peter, ich mach das, ich krieg das raus«, erklärte er kumpelhaft. »Ich kenne *tout Vienne!*«

Er nahm das Gästebuch, las die beiden Namen und stellte sofort fest: »Ihren Begleiter kenne ich. Der ist ein absoluter Star unter den Wiener Modefotografen!«

Und dann begann er sofort wie Nick Knatterton zu kombinieren.

»Also: Geturtelt haben die beiden nicht, daher war das wahrscheinlich ein Arbeitsessen. Das heißt, sie hat mit seinem Beruf etwas zu tun. Sie sieht toll aus — wahrscheinlich ist sie Fotomodell oder Mannequin. Wie gesagt — Adresse, Telefonnummer —, krieg ich alles raus!«

Der Mann wirkte zwar äußerst selbstsicher, aber ich blieb trotzdem skeptisch und haderte mit meinem Schicksal, das mich in dem entscheidenden Moment, in dem ich charmante Worte hätte finden müssen, in eine schweigende Salzsäule verwandelt hatte.

Als am nächsten Tag in meinem Hotelzimmer das Telefon klingelte und sich Nick Knatterton meldete, war ich ziemlich überrascht.

»Also, Peter, wie erwartet, ich habe alles im Griff«, sprudelte er los. »Es ist, wie ich vermutet habe: Die Nieuweboer ist Mannequin und Fotomodell. Genauer gesagt — sie ist *der* Star unter den Wiener Fotomodellen. Hat bei Nina Ricci in Paris gearbeitet, macht zahlreiche internationale Jobs . . .«

»Ja, ja, okay«, sagte ich ungeduldig. »Und — hast du ihre Telefonnummer?«

»Alles der Reihe nach, lieber Peter«, erklärte er wichtig. »Ich habe vorher noch zwei Nachrichten für dich. Eine gute und eine schlechte. Die schlechte ist . . .«

»Sie ist verheiratet«, unterbrach ich ihn.

»Nein. Sie ist nicht verheiratet. Das ist die gute Nachricht. Die schlechte ist: Sie hat ein Kind. Ich hab die Nummer ihrer Wiener Agentur. Willst du sie trotzdem?«

Ich wollte.

Als am selben Tag Ingrid in die Agentur kam, erzählte ihr die Chefin aufgeregt, Peter Kraus habe angerufen und nach ihrer Privatnummer gefragt.

Im Gegensatz zur Agenturleiterin zeigte sich

Ingrid wenig beeindruckt: Sie hatte sich nie etwas aus deutschen Schlagern gemacht, und so waren auch meine diesbezüglichen Meisterwerke gesanglicher Schluckaufkunst spurlos an ihr vorübergegangen.

Als ich sie endlich telefonisch zu Hause erreichte und nach einer netten, charmanten Plauderei ein Rendezvous zu arrangieren versuchte, blitzte ich ab.

»Sie suchen wohl eine nette Freizeitgestaltung, Herr Kraus? Dafür bin ich nicht die geeignete Adresse«, erklärte sie freundlich, aber bestimmt.

Ich legte auf und hatte eine Mordswut im Bauch.

Gut. Dann eben nicht! Ich lauf doch keiner Frau nach!

Ich befand mich damals in der wohl schlechtesten Phase meines Lebens. Obwohl ich ein Theaterengagement an einer renommierten Bühne hatte, war es doch nicht zu leugnen, daß meine Karriere, gemessen an früheren Zeiten, arg ins Stocken geraten war. Zwar konnte ich mich auch beim Fernsehen nicht über fehlende Engagements beklagen, dennoch haftete mir bei der Presse und bei vielen Entscheidungsträgern in den Rundfunkanstalten das Image des abgetakelten Teenager-Sängers an. Dies änderte sich erst wieder, als ich mich 1970 als Protagonist der eigenen ZDF-Showserie *Bäng-Bäng* vor einem Massenpublikum als Schauspieler und Komödiant beweisen konnte.

Während meines Karrieretiefs trennte sich im Freundeskreis und bei der Kollegenschaft die Spreu vom Weizen: Viele, die mich in meiner »Glanzzeit« als deutscher Elvis hofiert hatten, ließen nun kein gutes Haar an mir. Jene, die vorher mein Selbstbewußtsein bewundert hatten, nannten mich jetzt arrogant, die, die meine Bescheidenheit immer so geschätzt hatten, bezeichneten mich jetzt als dämlich.

Während sich bei meinen Jugendfilmen deutsche Topstars wie Heinz Rühmann, Hans Albers, Hannelore Schroth oder Gert Fröbe als wunderbare Partner erwiesen hatten, ließen mich nun weit weniger prominente Schauspielerkollegen fühlen, was sie davon hielten, mit einem Schlagersänger spielen zu müssen — nämlich nichts.

Besonders gut in Erinnerung sind mir in diesem Zusammenhang die Dreharbeiten zu dem ZDF-Krimi *Lösegeld für Mylady.* Neben Lil Dagover spielte damals, 1967, auch Heinz Schubert, der Jahre später als »Ekel Alfred« einen beachtlichen Serienerfolg landen sollte. Irgendwie muß er schon damals seine spätere Rolle vorausgeahnt haben, denn er legte mir gegenüber eine demütigende Überheblichkeit an den Tag, die tatsächlich ekelhaft war.

Ingrids »Korb« traf mich also in einer Zeit, in der mein Selbstbewußtsein nicht gerade auf der Höhe war. Mein gekränkter männlicher Stolz riet mir, von weiteren Bemühungen Abstand zu nehmen, und so lief ich ziellos durch die Straßen Wiens, getrieben von der Vorstellung, durch dieses Jogging meine Angebetete aus dem Herzen und aus dem Sinn zu bekommen.

Dieser Versuch schlug glücklicherweise fehl, denn als gefragtes Fotomodell lachte sie mir von jeder zweiten Litfaßsäule strahlend entgegen. Ich brach also meine urbanen Wanderungen auf den Straßen des Vergessens, die sich als Straßen des Erinnertwerdens erwiesen hatten, ab, kehrte ins Hotel zurück und beherzigte endlich jenen Grundsatz, der die Ausdauer vor den Erfolg stellt:

»Das einzige, was man aufgibt, ist ein Brief!«

Ich verhalf der österreichischen Post- und Telegraphenverwaltung zu einer herrlichen Konjunkturphase, indem ich Ingrid mit Anrufen bombardierte. Schließlich zeitigte meine Ausdauer den gewünschten Erfolg, und sie ließ sich zu einem gemeinsamen Abendessen überreden.

Ingrid war sofort von meinem sprühenden Charme, meinem phantastischen Wortwitz, meinen tadellosen Manieren, verbunden mit einer herb-männlichen Ausstrahlung schlicht und einfach hingerissen.

Was schreibst du da für einen blühenden Unsinn?

Moment, verehrte Leserin, geschätzter Leser, meine Angetraute blickt mir soeben über die Schulter auf die Schreibmaschine und will an dieser Stelle offensichtlich einige Korrekturen . . .

Sprühender Charme . . . herb-männliche Ausstrahlung!? Nett warst du und lieb! Eigentlich ein bißchen schüchtern. Das lag wahrscheinlich daran, daß du gerade in einem Karrieretief warst. In einen von sich und seinem Erfolg eingenommenen Mister Großkotz hätte ich mich sicher nicht verliebt!

Nun ja, »nett und lieb« ist doch immerhin auch was, oder? Wir verstanden uns jedenfalls auf Anhieb sehr gut und verbrachten künftig jede freie Minute miteinander.

Als meine Mutter Ingrid bei der Premiere von

Kaktusblüte kennenlernte, lieferte sie einen weiteren Beweis ihrer prophetischen Ader, indem sie sofort und ohne Umschweife feststellte: »Das ist das Mädchen, das du heiraten wirst!«

Vorläufig war es aber noch nicht soweit, weder Ingrid noch ich waren besonders scharf aufs Heiraten. Ich wegen meiner Erfahrungen mit Lil Babs, und Ingrid, weil sie eine, wie sie selbst sagte, »kurze und schreckliche Ehe« mit dem holländischen Architekten Nieuweboer hinter sich hatte. Dieser Verbindung entstammt ihre zum Zeitpunkt unseres Kennenlernens vier Jahre alte Tochter Gabi, ein aufgewecktes, selbstbewußtes Persönchen. Gabi war mir anfangs nicht besonders gewogen, sie fürchtete wohl, Ingrids Liebe und Aufmerksamkeit nun mit mir teilen zu müssen.

Bei meinen anfänglichen Versuchen, ihre Zuneigung zu gewinnen, biß ich auf Granit. Obwohl ich, meinem Schlagertext gemäß, gerne ihr Teddybär gewesen wäre, zog sie entschieden das Plüschoriginal vor.

Allmählich aber schmolz das Eis. Im Sommer verbrachten wir zu dritt einen gemeinsamen Badeurlaub in meinem Haus im Tessin, und als Gabi mich dort eines Tages zum ersten Mal »Daddy« nannte, überstrahlte das bei weitem die Sonne über der Südschweiz.

Ins Tessin war ich zum ersten Mal 1960 gekommen. Die beiden Produzenten von *Conny und Peter machen Musik*, Peter Schaeffers und Aldo von Pinelli, lebten dort aus steuerlichen Gründen schon seit Jahren, und bei der ersten Produktionsbesprechung erklärte mir Aldo: »Die Außenaufnahmen machen wir im Tessin.«

»Wo?« fragte ich erstaunt.

»Im Tessin. Das liegt in der italienischen Schweiz. Dort ist es einfach phantastisch — die absolute Traumgegend! Sonne den ganzen Sommer lang. Die Arbeit wird dir vorkommen wie ein Kuraufenthalt!«

Ich stellte mich also auf einige angenehme Wochen unter südlichem Himmel ein. Zu dieser Zeit hatte ich für meinen Austin Healey eine extrem kleine Renn-Windschutzscheibe gebastelt, die ich anstelle des Originals montiert hatte. Auf diese Rennscheibe paßte das Verdeck nicht, und so konnte man den Wagen nur offen fahren. Mit diesem luftigen fahrbaren Untersatz kam ich zu den Dreharbeiten — und es regnete fast drei Wochen lang. Es war schrecklich. In einem Punkt hatte Aldo allerdings recht behalten: Die Arbeit kam mir vor wie eine Kur. Wie eine Wasserkur nach Pfarrer Kneipp.

Als ich nach Ende der Außenaufnahmen endlich ins herrlich sonnige München zurückkehrte, schwor ich: »Nie wieder Tessin!«

Schon zwei Jahre später — 1962 — wurde ich wortbrüchig. Ich war zu den Dreharbeiten für die Disney-Produktion *The Waltz King* in Wien, als mich mein Vater anrief, er habe ein Traumhaus gefunden. Im malerischen Örtchen Vico Morcote im Tessin, direkt am Luganer See, und ich solle meinen nächsten drehfreien Tag dazu benutzen, dorthin zu fliegen.

Ansehen kostet nichts, dachte ich mir, packte vorsichtshalber einen Regenschirm ein und folgte dem Ruf meines Erzeugers.

Diesmal aber präsentierte sich das Tessin ganz im Sinne des Fremdenverkehrsverbandes: Der Himmel wölbte sich im schönsten Postkartenblau über dem Lago di Lugano, und die Sonne strahlte, als habe man dem Wettermacher Petrus ein vielstelliges Nummernkonto bei einer Schweizer Bank versprochen.

Das Haus, das mir mein Vater zeigte, war tatsächlich phantastisch: Obwohl großzügig angelegt, war es dennoch kein monumentaler, neureicher Protzbau, sondern vom Architekten harmonisch in die Landschaft und in das Ensemble der »Rusticos«, der traditionellen Tessiner Fischer- und Bauernhäuser, integriert und bot einen wunderschönen Ausblick auf den See und den höchsten Berg des Gebietes, den Monte Generoso.

Das Haus hieß »Casa Scorpione«, und mein Vater, der im Sternzeichen des Skorpions geboren ist, sah darin einen Wink des Schicksals.

»Hier«, erklärte er mir feierlich, »werde ich in der Pension meine alten Tage verbringen.«

Gesagt und nie getan. Denn auch heute noch ackert mein Vater täglich im Büro unserer Münchner Produktionsfirma . . . Dabei ist er doch schon — ja, wie alt ist er eigentlich? Manchmal habe ich das Gefühl, er wird täglich jünger. Da ich selbst dieses Privileg nicht besitze, wird es sich wohl nicht vermeiden lassen: Über kurz oder lang werde ich ihn altersmäßig überholen. Und wenn ich dann die Früchte meiner kargen Rente genieße, wird er mich im Altenheim besuchen und mir von seinen aktuellen Projekten erzählen. Denn in Pension geht *der* nie!

Jedenfalls kauften wir das Haus. Mein Vater hatte mir diese Investition nicht zuletzt mit dem Argument schmackhaft gemacht, daß eine Verlegung meines Hauptwohnsitzes in die Schweiz für mich Steuervorteile bringen würde (was damals tatsächlich noch stimmte).

Aber in erster Linie faszinierte mich das Tessin. Es war zwar nur Liebe auf den zweiten Blick, aber sie hat bis heute gehalten.

Der Luganer See bietet herrliche Wassersportmöglichkeiten, die schönsten Skigebiete der Schweiz sind kaum zwei Autostunden entfernt, und die ortsansässige Bevölkerung zeichnet eine sympathische Mischung aus schweizerischem Ordnungssinn und italienischer Lebensfreude aus. Und daß man mir in schöner Regelmäßigkeit meine Autoradios klaut, ist wohl nötig, um nicht schon auf Erden das Paradies vorwegzunehmen.

Die Schönheit des Tessins hatten zu dieser Zeit neben mir auch einige andere Schauspieler und Show-Stars erkannt: O. W. Fischer, Nadja Tiller, Walter Giller, Peter Alexander, Romy Schneider, Caterina Valente, um einige zu nennen.

Am Luganer See liegt auch die italienische Zollenklave Campione, ein wahres »Steuerparadies«.

Der Kabarettist Wolfgang Müller überredete mich damals, es muß 1963 oder 64 gewesen sein, gemeinsam mit ihm und seinem Manager Harry Haidemann dort pro forma eine Wohnung zu mieten.

Müller bildete mit dem legendären Wolfgang Neuß das wohl bekannteste Kabarett-Duo Deutschlands. Durch die Kabarettvergangenheit meines Vaters war ich schon von Kindesbeinen an an Kleinkunst interessiert und habe mir dieses Faible weiter erhalten.

Neuß und Müller stammten bekanntlich aus Berlin, und oft, wenn ich mich dort zu Konzerten oder für Synchronisations- und Dreharbeiten aufhielt, ging ich in Kabarettvorstellungen und auch gerne in die Lokale der damaligen »Szene«. Ich kannte Müller also recht gut und willigte in seinen Vorschlag ein, zumal er mir zusagte, daß ich mit dem ganzen organisatorischen Kram der Anmietung nichts zu tun haben sollte.

Mein Steuerglück in der »Briefkastenwohnung« währte nicht lange: Damals hatte der Südtirolkonflikt zwischen Italien und Österreich einen traurigen Höhepunkt erreicht, und die italienischen Behörden verweigerten mir als österreichischem Staatsbürger die Verlängerung meiner Aufenthaltserlaubnis in Campione.

Mit Müller und Haidemann verband mich damals neben der gemeinsamen Wohnung auch die Leidenschaft zur Fliegerei: Wolfgang war zu dieser Zeit — genau wie ich — gerade dabei, seinen Flugschein zu machen, und sein Manager galt als routinierter Hobbyflieger.

Ich war auf kuriose Weise zum Fliegen gekommen, und kurios gestaltete sich auch mein Flugunterricht.

In einem Apartment unseres Hauses in der Münchner Pienzenauerstraße, das wir damals wegen der Verlegung meines Hauptwohnsitzes nach Vico Morcote zum Verkauf angeboten hatten, wohnte der Besitzer einer Flugschule. Er hieß Gabor Schöneck und verbrachte der Liebe wegen seine freien Tage in München. Von ihm bekam ich das Angebot, einmal in die hohe Kunst der Fliegerei hineinzuriechen, und so unternahmen wir mit seiner kleinen Sportmaschine diverse Probeflüge von München aus ins Tessin.

Noch heute denke ich mit Schaudern daran zurück. Denn mein Lehrer war zwar ein wagemutiger und technisch zweifelsfrei toller Pilot, doch sein Talent zum Chaos übertraf seine flugnautischen Fähigkeiten bei weitem. Bei jedem Flug hatte er grundsätzlich irgend etwas vergessen.

Als wir einmal nach Lugano unterwegs waren und über dem Inntal flogen, fragte er mich treuherzig: »Sag mal, Peter, hast du zufällig eine Straßenkarte dabei?«

Ich war leicht irritiert.

»Natürlich nicht. Wozu brauchst du *jetzt* eine Straßenkarte, bitte?«

»Um mich zu orientieren, natürlich!«

Natürlich!

»Ich habe meine Fluglandkarten vergessen.«

Soll das alles gewesen sein? Das bißchen Singen, Tauchen und Führerschein? Das war also schon das Leben gewesen?

Ich war leichenblaß geworden.

»Ja und? Was heißt das? Was machen wir jetzt? Stürzen wir gleich ab, oder warten wir noch ein bißchen?«

»Jetzt mach dir nicht gleich in die Hosen«, erklärte er fröhlich. »Ich werde dich jetzt die hohe Kunst des *Bahnhofsfliegens* lehren!«

»Was ist denn das für ein Unsinn?«

»Das ist ganz einfach. Wir fliegen einfach die Bahnlinien entlang. Die Bahnhöfe sind dabei unsere Orientierungspunkte. An den Bahnhofsschildern sehen wir, wo wir gerade sind!«

»Ja, und wie willst du aus dieser Höhe die Schilder lesen?«

»Das wirst du schon sehen.«

Ich sah es dann auch.

Jedesmal, wenn er nicht mehr genau wußte, wo wir gerade waren, setzte er zu einem geradezu kriegsmäßigen Sturzflug an, trieb die Maschine in geringer Höhe am Bahnhofsgelände vorbei, und ich mußte die Aufschriften *Wörgl, Landeck,* etc. entziffern. Dann riß er das Flugzeug wieder hoch.

Es war furchtbar.

Ein anderes Mal konnten wir wegen Nebels in Lugano nicht landen und mußten als Ausweichflughafen Mailand anfliegen.

Diesmal hatte der begnadete Flugschulenbesitzer und Meister der Vergeßlichkeit sein Büchlein mit der Phraseologie für den Funksprechverkehr zu Hause liegenlassen. Mit der ihm eigenen Frohnatur teilte er mir dies lachend mit und fragte mich, ob ich vielleicht des Englischen mächtig sei.

»Ja sicher«, erwiderte ich, »aber . . .«

Er ließ kein »aber« gelten und befahl mir, dem Tower des Flughafens Mailand mitzuteilen, daß er entschlossen sei, nun zur Landung anzusetzen.

Resigniert griff ich zum Funkgerät.

Ich gab unsere Luftfahrzeugkennung durch und sagte: »May we have the permission to land, please?«

Nach mehreren Schrecksekunden dröhnte aus dem Funkgerät ein Schwall italienischer Worte. Nun beherrsche ich die wunderbare Sprache Dantes leider nur sehr rudimentär, glaubte aber doch neben einigen für italienische Verhältnisse äußerst unkatholischen Flüchen etwas vernommen zu haben, was frei übersetzt so ähnlich klang wie: »Haut ab, ihr gottverdammten Arschlöcher!«

Mein Lehrer erklärte mir im Brustton der Überzeugung, daß ich mich da zweifelsfrei verhört haben mußte, flog noch einen eleganten Bogen, um einer Caravelle den Vortritt zu lassen, und setzte darauf souverän seine kleine Sportmaschine auf die riesige Landepiste. Unser Flugzeug war noch nicht ausgerollt, als auch schon mit Tatütata und Blaulicht ein Wagen der Carabinieri auf uns zuraste. Die Ordnungshüter nahmen uns ohne viel Federlesens fest, und die Maschine wurde beschlagnahmt.

Wir waren ohne Erlaubnis auf dem Teil des Mailänder Flughafens gelandet, der ausschließlich Verkehrsmaschinen vorbehalten war.

Nach einer Nacht im Polizeigefängnis und dem Bezahlen eines geschmalzenen Bußgeldes wurden wir wieder auf freien Fuß gesetzt.

Trotz dieser nicht gerade ermutigenden Erlebnisse war ich noch immer finster entschlossen, meinen Pilotenschein zu machen.

Erst zwei wirklich schreckliche Katastrophen brachten mich von diesem Plan ab.

Noch während der Zeit meines Flugunterrichts erlitt Harry Haidemann einen tödlichen Unfall bei einem Landemanöver auf dem Flughafen von Ascona, und kurze Zeit später stürzte Wolfgang Müller bei einem Schulflug mit seinem Lehrer ab. Beide waren sofort tot.

Als ich diese traurige Nachricht erfuhr, beschloß ich blitzartig, meine eigenen Fliegerambitionen aufzugeben.

Ingrid war mir noch im nachhinein für diese Entscheidung dankbar, denn sie hatte meine Risikobereitschaft in sportlichen Dingen kennengelernt. Sie meinte, daß es schon genug sei, wenn ich bei waghalsigen Wasserskisprüngen Kopf und Kragen riskiere.

Wir waren nach dreieinhalbjähriger »Probezeit« in den heiligen Stand der Ehe getreten und meinten, daß ich Gabi adoptieren solle. Ich machte das nicht deshalb, weil ich glaubte, unsere Vater-Tochter-Beziehung bedürfe einer staatlichen Urkunde — emotionale Bindungen und väterliche Verantwortung werden schließlich nicht durch ein Stück Papier erzeugt —, aber da ich selbst in meiner Kindheit und Jugend unangenehme Erfahrungen damit gemacht hatte, anders als mein Vater zu heißen, hielt ich die Adoption für angebracht.

Unser Familienname ist Krausnecker, und mein Vater hatte seinen Künstlernamen Kraus seinerzeit gewählt, ohne den Familiennamen ebenfalls zu ändern. Nun war ich als Kind natürlich stolz auf die Prominenz meines Vaters, aber oft, wenn ich darauf zu sprechen kam, erntete ich bei den Spiel- und Klassenkameraden nur Spott und Hohn: »Was heißt, dein Vater ist der Fred Kraus? Du heißt doch Krausnecker!«

Um nun Gabi ein ähnliches Schicksal zu ersparen, wollte ich sie adoptieren, wobei es natürlich wenig gebracht hätte, wenn sie statt *Nieuweboer* nun *Krausnecker* und nicht wie Mutter und Vater *Kraus* geheißen hätte. Aus diesem Grunde ließ ich also vorher auch unseren Familiennamen offiziell in »Kraus« ändern.

Nun sind die Krausneckers angeblich ein traditionsreiches Geschlecht, das sich vor allem auf dem Gebiet der Raubritterei einen Namen gemacht haben soll, und meine Namensänderung und damit Abwendung von unserem »Familienerbgut« zog bei einigen Onkeln schwerste Erschütterungen nach sich. Mir selbst war der Verlust dieser Tradition nicht so wichtig, zumal Produzenten, die meine notorische Zurückhaltung bei Gagenverhandlungen schätzen, wissen, daß wenig von dem raubritterlichen Talent meiner Vorfahren zu mir durchgedrungen ist.

Während die Namensänderung rasch und unbürokratisch vor sich ging, provozierte der Wunsch nach Gabis Adoption ein zweistimmiges Wiehern der holländischen und österreichischen Amtsschimmel.

Durch ihren leiblichen Vater war Gabi holländische Staatsbürgerin und nach der in Wien erfolgten Scheidung ihrer Mutter zugesprochen worden. Leider hatte Ingrid damals im Streß und in der Aufregung, die die Ehetrennung mit sich brachte, darauf vergessen, Gabi in Wien polizeilich anzumelden und eine Änderung ihrer Staatsbürgerschaft in die Wege zu leiten.

»Für uns gibt es das Kind praktisch gar nicht.

Sie ist eine Holländerin und hat offiziell nie in Österreich gelebt. Folgedessen samma net zuständig«, erklärte uns der österreichische Beamte treuherzig. Sein niederländischer Kollege beteuerte nicht minder eloquent seine Nichtzuständigkeit, da Gabi seit der Scheidung bei ihrer Mutter in Wien lebte.

Um uns im Paragraphenwald nicht endgültig zu verirren, engagierten wir in Wien und Amsterdam jeweils einen Anwalt, um die Sache juristisch abzuklären.

Schon nach kaum zwei Jahren konnten wir den schönen Teilerfolg feiern, daß die Adoption nun doch möglich sein sollte, sofern Herr Nieuweboer unserem Ansinnen zustimmen wolle.

Obwohl der sich nie um Gabi gekümmert und auch keine Alimente bezahlt hatte, entdeckte er nun offensichtlich seine väterlichen Gefühle und legte sich quer. Erst nach langwierigen Verhandlungen und nachdem Ingrid als Gabis Vormund auf deren Erbansprüche verzichtet hatte, gab er seine Zustimmung, und der langjährige Prozeß der Adoption kam dann 1973 doch noch zu einem glücklichen Ende.

Im gleichen Jahr, am 11. Mai, wurde unser Sohn Michael, genannt Micky, geboren.

Vierzehn Tage vor dem errechneten Geburtstermin war Ingrid zu ihrer Mutter nach Wien gefahren. Ich war bei Dreharbeiten zu *8 × 1 in Noten* in München und sollte wenige Tage später nachkommen.

Ingrid wollte das Kind unbedingt in Wien zur Welt bringen, bei Dozent Tulzer, der ihr schon bei der langen und schweren Geburt von Gabi ärztlichen Beistand geleistet hatte.

Nachdem Ingrid zwei Tage in Wien war, unterzog sie sich einer Routineuntersuchung. In einer Drehpause rief ich an, um zu fragen, ob alles in Ordnung sei.

Als ich die zuständige Dame der Geburtsabteilung der Wiener Universitätsklinik am Telefon hatte, verband sie mich sofort mit dem Kreißsaal. Ingrid war am Apparat.

»Wir haben einen Sohn, Peter!«

»Was, jetzt schon?« fragte ich völlig verwirrt und nicht sehr geistreich. »Seid ihr gesund? Ist alles in Ordnung? Ich nehme die nächste Maschine!«

Mutter und Kind waren wohlauf. Auch Ingrid war über die rasche und unkomplizierte Geburt völlig überrascht gewesen. Nach der Untersuchung hatte man sie sofort in den Kreißsaal gebracht, und zwei Stunden später hatte Micky mit durchdringender Stimme, deren Timbre angeblich eine sprechende Ähnlichkeit mit meinen ersten Gesangsinterpretationen aufwies, die Welt begrüßt.

Ich habe einen Sohn!

Einen Sohn habe ich!

Ich rannte schnurstracks ins Studio, um den Kollegen die freudige Nachricht zu überbringen.

»Ich habe einen Sohn!« brüllte ich. Im allgemeinen Gratulieren und Händeschütteln fragte Roberto Blanco mit freundlichem Grinsen: »Ist er schwarz?«

»Noch so eine blöde Bemerkung und du fliegst!« knurrte ich. »Wir können auch den Billy Mo engagieren.«

»Nein, nein, bitte nicht, Massa«, wimmerte Roberto. »Nicht holen schwarzes Mann mit Tirolerhut, Massa! Roberto sein schon wieder ganz braves, liebes deutsches Negerlein vom Dienst.«

Noch am Abend desselben Tages konnte ich meine Frau und meinen Sohn in die Arme schließen. Wir waren beide von der überirdischen Schönheit unseres Sprößlings so begeistert, daß wir sofort Fotos von dem Neugeborenen machten, eines davon vervielfältigten und an Freunde und Bekannte verschickten.

Später hat Micky unsere Aktion heftig kritisiert, denn er meinte, er sehe auf diesem ersten Bild einfach *furchtbar* aus. Tatsächlich zeigt ihn das Foto, obwohl er wirklich ein ganz, ganz süßes Baby war, noch etwas verknautscht. Im Überschwang elterlicher Begeisterung war uns das damals aber überhaupt nicht so erschienen.

Nach einer Woche konnten Mutter und Kind die Gebärklinik verlassen, und wir fuhren gemeinsam ins Tessin — ins Chaos.

Denn wir waren erst vor wenigen Wochen übersiedelt, und das Innere unseres jetzigen Hauses, eines alten Rusticos, war tatsächlich noch sehr »rustikal« — es gab nicht einmal eine eingerichtete Küche.

Die ganze Übersiedelungsaktion war nämlich völlig überraschend gekommen.

Vor wenigen Monaten — wir lebten noch in unserem alten Haus — hatte ein Herr bei uns vorgesprochen und mir einen sehr eigenwilligen Vorschlag unterbreitet.

»Herr Kraus, es geht um folgendes: Ich möchte mich zur Ruhe setzen und würde gerne im Tessin leben. Nun ist Ihr Nachbar ein alter Freund von mir, und ich würde eigentlich sehr gerne neben ihm und seiner Familie wohnen. Also konkret: Wollen Sie mir Ihr Haus verkaufen?«

Ich war etwas überrascht von diesem Angebot, und da ich keinerlei Verkaufsabsichten hegte, gab ich dem freundlichen Herrn eine abschlägige Antwort.

Als ich kurz darauf meinem Vater von dem kuriosen Gespräch erzählte, erteilte er mir einen Rüffel.

»Da sieht man wieder einmal, daß du kein Geschäftsmann bist! Man sagt in so einem Fall doch nicht einfach nein! Man nennt einen Preis, der, sagen wir, für den Verkäufer günstig ist, und wartet ab.«

Dieser Ratschlag meines Vaters war völlig uneigennützig, denn er konnte aus einem etwaigen Verkauf keinen Gewinn ziehen. Ingrid hatte ihm nach unserer Hochzeit seinen Anteil am Haus abgekauft. Davon war sie nicht abzubringen gewesen. Beharrlich hatte sie wiederholt, sich durch unsere Ehe nicht »bereichern« zu wollen.

Ingrid und ich überlegten uns den Rat meines Vaters, entschlossen uns, ihn zu befolgen, und nannten dem Interessenten einen zwar nicht unverschämten, aber doch gehobenen Verkaufspreis. Wir glaubten allerdings nicht daran, daß er dieses Angebot tatsächlich akzeptieren würde.

Zu unserer Überraschung tat er dies aber, unter der Bedingung, gleich einziehen zu können. Nun hatten wir das Geld, aber kein Haus. Durch Zufall erfuhr ich von einem Architekten, daß eines der traditionellen Tessiner Rusticos in Morcote zum Verkauf angeboten sei, und nach einer Besichtigung schlugen wir zu.

Jetzt standen wir also da. Der Säugling, das Fotomodell und der Showstar, umgeben vom Luxus feudaler Prachtvillen, in einem küchenlosen Bauernhaus. Die Romantik war so überwältigend, daß Ingrid schließlich einen Schreikrampf bekam und erklärte, wenn nicht blitzartig eine wenigstens halbwegs funktionierende Küche vorhanden sei, werde sie das Kind packen und ins zivilisierte Wien abdüsen. Nun bin ich ja selbst auch nicht unbedingt ein erklärter Gegner des elektrifizierten häuslichen Herdes, aber im ganzen Tessin war kein Einrichtungshaus zu finden, das sich in der Lage sah, in absehbarer Zeit eine Küche zu liefern. Also mußten wir auf bayrische Wertarbeit zurückgreifen: Die Firma meines Münchner Freundes Horst Dreier konnte sofort liefern und errettete uns somit vor dem drohenden Hungertod.

Nur Gabi wäre dieses schreckliche Schicksal erspart geblieben, denn sie besuchte zu dieser Zeit bereits die Hotelfachschule in Salzburg/Kleßheim, wo garantiert ausreichend Küchen vorhanden sind.

Wegen Gabis Schulaufenthalt und meinen beruflichen Verpflichtungen in Deutschland und Österreich hatten wir ein Zweithaus in Salzburg gekauft, dessen zentrale Lage zwischen meinen verschiedenen Drehorten es mir ermöglichte, immer wieder rasch zu meiner Familie zurückzukehren.

Den Großteil unserer freien Zeit verlebten wir trotzdem im Tessin, denn beide Kinder freuten sich, ähnlich wie wir, über die vielfältigen Sportmöglichkeiten, die dort zur Verfügung stehen. Vor allem Micky entwickelte sich schon als Säugling und Kleinkind zu einer echten Wasserratte. Kaum ein Jahr alt, liebte er es bereits, von seinen Schwimmflügeln über Wasser gehalten, im Luganer See zu planschen. Er lernte sehr früh schwimmen, mit fünf Jahren Wasserski fahren und segeln. Mit seinem Kindersegelboot Marke Optimist, daß er feierlich auf den Namen »Schnuckibadewanne« getauft hatte, wurde er bald zum gefürchtetsten Ausweichobjekt der Luganer Wassersportler. In diesem Alter hatte er auch bereits fest umrissene Berufsvorstellungen. Er wolle, erklärte er auf diesbezügliche scherzhafte Fragen des Bekanntenkreises, Schlagzeuger der Muppet-Show werden. Diese wild aussehende Gestalt, die von Kermit und Miß Piggy immer als »das Tier« bezeichnet wurde, hatte offensichtlich einen tiefen Eindruck auf ihn gemacht.

Bis zu Mickys Geburt hatte Ingrid weiter in ihrem Job gearbeitet. Jetzt, mit zwei Kindern, schien uns die Doppelbelastung zu groß, zumal der Beruf des Fotomodells entgegen weitverbreiteten Klischees eine anstrengende, beinharte Knochenarbeit ist. Da die Modefotos immer schon vor Beginn der jeweiligen Saison fertiggestellt sein müssen, kommt zu dem üblichen Streß und Termindruck die Tatsache hinzu, daß die Aufnahmen immer unter unangenehmen Wetterbedingungen gemacht werden: Man kann sich vorstellen, daß es nicht besonders gesundheitsfördernd ist, in extremer Augusthitze in

Pelzen und bei klirrender Kälte in den Bademoden des noch fernen Sommers zu posieren.

Bei einem Fototermin hatte sich Ingrid sogar ein chronisches Nierenleiden eingehandelt. Gemeinsam mit dem späteren James-Bond-Darsteller George Lazenby machte sie eine Fotoserie für einen Regenmantelhersteller. Der Fotograf hatte die glorreiche Idee, die beiden bei Außentemperaturen um den Gefrierpunkt unter einen Wasserfall zu stellen. Ingrid erlitt eine akute Nieren- und Nierenbeckenentzündung, deren Folgen ihr bis heute zu schaffen machen.

Von nun an kümmerte sie sich um die Erziehung der Kinder, um den Haushalt und unterstützt mich bis heute bei der kreativen Entwicklung beruflicher Projekte. Dabei hat sie zu meiner Arbeit eine durchaus kritische Distanz, so daß sie mich, wenn nötig, vor unüberlegten beruflichen Schritten bewahren kann.

Auch bei der Auswahl meiner beruflichen Partner steht sie mir beratend zur Seite. Dabei weiß sie mit oft schärferem Blick als ich zu unterscheiden, wer tatsächlich für eine solide, professionelle Zusammenarbeit in Frage kommt und wer bloß in der Kunst der Schaumschlägerei bewandert ist.

In den schwierigen Jahren meines »Karriereknicks« half sie mir, diesen in die richtige Relation zu setzen. Sie hielt zu mir, als mich viele »abgeschrieben« hatten, und vermittelte mir dadurch die Einsicht, daß durch ein berufliches Tief nicht das ganze Leben kaputtzugehen braucht.

Sie liebte *mich* — nicht den erfolgreichen Show-Star. Und das war und ist sehr schön für mich.

Ein zusätzlicher Grund dafür, daß unsere Ehe schon seit mehr als zwanzig Jahren funktioniert, ist sicher auch die Tatsache, daß Ingrid und ich viele Hobbys miteinander teilen — den Wassersport, das Skifahren, Tennis und seit einigen Jahren auch das Golfspielen.

Lediglich einem Steckenpferd von mir, dem Sammeln und Restaurieren von alten Autos, konnte sie anfangs nicht sehr viel abgewinnen.

Mein Faible für Oldtimer begann Anfang der siebziger Jahre mit dem Ankauf eines klassischen Jaguars XK 120 Roadster aus dem Jahre 1949. In mühevoller Kleinarbeit restaurierte ich den silbergrauen, rechtsgesteuerten Wagen mit roten Ledersitzen zum größten Teil selbst — nach sechs Jahren stand er da wie neu. Dabei machte ich die Erfahrung, daß ein Auto zwar rasch zerlegt, aber sehr langsam wieder zusammengebaut ist.

Schon bald wurde mir bewußt, daß dieses Hobby nicht nur eine Menge Geld kostet, sondern, bei entsprechendem Geschick und Glück, auch eine Menge Geld bringen kann. Mein Jaguar E V12 etwa, den ich 1972 als relativ günstiges »Auslaufmodell« erwarb und den ich 1989 komplett restaurieren ließ, würde heute bei einem etwaigen Verkauf ein Mehrfaches der Investitionskosten bringen.

Diese »geschäftlichen« Überlegungen dienen natürlich nur meiner Gewissensberuhigung — als echter »Oldtimerfreak« denke ich nicht daran, meine guten Stücke auf den Markt zu werfen, sondern genieße gemeinsam mit Ingrid gerne das gemütliche

Fahren in einem klassischen Auto durch die österreichische und Schweizer Gebirgslandschaft.

Mein witzigstes Autokauferlebnis hatte ich allerdings nicht mit einem Oldtimer, sondern mit einem neuen Automobil.

1969 wollte ich mir *den* klassischen englischen Roadster, einen Morgan Plus 8, zulegen. Ich wußte, daß dieser Wagen, da er noch immer in Handarbeit erzeugt wird, naturgemäß elend lange Lieferfristen hat. Da ich — zumindest was Autos betrifft — ein eher ungeduldiger Mensch bin, griff ich zu einer, wie ich glaubte, zum Ziel führenden List.

Auf dem Briefpapier unserer Produktionsfirma »Telecine« teilte ich dem Herstellerwerk mit, daß wir für ein Filmprojekt dringend einen Wagen bräuchten, und da das für Morgan einen beachtlichen Werbeeffekt haben würde, ersuchte ich um prompte Lieferung.

Nach einiger Zeit erhielt ich einen Antwortbrief, der von Mr. Morgan persönlich unterzeichnet war. Darin teilte er mir höflich, aber bestimmt mit, daß sein Werk seit Jahrzehnten ein Kundenbuch habe, wobei die Auslieferung der Automobile streng chronologisch nach dem Eingangsdatum der Bestellungen erfolge. Diese überaus korrekte Praxis kenne keine Ausnahme, auch nicht für irgendwelche Filmproduktionsfirmen. Denn, wie Mr. Morgan offensichtlich nicht ohne Stolz feststellte: »Even Her Majesty the Queen has to wait!«

Ich hatte mich also, dem königlichen Vorbild gemäß, in Geduld zu fassen.

Nach zwei Jahren (!) war es dann endlich soweit: Ich erhielt ein Schreiben, in dem mir mitgeteilt wurde, mein *handmade Morgan* sei fertiggestellt und harre der Abholung. Die wollte ich selbst besorgen, denn die Gelegenheit, einen der letzten Kleinbetriebe der Automobilindustrie kennenzulernen, wollte ich mir nicht entgehen lassen.

Beim Rundgang durch das Werk fühlte ich mich um Jahrzehnte zurückversetzt. Der Gipfel an »Hochtechnologie« in dieser Fabrik waren pedalbetriebene Nähmaschinen, mit denen einige Arbeiterinnen die Sitzbezüge zusammennähten. Sonst wurde gehämmert, gesägt, Eisen gebogen und geschweißt wie in den Kindertagen der Automobilherstellung, bevor in den zwanziger Jahren Henry Ford I das Fließband in seinen Fabriken einführte und damit den ersten Schritt zur Automatisierung setzte.

In der Montagehalle bekam ich ihn endlich zu Gesicht — *meinen* Morgan. Aber noch durfte ich das Fahrzeug nicht übernehmen. Ein anachronistisch aussehender Herr, der Lederjacke, Fliegermütze und lederne Stulpenhandschuhe trug, erklärte mir, er sei der leitende Ingenieur und nehme jetzt die erste Probefahrt vor. Er setzte sich in den Wagen und machte keinerlei Anstalten, das Verdeck zu schließen, obwohl es draußen in Strömen regnete. Als ich ihn darauf ansprach, erklärte er mir mit britischer Kühle und etwas *astonished* hochgezogenen Augenbrauen, daß der echte Morgan-Fahrer immer, grundsätzlich und selbstverständlich bei jedem Wetter offen fahre. Schließlich sei dies ein *britischer roadster.* Er sprach's, startete den Motor und verschwand in der rauhen Wirklichkeit des englischen Wetters.

Als er nach etwa einer halben Stunde zurückkam, sahen Fahrer und Wagen aus, als wären sie durch sämtliche Waschstraßen Englands gefahren. Obwohl sein äußeres Erscheinungsbild eher an eine gebadete Maus als an einen englischen Gentleman erinnerte, behielt der Ingenieur seine coolness und erklärte mit würdevollem Ton: »The car is perfect.«

Inzwischen waren einige dienstbare Geister herangeeilt, die den Morgan trockenlegten und blankpolierten. Mit einer feierlichen Geste überreichte man mir die Schlüssel, und nachdem ich unter den verächtlichen Blicken des Testpiloten das Verdeck hochgeklappt und gewissenhaft die Steckfenster an den Türen befestigt hatte, trat ich in meinem neuen Auto die Heimfahrt an.

Die Reise von England nach München gestaltete sich zu einer Tortur, und mir wurde klar, warum man einen Morgan offen fahren muß: Um nicht beständig mit dem Kopf am Wagendach anzustoßen, muß man äußerst eigenwillige Sitzpositionen einnehmen. Ich schob das Becken bis zur Sitzkante vor, was bei anderen Verkehrsteilnehmern den Eindruck erwecken mußte, ich steuerte das Auto mit den Knien. Der Wagen war extrem hart gefedert, was meine Bandscheiben zum Kreischen brachte, und hüpfte über die Querrinnen der Autobahn wie ein munteres Böcklein.

Nach einem halben Jahr bot ich das gute Stück zum Verkauf an, und wegen der schon erwähnten langen Lieferzeiten meldete sich postwendend ein Interessent. Der Kunde war Schweizer, sah den Morgan, brach vor Begeisterung fast in Tränen aus, holte die baren »Fränkli« aus beiden Wadenstrümpfen und zahlte sofort.

Es war Winter, und der Schnee fiel in dicken Flocken. Aber der neue Besitzer war sichtlich ein *echter* Morgan-Fahrer, an dem der britische Ingenieur seine helle Freude gehabt hätte. Trotz der polaren Witterungsverhältnisse setzte er sich, ohne mit der Wimper zu zucken, hinter das Speichenlenkrad und fuhr mit offenem Verdeck von dannen.

Nach etwa einer halben Stunde läutete es an der Tür, und als ich öffnete, sah ich mich einem Schneemann gegenüber. An der Stimme und an seinem Akzent konnte ich ihn unschwer als den vor kurzem von dannen gerollten Schweizer identifizieren.

»Herr Kraus«, sagte er, »könnten Sie mir noch einen Gefallen tun?«

»Bitte, was wollen Sie denn?«

»Wenn Sie vielleicht eine Pudelhaube hätten. Es ist doch ein bißchen kalt geworden ...«

Die Idee, das Verdeck zu schließen, schien ihm gar nicht gekommen zu sein. Ich schenkte ihm also eine Skihaube, versicherte ihn meines Mitgefühls, und wir verabschiedeten uns.

Mein alter Morgan aber scheint mich nicht loszulassen: Nach etlichen Besitzerwechseln landete er vor wenigen Jahren bei einem Nachbarn in Morcote. Dort seh ich ihn jetzt öfter stehen und freue mich darüber, daß es ihm offensichtlich gutgeht.

Obwohl Ingrid und ich beruflich viel reisen mußten, konnten wir auch privat nicht genug davon kriegen.

Einer meiner größten Jugendträume war es immer gewesen, jene Gebiete der USA zu besuchen, die die Schauplätze vieler Abenteuerbücher meiner Kindheit gewesen waren: die Nationalparks mit dem berühmten Grand Canyon und die Wüsten Arizonas und Nevadas mit dem legendären Death Valley.

Ingrid war für einen solchen »Abenteuerurlaub« Feuer und Flamme, aber wir wollten, daß unser Sohn alt genug sein sollte, um auch ein bißchen etwas von dieser Reise mitzubekommen. Als Micky sechs war, beschlossen wir, uns den lange gehegten Wunsch zu erfüllen. Um möglichst unabhängig zu sein, wählten wir als Fortbewegungsmittel ein Wohnmobil.

Ich hatte kurz zuvor Herrn Neumann kennengelernt, der Wohnmobilreisen durch die USA von Österreich aus vermittelte.

Die Sache war praktisch unter Dach und Fach, als mein damaliger PR-Manager Dieter Krap die glorreiche Idee hatte, durch eine Werbeabsprache mit Neumanns Firma meine Reisekosten zu verringern.

Nach einigen Tagen kam er zu mir.

»Der Vertrag ist perfekt«, sagte er, »du kriegst das Wohnmobil etwas günstiger.«

»Fein!« sagte ich.

»Das ist aber noch nicht alles«, fuhr er begeistert fort. »Ich habe für mich auch ein günstiges Wohnmobil herausgeschlagen. Meine Freundin und ich kommen mit. Na, was sagst du?!«

Ich sagte gar nichts. Wir hatten einen Familienurlaub vorgehabt, aber seine vor Begeisterung leuchtenden Augen machten es mir unmöglich, ihm dies in Erinnerung zu rufen.

Ingrid und ich stellten uns um. Auf einen Zweifamilienurlaub.

Beim Durchsprechen der Route schwelgte der Reiseunternehmer Neumann derart in schönen Erinnerungen, daß er eine spontane Entscheidung traf.

»Ich und meine Frau kommen auch mit! Was sagen Sie dazu?«

Wiederum sagte ich gar nichts.

Die Umstellung auf einen Dreifamilienurlaub war nur noch Routinesache, und unsere Angst vor der »Reisegesellschaft« erwies sich als völlig unbegründet.

So bewegte sich an einem strahlenden Julimorgen ein Wohnmobil-Treck von Calgary/Kanada aus gen Süden.

Ich war schon einige Zeit vorher wegen Aufnahmen für eine Folge von *Hallo Peter* nach Kanada geflogen. Die anderen waren nachgekommen, und wir hatten uns, quasi als Einstimmung für die von uns erwartete Cowboy-Romantik, das alljährlich stattfindende Rodeo-Festival in Calgary angeschaut.

Die zweieinhalb Wochen dauernde Reise sollte uns durch mehrere Klimazonen führen — vom kühlen Montana über die milden Regionen Wyomings, Colorados und Utahs bis in die Hitze Arizonas und Nevadas.

Die Wohnmobile unserer Reisegefährten waren deshalb auch *air-conditioned*. Wir hatten eine Klimaanlage abgelehnt, da Ingrid und ich der Meinung waren, daß eine solche Fahrt bei immer gleichbleibenden Innentemperaturen eine sterile Sache sei — *Da kann ich mich gleich ins klimatisierte Kino setzen.*

Wir übernachteten im Auto, bereiteten uns das Essen am offenen Feuer und genossen die wunderbare Vielfalt der Landschaft, vor allem in den berühmten Nationalparks Yellowstone, Mesa Verde, Zion und Yosemite.

Den Grand Canyon bewunderten wir vom Flugzeug aus — und dieser Rundflug war wohl das Abenteuerlichste der ganzen Reise. Die dort als Piloten beschäftigten Vietnamveteranen setzen offensichtlich alles daran, den Touristen zu demonstrieren, was sie bei der US Air Force alles gelernt hatten. Ihre Wendemanöver brachten uns jedesmal in gefährliche Nähe der gigantischen, steil abfallenden Wände des Canyons.

Ingrid hatte ich erst nach unserem Besichtigungsflug gesagt, daß ich in der Zeitung gelesen hatte, daß einen Tag zuvor eine Maschine bei einem dieser waghalsigen Manöver gegen den Fels geprallt und zerschellt war.

Nach zirka einer Woche erreichten wir Death Valley, das Tal des Todes, die berühmte und gefürchtete Wüste in Nevada. In etlichen Western hatte ich mit ansehen müssen, wie sich die Helden unter der sengenden Sonne in der flirrenden Hitze weiterschleppten, um schließlich völlig ausgepumpt, aber noch immer tadellos geschminkt, den *Colt Peacemaker* aus dem Halfter zu reißen und den Halunken in die ewigen Jagdgründe zu befördern.

Als wir das Death Valley auf der langen, von

Touristen kaum befahrenen Süd-Nord-Route durchfahren hatten, war ich froh, daß am Ende dieses Trips kein grimmiger Gangster vom Schlage eines Lee Marvin oder Lee van Cleef meiner harrte.

Der Revolver wäre mir beim unvermeidlichen Duell garantiert aus den schweißnassen Händen geflutscht. Während unserer Reise herrschte in Mexiko die größte Hitzewelle seit vielen Jahren, und deren Ausläufer hatten offensichtlich auch Nevada erreicht. Jetzt rächte sich unser Entschluß, auf die Annehmlichkeiten des American way of life in Form der Klimaanlage verzichtet zu haben.

Die Temperatur im Auto war so unerträglich hoch, daß die Gummidichtungen der Fenster zu schmelzen begannen. Und das Lenkrad wurde so heiß, daß ich es kaum noch halten konnte. Obwohl wir alle Fenster geöffnet hatten, brachte auch der Fahrtwind kaum Kühlung.

Als wir, vorbei an Dante's View, dem tiefsten Punkt des Death Valley, der 282 Fuß unter dem Meeresspiegel liegt, mitten in der Wüste am Highway Nr. 190 die einzige Tankstelle Stove Pipe Wells weit und breit erreicht hatten, stürzte sich Ingrid sofort auf einen Wasserschlauch, um sich abzukühlen. Aber das Wasser, das aus dem Schlauch spritzte, war dem Siedepunkt nahe, und der Tankwart erklärte uns gelassen, daß auch längeres Fließenlassen keinen Erfolg bringen würde.

Wir waren jedenfalls froh, als wir Las Vegas erreichten. Dieses »Sündenbabel«, das angeblich eine Gründung der Cosa nostra ist, erschien uns in diesem Moment wie das auf Erden zurückgekehrte Paradies.

Wir fuhren in unseren staubigen Wagen die pompöse Auffahrt zum Caesar's Palace hoch, wo wir Zimmer gebucht hatten. Caesar's Palace ist nicht nur ein Hotel, sondern auch der Mittelpunkt des regen Show-Lebens der Spielerstadt.

Unter all den eleganten Damen und Herren, die sich in teuren Roben und Smokings tummelten, wirkten wir in unseren durchgeschwitzten und nicht gerade persilreinen Kleidern wie Stromer, die irrtümlich in eine Szene von *Der Denver-Clan* gestolpert waren.

Die Höflichkeit, mit der uns der Parkwächter des Palace empfing, war ein neuerlicher, schlagender Beweis dafür, daß im Land der unbegrenzten Möglichkeiten alle Menschen gleich sind — sofern sie eine Kreditkarte besitzen.

Wir wollten schnurstracks auf unser Zimmer gehen, um uns endlich frisch zu machen, ich nahm meinen Sohn an der Hand — das heißt, ich wollte ihn an der Hand nehmen, aber er war nicht da.

»Wo ist Micky?« fragte ich meine Frau.

»Ich dachte, der ist bei dir ... Micky!!«

Vor dem Eingangsportal gibt es ein riesiges Becken mit einem mehrere Meter hohen Springbrunnen. Unserem Sprößling hatte das Ausladen unseres Autos und das Einchecken im Hotel zu lange gedauert. Kurzerhand warf er sich in den Kleidern in das kühlende Naß im Springbrunnenbecken, und dort planschte er nun unter dem begeisterten Applaus einiger Gäste herum.

In den nächsten Tagen besuchten wir meinen alten Freund Paul Anka. Wir plauderten über die alten Zeiten, in denen die Kesslers und ich ihn etwas auf die Schaufel genommen hatten, und über unsere derzeitigen beruflichen Aktivitäten. Auch Paul hatte der Erfolg der neuen Bands der Beat- und Woodstockgeneration einige Zeit ziemlich aus dem Geschäft geworfen. Aber jetzt war er wieder voll da und hatte seine eigene Show in Las Vegas.

Obwohl unsere Zeit sehr begrenzt war, wollte ich mir ein Show-Ereignis auf keinen Fall entgehen lassen, einen Abend bei *dem* Illusionisten-Duo Amerikas, bei Siegfried & Roy. Ich hatte die beiden Deutschen zwanzig Jahre zuvor kennengelernt, als sie 1959 auf einer meiner Tourneen quasi als »Pausenfüller« ihre Zauberkunststücke zeigten. Damals hatten sie als blutjunge Zauberkünstler das übliche Repertoire geboten, sie hatten weiße Kaninchen verschwinden lassen und sanfte Tauben herbeigezaubert, ein paar Kartentricks gezeigt und Blumen aus dem Ärmel geholt. Inzwischen waren die beiden in die Staaten gegangen und hatten eine Traumkarriere gemacht. Sie besitzen ein eigenes Theater in Las Vegas, das schon vor Beginn der jeweiligen Showserie bis auf den letzten Platz ausverkauft ist.

Tatsächlich war der Show-Abend überwältigend. Der Kunst des Weg- und Herbeizauberns von Tieren waren Siegfried und Roy treu geblieben — nur hatten sie inzwischen die Kaninchen und Tauben durch Löwen, Tiger und sogar Elefanten ersetzt. Unter Zuhilfenahme technischer Tricks und ausgeklügelter Licht- und Toneffekte, die die beiden selbst in langjähriger Arbeit entwickelt hatten, war es ihnen gelungen, die Illusion des Weg- und Herbeizauberns der Raubkatzen perfekt zu machen.

Nach der Show gingen Ingrid und ich in die

Künstlergarderobe und gratulierten den beiden zu ihrer in meinen Augen perfektesten Show der Welt.

Bevor wir uns verabschiedeten, meinte Siegfried, wir sollten noch unbedingt ein Erinnerungsfoto machen.

»Ein spektakuläres natürlich. Las-Vegas-gemäß«, fügte Roy hinzu. »Bist du schon einmal auf einem Löwen geritten?«

Ich verneinte und fügte hinzu, daß es in diesem Leben Erfahrungen gibt, auf die ich gerne auch fürderhin verzichten könne. Obwohl Ingrid meinen Standpunkt wortreich unterstützte, ließen die beiden nicht locker.

»Als Gewinner des Goldenen und mehrerer Bronzener Löwen von Radio Luxemburg mußt du zu dieser Tiergattung doch eine besonders nahe Beziehung haben!« meinte Roy, und Siegfried fügte hinzu: »Genau! Da hat uns der Kerl in unserer Jugend eingeredet, er sei *wie ein Tiger,* und jetzt fürchtet er sich vor dem lieben Leo!«

Nach einigem Hin und Her erklärte ich mich mit leicht schlotternden Knien bereit, den König der Tiere als Reittier zu mißbrauchen.

Tatsächlich ließ Leo die ganze Prozedur mit majestätischer Gelassenheit über sich ergehen. Trotzdem war ich froh, als ich diesen nervenaufreibendsten Fototermin meines Lebens hinter mich gebracht hatte. So ein Löwe besitzt nämlich die faszinierende Eigenschaft, immer größer zu werden, je näher man zu ihm hinkommt.

Meine heldenhafte Aktion hatte zumindest den Erfolg, daß mein Sohn in seinem Vater wenigstens eine kurze Zeit lang den einzig legitimen Nachfolger für Tarzan sah und ohne Widerrede zu Bett ging, wenn der Beherrscher des Dschungels zur Nachtruhe rief.

Inzwischen ist Micky siebzehn und damit genau so alt, wie ich war, als ich meine Rock-'n'-Roll-Karriere startete. Den Wunsch, Schlagzeuger der *Muppets* zu werden, hat er inzwischen aufgegeben, zumal *das Tier* dem Vernehmen nach seinen Drummerposten mit Zähnen und Klauen verteidigen würde. Mein Sohn zeigt auch keinerlei Ambitionen, als Sänger in die Fußstapfen seines Vaters zu treten.

Als echter Filmfreak tendiert er momentan dazu, das Regie-Handwerk zu erlernen, zumal er schon sehr früh richtig erkannte, daß das Herumkommandieren anderer wesentlich mehr Spaß macht, als Anweisungen auszuführen. Er hat auch schon einige durchaus gelungene Video-Filme gemacht, in denen er gemeinsam mit seinem Freund Tobi auch gleich alle Rollen selbst spielte. Als Drehbuchvorlagen dienen den beiden dabei Sketchs von Gerhard Polt, dessen kabarettistische bayrische Urkraft beide sehr schätzen.

Micky besucht derzeit eine amerikanische High School in Lugano, nach deren Abschluß er an einer Filmakademie in den USA inskribieren möchte. Vorausgesetzt, seine Berufswünsche kehren nicht doch wieder zu ihren Wurzeln zurück. Dann müßte ich mit meinem Kollegen *Kermit* ein ernstes Wort reden.

Was den schulischen Ehrgeiz betrifft, kann ich

mit Stolz sagen, daß er sich dabei voll und ganz am väterlichen Vorbild orientiert. Das heißt, er macht gerade das Notwendigste und keinen Deut mehr.

Im krassen Gegensatz zu seiner Schwester, der Lernen und Weiterbildung immer ein großes Vergnügen bereitet haben.

Dabei ist Gabis Bildungseifer durchaus zielgerichtet; sie strebte immer Abschlußzertifikate an und entwickelte sich dabei zu einer wahren »Scheinesammlerin«.

Schon während der Maturaarbeit in Kleßheim ließ sie sich in einer Fahrschule einschreiben und sagte zu mir: »Du, Daddy — wenn ich den Motorradführerschein gleich dazu mache, dann ist das doch kaum teurer, oder?«

Sie machte also neben dem PKW-Führerschein auch den für das Motorrad. Und weil alle Führerscheine im Paket ja nun auch wirklich kostengünstig sind, kamen noch der für LKW und schweren Anhänger hinzu.

Während ihrer ersten Berufspraxis in einem Schweizer Hotel studierte sie »nebenbei« Sprachen. Inzwischen spricht sie fünf Fremdsprachen perfekt: Englisch, Französisch, Italienisch, Spanisch und Portugiesisch.

Daneben trieb Gabi ihre berufliche Karriere voran: Bei der Arbeit im Hotel fühlte sie sich intellektuell unterfordert und wechselte in die Genfer Dependance des Auktionshauses Christie's. Neben diesem Job machte sie den Fallschirmspringerschein und eine Ausbildung als staatlich geprüfte Edelsteinexpertin. Mit zweiundzwanzig wurde ihr ein Job im mittleren Management als Sales-coordinator bei der Firma Teledyne angeboten, die medizinische Geräte für Zahnärzte herstellt und vertreibt.

Gabi, inzwischen zu Gabrielle gereift, glaubte zu erkennen, daß ein weiterer beruflicher Aufstieg nur mit einem akademischen Grad möglich sein würde, gab den Job auf und studiert jetzt an der Wiener Wirtschaftsuniversität. Gabrielle wäre nicht Gabrielle, wenn sie dieses Studium auslasten würde. Damit ihr nicht langweilig wird, lernt sie nebenbei ihre sechste Fremdsprache, Russisch.

Ingrid und ich, wir beide sind stolz auf unsere Kinder. Wir finden es schön, daß sie willens und fähig sind, ihre eigenen Wege zu gehen. Natürlich ist es auch schmerzlich, wenn Eltern feststellen müssen, daß die Sprößlinge, die noch vor gar nicht langer Zeit so sehr auf die elterliche Fürsorge angewiesen waren, plötzlich dem gemeinsamen Heim entwachsen und beginnen, ihr eigenes Leben zu leben.

Trotzdem — es gibt nichts Schlimmeres als Eltern, die mit allen möglichen Tricks und Appellen an das schlechte Gewissen versuchen, ihre Kinder an sich zu binden. Kinder zu haben und großzuziehen ist kein Geschäft, dessen Profit man im Alter einfordern kann.

Trotz meines Berufes, der zwangsläufig häufige Trennungen von Frau und Kindern mit sich bringt, habe ich immer darauf geachtet und Wert gelegt, nicht bloß via Fernsehschirm bei meiner Familie anwesend zu sein. Dadurch habe ich es auch mir und meinen Kindern erspart, das aus mangelnder Zuwendung resultierende schlechte Gewissen mit übertriebenen Luxusgeschenken zu beruhigen.

Eine fehlerlose Erziehung ist uns sicher nicht gelungen. Aber Micky und Gabi halten uns zugute, daß wir uns immer sehr bemüht haben.

Und das ist schon ein ganz tolles Kompliment, oder?

Hallo Peter — das Fernsehen läßt grüßen

»GIB DIE HÄNDE AUS DER TASCHE, PETER!« tobte ein Boulevardblatt.

Der Einstieg in meine erste eigene Fernsehshow *Herzlichst Ihr Peter Kraus* begann mit einem handfesten Skandal. Als Stargast hatten wir Connie Francis, damals der Welt erfolgreichste Schlagersängerin, eingeladen. Ich hatte, als ich Connie am Flughafen Wien-Schwechat empfing, eine Hand in der Hosentasche. Dieses Kapitalverbrechen wider den guten Ton reichte damals — 1961 — bereits, um eine handfeste Skandalpresse zu bekommen.

Herzlichst Ihr Peter Kraus wurde von Mendelson für den WDR produziert. Das alte Schlitzohr hatte die Zeichen der Zeit erkannt und sich immer mehr vom Plattengeschäft weg hin zu TV-Produktionen orientiert. Dabei ermöglichte ihm das Konzept unserer Show ein »doppelgleisiges« Fahren: Wir hatten vor, in jeder Sendung einen ausländischen Show-Gast zu präsentieren. Dies war meine Bedingung gewesen, denn ich erwartete mir von der Zusammenarbeit mit internationalen Gästen nicht nur ein entsprechend hohes Publikumsinteresse, sondern auch eine Erweiterung meines eigenen künstlerischen Horizonts.

Für Mendelson war es eine Gelegenheit, ausländische Stars dazu zu bewegen, bei ihm Platten in Deutsch aufzunehmen. So wurden zum Beispiel die Connie-Francis-Hits *Die Liebe ist ein seltsames Spiel, Schöner fremder Mann* und *Paradiso* von ihm produziert.

Miss Francis erschien in Wien ganz so, wie es einem Megastar, wie man das heute nennen würde, zukam: mit siebzehn Koffern, einem Manager und viel Begleitpersonal im Gefolge.

Alles, was hier in der alten Welt auf sie zukam, betrachtete sie mit unverhohlenem Mißtrauen: das Taxi, das Hotel, vor allem aber diesen komischen, einundzwanzigjährigen Typen, in dessen Show sie auftreten und der auch noch Regie führen sollte!

Schon auf der Fahrt ins Hotel erklärte sie mir beständig, von welcher Seite sie *auf keinen Fall* fotografiert werden dürfe, wie viele *close-ups* (Großaufnahmen) in der Show von ihr zu machen seien, welche Ausleuchtung sie bevorzuge, daß sie am deutschsprachigen Markt nicht interessiert und ohnehin nur gekommen sei, weil ihr Manager sie dazu überredet habe und und und ...

Nachdem wir sie im Hotel abgesetzt hatten, wandte ich mich seufzend an Mendelson.

»Bravo! Da haben wir uns ja was Schönes eingehandelt! Die ist schlimmer als die Beulenpest! Gegen diese Dame muß Zsa Zsa Gabor ein friedfertiges Lämmchen sein!«

Zsa Zsa galt damals als Hollywoods Skandalnudel Nummer eins, als Schrecken der Produzenten und diabolische Saboteurin jedweder Filmproduktion.

Mendelson sah den Fall Francis wesentlich gelassener: »Sie ist ganz entzückend! Ein liebenswerter, reizender Mensch, der ganz liebenswerte, reizende Plattenumsätze macht! Du mußt dich ihr gegenüber eben als Charmebombe erweisen. Schenk ihr Blumen, lade sie zum Heurigen ein . . .«

»Ich soll mit *der* zum Heurigen? Bist du verrückt?! Ich gehe schließlich auch nicht mit Godzilla auf ein Vierterl!«

Mendelson lächelte nur sphinxhaft, pfiff eine kühne Version des Francis-Hits *Lipstick on your collar* und pumpte mit der Hand im Takt dazu.

Am nächsten Tag sollten die Proben für die Show beginnen, und ich schlief schrecklich schlecht. Als ich dann doch einnickte, war Connie Francis der Star meiner Alpträume in Breitwand und Technicolor.

Am darauf folgenden Vormittag wartete ich in der Hotelhalle, um sie abzuholen. Etliche Fotografen hatten sich versammelt, und ich harrte mit gemischten Gefühlen Miss Francis' Auftritt. Endlich kam sie – und war reizend. Sie begrüßte mich mit einem Kuß auf die Wange, bedankte sich überschwenglich für die *wonderful roses* und für die Einladung zum Heurigen.

Meister Mendelson hatte zugeschlagen, ihr in meinem Namen Blumen und Einladung geschickt und so das Eis zum Schmelzen gebracht.

Connie Francis erwies sich bei der Arbeit zur

Show als absoluter Profi und beim abendlichen Heurigenbesuch als charmante Gesprächspartnerin.

Das Ambiente des Grinzinger Heurigen im Verein mit den schluchzenden Geigen der Schrammelmusikanten überwältigte sie sichtlich, und sie gestand mir, daß sie als Tochter italienischer Einwanderer schon immer nach *good old Europe* hatte reisen wollen. Und Vienna sei natürlich *extremely lovely,* sowie Mendelson und ich *wonderful,* zumal wir sie zu diesem herrlichen *trip* eingeladen hätten.

Die erste Sendung von *Herzlichst Ihr Peter Kraus* wurde bei Publikum und Kritik ein toller Erfolg und die anfängliche Sendedauer von fünfundzwanzig Minuten bei den weiteren Folgen auf fünfundvierzig Minuten verlängert. Ich führte von Anfang an Regie, wobei mir mein Vater bei den ersten Sendungen als »Lehrmeister« zur Seite stand. Er galt in Deutschland als Pionier der Fernseharbeit und war mehr als zwei Jahrzehnte der Nummer-eins-Show-Regisseur des WDR. Schon in den ersten Stunden des deutschen Fernsehens hatte er eine Kabarettsendung mit dem Titel *Fred Kraus' Brettl.* In seiner parallel dazu laufenden Show *Schlagerbummel* war auch ich einige Male aufgetreten. Diese Sendung war der Vorläufer der später sehr beliebten Serie *Musik aus Studio B.*

Die Mischung aus seiner handwerklichen Routine und meinem »jugendlichen Überschwang« erwies sich als sehr erfolgreich.

Gemeinsam mit dem Kameramann Hanns Matula entwickelten wir eine Bildsprache, die damals sehr ungewöhnlich war. Mit harten Schwarzweißkontrasten, die wir durch den Einsatz von extrem hellen Kohlespots erzielten, sowie durch zahllose Trickaufnahmen erreichten wir eine filmische Auflösung der Songs, die in ihrer Wirkung an heutige Videoclips erinnert. Spiegeleffekte ermöglichten Mehrfachaufnahmen von Connie Francis, scheinbare »Endloskamerafahrten« unterstrichen die Interpretation von Françoise Hardy, Lichteffekte und Windmaschinen bewirkten die Illusion, Mina, die damals in Deutschland ihren Hit *Heißer Sand* auf den Markt gebracht hatte, stehe in der Sahara.

Diese Form, Lieder in einer Show zu präsentieren, war tatsächlich neu; üblicherweise sahen damals Schlagerauftritte wie einfach abgefilmte Live-Acts aus, und die Arbeit des Regisseurs beschränkte sich darauf, den Sängern theatralische Gesten beizubringen. Wenn im Schlagertext der Mond wieder einmal sein meist blaues Licht verstrahlte, hatte der Interpret mit der rechten Hand würdig gen Himmel zu deuten, strebte ein Fluß dem Meer zu, so vollführte die Linke eine beeindruckende Wellenbewegung, und war die unvermeidliche Himmelsmacht Liebe an der Reihe, dann wurden beide Arme pathetisch ausgebreitet. Sonst tat sich nicht viel.

Da uns für unsere Showeffekte nicht so wie heute ein ganzes Arsenal an elektronischen Verfremdungsmöglichkeiten zur Verfügung stand, dauerte die Produktionsarbeit entsprechend lange. Nicht zuletzt auch deshalb, weil Irene Mann als Choreographin dem übrigen Team an Experimentierfreudigkeit in nichts nachstand, wodurch auch ausgiebige

Tanzproben erforderlich waren. Allerdings waren die Gäste gerne bereit, diese Mehrarbeit auf sich zu nehmen, da ihnen das Endprodukt sehr gut gefiel, eine Tatsache, die mich mit nicht geringem Stolz erfüllte und mir auch einige Auftritte in französischen Shows einbrachte.

1963 war ich auf einer meiner schon erwähnten Gourmetreisen mit Mendelson in Paris und hörte zufällig den Schlager *Oh Oh Cherie* im Radio. Mir gefiel das Lied so gut, daß ich sofort ins nächste Plattengeschäft sauste und mir die Platte der damals in Deutschland völlig unbekannten Françoise Hardy kaufte.

»Die kommt in unsere Show!« sagte ich zu Mendelson.

Der fand die Idee nicht so riesig, da er es vorzog, bereits etablierte Stars zu engagieren. Ich erinnerte ihn aber daran, daß er mein Französisch immer »grauenhaft« gefunden und mir geraten hatte, mir doch eine Freundin aus Frankreich anzulachen, da man auf diese Weise am besten die Sprache ordentlich lernen könne.

»Na ja, gut, wenn du meinst, daß du bei der Chancen hast«, brummelte er vor sich hin und gab sein Okay.

Um es gleich zu sagen: Ich hatte keine Chancen, und es wäre — was den Sprachunterricht betrifft — ohnehin sinnlos gewesen, da Françoise durch ihre deutschstämmige Mutter ganz ausgezeichnet deutsch spricht.

So kam sie durch mich zu dem ersten TV-Auftritt ihrer Karriere, und als sie wenige Monate später in Frankreich ein Topstar war, revanchierte sie sich und lud mich in ihre Show nach Paris ein.

Gerhard Mendelson nutzte die Gelegenheit unseres berufsbedingten Parisaufenthaltes, um gemeinsam mit dem Chef des Monte-Carlo-Orchesters, Aime Barelli, eine LP mit Bossa-Nova-Songs mit mir als Interpreten zu produzieren.

Bossa Nova war damals der neueste Modetanz und sollte, wie schon zuvor der Calypso, der Twist, der Hullygully oder der Madison, dem Rock 'n' Roll endlich den Todesstoß versetzen. Es war vergebene Liebesmüh'. Die jungen Leute von heute wissen gerade noch, daß der Bossa Nova an irgend etwas »schuld« war — seine Tanzschritte sind ihnen ungefähr so bekannt wie Michael Jacksons *Moonwalk* ihren Großeltern. Rock-'n'-Roll-Tanzclubs dagegen gibt es heute mit Sicherheit mehr als in den fünfziger Jahren.

Beeindruckend fand ich bei meinen Parisaufenthalten immer das nationale Sprachbewußtsein der Franzosen. Während sich zu dieser Zeit in Deutschland jeder Siegfried Freddy und in Österreich jeder Peperl Joe nannte, dachte in Paris oder Marseille kein Mensch daran, irgendwelche Amerikanismen zu importieren. Im Gegenteil, sämtliche englischen Ausdrücke wurden gnadenlos »französisiert«. Daraus resultierten bei einem unroutinierten Frankreichbesucher häufig Mißverständnisse. Als ich das erste Mal eine Angehörige der Grande Nation so etwas wie »ÜLLIGÜLLI« sagen hörte, dachte ich zuerst an ein türkisches Nationalgericht. Erst intensive Sprachstudien eröffneten mir, daß es sich dabei um die französische »Übersetzung« von »Hullygully« handelte.

Ich hatte zu diesem Zeitpunkt schon, was das Fernsehen betrifft, einige Auslandserfahrungen gesammelt. 1961 war ich in den USA bei Ed Sullivan aufgetreten, und 1960 hatte ich in allen fünf Folgen der BBC-Show *Tempo 60* mitgewirkt.

Wie ich zu diesem England-Engagement kam, ist eine kuriose Geschichte.

1959/60 spielte Johannes Fehring mit seinem Orchester an den Wochenenden bei schönem Wetter im Wiener Volksgarten bei den damals sehr beliebten Swing-Tanzparties Nummern von Benny Goodman, Glenn Miller und Traditional-Jazz. Da einige der Fehring-Musiker bei meinen Plattenaufnahmen mitwirkten und ich den Swing seit frühester Jugend sehr mochte und auch etliche einschlägige Songs von Fred Astaire und »Frankieboy« gerne vor mich hin trällerte, trat ich manchmal — aus Lust und Tollerei — für einige Gesangseinlagen bei diesen Veranstaltungen auf.

Dabei entwickelte sich bei mir der Wunsch, wenigstens *einmal* eine Jazz-Platte aufzunehmen und so quälte ich meine Plattenfirma so lange, bis sie mit mir eine EP mit vier Titeln produzierte. Ich sang *Basin' Street Blues, Love me or leave me, Get happy* und (das unvermeidliche) *When the Saints go marchin' in.*

Selbstverständlich glaubte die Polydor nicht an einen Verkaufserfolg dieses Produkts. Da ich aber ansonsten ein zuverlässiger »Seller« war, duldete man meine Marotte und brachte die Platte in geringer Stückzahl in Deutschland und auch in England auf den Markt.

Die deutschen Kritiker erwiesen sich als Gralshüter des »wahren Jazz«, den sie noch wenige Jahre zuvor als unerträgliches »Negergedudel« abgetan hatten. Ich erntete empörte Kritiken: Es sei ein Sakrileg, daß sich der »Sugarbaby-Sänger« an den Highlights der wunderbaren Jazz-Musik vergreife, die doch gerade in Deutschland immer schon sooo beliebt war!

Im Gegensatz dazu erhielt ich in England, wo ich als Rock-Sänger so gut wie unbekannt war, in einigen Swing- und Jazz-Fachzeitungen ganz hervorragende Kritiken. Und wenige Wochen, nachdem die Platte auf den britischen Markt gekommen war, meldete sich Stewart Morris, ein englischer TV-Produzent, bei Mendelson.

Er plane, sagte Morris, eine mehrteilige Jazzsendung für die BBC. Und da Mendelson mit diesem Mr. Kraus einen routinierten Jazzsänger im Stall habe, wolle er anfragen, ob man den dafür engagieren könne.

Man konnte. Allerdings mußte Mr. Morris noch das Problem meiner Arbeitserlaubnis im britischen Königreich lösen. Der erste Antrag war abgelehnt worden, da man mich auf Grund meines Geburtsortes München für einen deutschen Staatsbürger hielt. Erst als meine österreichische Staatsangehörigkeit den Behörden bekannt wurde, erhielt ich eine Arbeitserlaubnis.

Wahnsinnig anstrengend, diese dauernden Erfolge!

Ich glaube nicht, daß diese Entscheidungen etwas mit der Deutschenfeindlichkeit der britischen Behörden zu tun hatten. Wahrscheinlich lag es einfach daran, daß England und Österreich damals noch beide der EFTA angehörten, Deutschland aber der EWG.

Bei meinen beruflichen Aktivitäten in Frankreich und England fiel mir immer auf, daß für die dortigen Produzenten die Tatsache, daß ich in Deutschland ein Nummer-eins-Seller war, völlig unbedeutend war. Was zählte, war die Leistung beim jeweiligen Projekt.

In Deutschland hatte ich immer den Eindruck, daß Sänger und Schauspieler vor allem aus dem angelsächsischen Raum schon allein wegen ihrer Herkunft mit Vorschußlorbeeren empfangen wurden. Dies war auch der Grund, warum sich in den fünfziger und sechziger Jahren zahllose deutsche Schlagerstars und -sternchen englisch klingende Künstlernamen zulegten: Ted Herold, Freddy Quinn, Roy Black, The Rattles, The Lords und so weiter.

Die englischen Zeitungen schienen übrigens die Auffassung zu vertreten, daß man als deutschsprachiger Sänger erst dann wirklich Geld verdienen konnte, wenn man endlich im Empire engagiert wurde. Kaum hatte ich den BBC-Vertrag unterzeichnet, schrieb der DAILY MIRROR:

> Herr Peter Kraus, Germany's answer to Elvis Presley, is jumping for joy, because he's in the money.

Ich halte mich, vor allem was den Jazz betrifft, nicht unbedingt für den sprichwörtlichen Propheten, der im eigenen Lande nichts gilt, in der Fremde aber Ruhm und Anerkennung findet. Aber es amüsiert mich bis heute, daß ich im englischen Fernsehen mit den Topstars der europäischen Jazz-Szene wie dem Drummer Phil Seamer und dem legendären Saxophonisten Bill Hays live musizierte, während man daheim über meinen Swing-Ausflug Zeter und Mordio schrie.

Als ich 1963 die letzte Folge von *Herzlichst Ihr Peter Kraus* abgedreht hatte, meldete sich telefonisch ein junger Mann namens Michael Pfleghar bei mir.

»Herr Kraus, ich bin Regisseur und soll eine Serie von Fernsehshows produzieren. Ich würde Sie wahnsinnig gerne für dieses Großprojekt gewinnen und mir deshalb sehr gerne einige Folgen Ihrer Show ansehen. Wäre das möglich?«

Selbstverständlich sagte ich zu, und Herr Pfleghar sah sich sämtliche Folgen von *Herzlichst Ihr Peter Kraus* wieder und wieder bei mir zu Hause in meinem Heimkino an und machte sich eifrig Notizen.

Ich bewunderte den Fleiß des jungen Mannes und harrte des großen Engagements, das da kommen würde. Leider vergeblich. Dennoch war ich in den zahlreichen ShowProduktionen des Michael Pfleghar in den sechziger Jahren durchaus präsent.

Immer wieder erkannte ich verblüffend ähnliche Effekte und Regieideen, die ich vorher in meiner Show-Serie realisiert hatte. Ich war von der phantastischen Beobachtungsgabe und herausragenden Merkfähigkeit des Herrn Pfleghar tief beeindruckt. Bis heute erfüllt es mich mit Stolz, daß

Pfleghars Regiearbeit als große Innovation des deutschen Fernsehens gefeiert wird. Denn ganz tief im Inneren weiß ich, daß ein ganz kleines Schlaglicht dieses strahlenden Ruhms auch meine Person erhellt. Darum möchte ich es nicht versäumen, an dieser Stelle Herrn Michael Pfleghar ein herzliches »Dankeschön!« dafür zu sagen, daß er soviel für die Verbreitung meiner Regieeinfälle getan hat.

1964 war es — wie schon erwähnt — mit meiner Karriere als Teenageridol endgültig vorbei. Darauf war es wohl auch zurückzuführen, daß ich für einige Jahre keine eigene Show-Serie im Fernsehen bekam.

Trotzdem war ich nicht ganz weg vom Fernseh-Fenster; zwischen 1965 und 1969 war ich Gast in etlichen Shows, wie *Der Goldene Schuß* und *Musik aus Studio B,* spielte im Fernsehkrimi *Lösegeld für Mylady* und bei einigen Operettenverfilmungen wie *Die Pickwicker,* mit Theresa Stratas und Dagmar Koller, und *Wenn die kleinen Veilchen blüh'n,* mit Johannes Heesters und Thomas Fritsch. Letztere gilt auch heute noch als beste Fernsehverfilmung eines Operettenstoffs, was meiner Meinung nach in erster Linie auf die herausragende Leistung des in Deutschland lebenden amerikanischen Choreographen Billy Millie zurückzuführen ist.

Meinen ersten Ausflug in das Genre der Operette machte ich 1965 bei einer Großproduktion für das ZDF unter dem Titel *Das Studium der Weiber ist schwer.* Mein Vater führte Regie und hatte auch den roten Faden für den Abend entwickelt: Die Geschichte des Tanzbuffos in Operette und Musical von 1930 bis heute — also bis in die sechziger Jahre.

Ich war von dieser Idee begeistert, denn das Musical hatte damals noch immer nicht die Bühnen des deutschsprachigen Raums erobert, und so konnte ich meine diesbezüglichen Ambitionen wenigstens im Fernsehen verwirklichen.

Ich war der männliche Protagonist in allen Szenen — meine Gesangs- und Tanzpartnerinnen waren Lil Babs, Inge Brück, Monika Dahlberg, Evi Kent und Irene Mann. Obwohl Irene schon damals sehr zur Regie tendierte, war es mir gelungen, sie zu überreden, doch »nur« Choreographie zu machen.

Während der Arbeit gerieten sie und mein Vater heftig aneinander. Als er einmal eine choreographische Idee Irenes verwarf, fügte sie sich zwar seinem »Diktat«, doch kommentierte sie die Umsetzung seiner Regieanweisung mit den Worten: »Gut, Herr Kraus. Ich mache, was Sie wollen. Das heißt, ich werde meine künstlerischen Ansprüche auf ein Minimum reduzieren müssen!«

Das Studium der Weiber ist schwer war eine Show, wie sie heute völlig undenkbar ist: aufwendig produziert, mit monatelangen Choreographie- und Gesangsproben, wochenlangen Dreharbeiten und einem Soundtrack, der — nachdem Polydor meinen Vertrag gekündigt hatte — bei Electrola als Doppel-LP auf den Markt kam.

Für die blendenden Musik-Arrangements sorgte Klaus Alzner, jener Mann aus Mendelsons

»Stall«, der meine ersten Plattenaufnahmen mit seinem stereotypen »Naujo« kommentiert hatte.

Nach meiner Teenager- und Rock-'n'-Roll-Zeit fand ich es spannend, bekannte Operettenschlager zu singen. Da ich kein »klassischer« Operetteninterpret war und somit völlig unverbildet an die Sache heranging, gelang es mir, neue und, wie ich glaube, auch recht witzige Darstellungen bekannter Figuren, wie etwa des schönen Sigismund im *Weißen Rößl* zu liefern.

Ich habe auch noch in jüngster Zeit bei vielen Operettensendungen — vor allem im ORF — mitgewirkt. Dabei bin ich immer mehr zu der Auffassung gelangt, daß vielen großen Werken dieses Genres völlig zu Unrecht der Geruch ewig gestriger Unterhaltung anhaftet. Etwas mehr Experimentierfreudigkeit der Regisseure und etwas weniger »traditionsbewußte Zickigkeit« in der Darstellung der Figuren würden dieses europäische Musiktheater sicher auch einem jungen Publikum schmackhaft machen.

Aktuelle Neuinterpretationen klassischer Werke, wie sie etwa die Regisseure Harry Kupfer oder Jerome Savary im Bereich der Oper zustande gebracht haben, täten sicher auch der Operette ganz gut.

Besonderen Spaß machten mir natürlich die Songs aus den Musicals. Dabei ist mir vor allem *Was für ein Narr ich bin* aus dem Musical *Stop the World* in Erinnerung geblieben. Wenige Wochen zuvor hatte ich live die Originalversion *What kind of fool am I*, gesungen von meinem großen Idol Sammy Davis Jr., in Las Vegas gehört. Dieses Lied, das er damals seiner großen Liebe, der blonden Schwedin May Britt, widmete, war Bestandteil einer sogenannten *Early Morning Show* von Sammy, Dean Martin und Frank Sinatra. Diese *Early Morning Shows* wurden zeitig in der Früh gespielt und waren ausschließlich einem Profipublikum vorbehalten, jenen Stars, die selbst in anderen Häusern in Las Vegas gastierten und so die Abendshow der drei Kollegen nicht sehen konnten. Mir wurde das Privileg dieses Besuches als Begleiter von Weltstar Connie Francis zuteil. Und auf der Rechnung, die mir nach dieser überwältigenden Matinee überreicht wurde, stand — neben einem mehrstelligen Dollarbetrag — der beeindruckende Satz: *Mr. Peter Kraus, invited by Frank Sinatra.*

Die Show der drei Fixsterne des amerikanischen Showbusiness war perfekt, professionell und ungeheuer witzig, wobei die drei, neben brillanten Wortwitzen in den Moderationen, auch nicht vor Slapstick-Aktionen zurückschreckten. Als sich im Finale die Herren mit Siphonflaschen gegenseitig bespritzten, dachte ich mir: *Wenn wir so etwas in einer deutschen Show machen würden — Publikum und Presse würden uns ob solcher Geschmacklosigkeit steinigen!*

Siphonflaschen waren somit im ansonsten sehr großen Budget von *Das Studium der Weiber ist schwer* nicht vorgesehen.

Der hohe finanzielle Aufwand und der enorme Arbeitseinsatz bei dieser Musikrevue rechtfertigten sich damit, daß Fernsehshows dieser Größenordnung in den sechziger Jahren noch echte »Ereignisse« waren, ellenlange Vorberichte in der

Presse bekamen und Einschaltquoten hatten wie heute nur noch Endspiele bei Fußballweltmeisterschaften.

Für mich war diese Show nicht nur von beruflicher, sondern auch von privater Bedeutung. In einer Szene spielte ich mit Lil einen Ehekrach. Unsere Darstellung wirkte äußerst realistisch, was kein Wunder war, da wir einander auch in den Drehpausen ständig in den Haaren lagen. Und kaum war die letzte Klappe dieser Produktion gefallen, rauschte Lil auch schon Richtung Schweden ab.

In der zweiten Hälfte der sechziger Jahre hatte ich mich neben der Fernseharbeit dem Theater zugewandt. 1966 spielte ich in den Wiener Kammerspielen in der Komödie *Kaktusblüte.* Dieses Bühnenschauspielerdebüt nach meiner Rock-'n'-Roll-Zeit wurde von der Kritik wohlwollend, vom Wiener Publikum mit Begeisterung aufgenommen — das Stück lief die gesamte Spielzeit hindurch ausverkauft. Nach der erfolgreichen Premiere hatte ich mich besonders auf die zweite Vorstellung konzentriert. Diese gilt in Schauspielerkreisen allgemein als die unangenehmste. Der Streß der Probenzeit und der Premiere ist vorbei, man fühlt sich endlich von einem schrecklichen Druck befreit, und so schleichen sich aus Konzentrationsmangel oft üble Fehler ein.

Nachdem auch die verflixte zweite glatt über die Bühne gegangen war, sah ich der auf mich zukommenden Spielserie mit Gelassenheit entgegen. Während der dritten Vorstellung plauderte ich schon halblaut hinter der Bühne mit dem Inspizienten und hörte lässig, mit halbem Ohr, dem berühmten Wiener Josefstadt-Schauspieler Kurt Heintl zu, der mein Stichwort für den Auftritt liefern sollte.

Aber das Stichwort kam und kam nicht.

Komisch, dachte ich mir. *In der völlig ungefährlichen dritten Vorstellung hat ein alter Bühnenhase wie der Heintl einen Hänger.*

Leicht verwundert lauschte ich hinter der Dekoration dem Star, wie er kühn, fernab vom Originaltext des Stückes, verzweifelt dahinextemporierte.

Mein Gott, das ist ja furchtbar! Dem fällt doch nur mehr Unsinn ein!

Ich überlegte, ob ich auch ohne Stichwort auf die Bühne stürmen sollte, um den großen Kollegen aus der mißlichen Lage zu befreien. Ich hatte den Gedanken noch nicht zu Ende gedacht, als Kurt Heintl auf die Tür in der Bühnendekoration losstürzte, diese aufriß, mich am Arm packte und nach einem tödlichen Blick auf die Bühne zerrte.

Er hatte mein Stichwort schon längst gesagt, ich hatte es nur überhört!

Da Kurt Heintl als kultivierter Mensch und Gentleman von meiner Ermordung Abstand nahm, konnte ich noch im selben Jahr ein Engagement im Züricher Bernhardt-Theater annehmen. Ich spielte den Buddy Baker in der Komödie *Ausreißer* des erfolgreichsten Broadwayautors Neil Simon, die Rolle, die in der Verfilmung des Stoffes Frank Sinatra gespielt hatte.

Die Schweizer Kritiken lobten mich überschwenglich. Eine Zeitung meinte sogar, ich sei zu Höherem berufen, als in einem Stück mit einer so

»schwerfälligen Exposition« mitzuspielen. Wörtlich hieß es:

> In dem vertrockneten Gestrüpp des Dialoges bleibt auch der vom Schlagersänger zum Schauspieler gewordene Peter Kraus hängen; seine schlaksigen Bewegungen, seinen amüsanten Ausdruck, wenn er Bedenken mimt, würde man gerne an eine dankbarere Aufgabe verwendet sehen.

Ich kann nur hoffen, daß Neil Simon damals keine Schweizer Zeitungen las. Sonst wäre er sicher in schwere Depressionen verfallen. Denn was ist schon eine Hollywoodverfilmung, was sind schon 675 ausverkaufte Broadwayvorstellungen, die das Stück damals bereits hinter sich hatte, gegen die messerscharfe Analyse eines wahrhaft kompetenten Schweizer Kritikers?

Meine letzte große Bühnenrolle spielte ich 1969 in Düsseldorf an der Seite von Kai Fischer: *Bel Ami,* ein Musical von Peter Kreuder nach dem gleichnamigen Roman von Guy de Maupassant.

Mein Vater inszenierte, Irene Mann choreographierte, ich spielte die Titelrolle — wir waren also ein bewährtes, gut aufeinander eingespieltes Team.

Trotzdem machten wir, so sehe ich das wenigstens heute, einen gravierenden Fehler.

Statt eines Orchesters bedienten wir uns der damals im Theater neuen Halbplayback-Technik. Wir sangen zwar live auf der Bühne, aber die uns begleitende Musik kam vom Band. Obwohl die Studio-Produktion dieses Playbacks aufwendig, perfekt und auch sündteuer gewesen war, beschrieben einige Vorinformationen in der Presse das Projekt wegen des »fehlenden« Orchesters als Billigproduktion.

Dieser Geruch haftete der Inszenierung auch noch nach dem großen Premierenerfolg an, und so hatte *Bel Ami* trotz regen Publikumsinteresses und zum Teil ausgezeichneter Kritiken das Image eines Flops.

Für mich schien die Sache damals wie verhext. Nach so langer, intensiver Vorarbeit war endlich mein Traum von der Mitwirkung in einem deutschsprachigen Musical in Erfüllung gegangen. Doch der gewünschte Erfolg hatte sich nicht eingestellt, und das ausgerechnet deshalb, weil wir den schwierigeren Weg gewählt hatten.

Von uns Sängern forderte die, wie wir dachten, innovative neue Technik erhöhte Konzentration und hundertprozentige Einsatzsicherheit, da kein Dirigent da war, um im Bedarfsfall die notwendigen Hilfestellungen zu geben.

Die ganze Produktion mit einem Orchester durchzuführen wäre für alle Beteiligten einfacher, kostengünstiger und sicher auch erfolgreicher gewesen. Schade.

Auch beim Fernsehen blieb ich, trotz des Erfolges der Operetten- und Musicalshows wie *Das Studium der Weiber ist schwer,* als Präsentator einer eigenen Show, wie gesagt, abgemeldet. Der Karriereknick, von dem mein Vater so oft geredet hatte, war eingetreten, und ich hatte mich erstmals in meinem Leben einer Kunstfertigkeit zu widmen, in der ich aufgrund meiner »Blitzkarriere« so gar nicht bewandert war, dem in künstlerischen Berufen weitverbreiteten »Klinkenputzen«.

Bei meinen Vorsprachen bei den Fersehgewaltigen schlug mir eine breite Palette von Ignoranz bis unverhohlener Schadenfreude entgegen: Der »Schluckaufsänger« stürmte nicht mehr die Hitparaden, die Teenies fielen bei seinem Anblick nicht mehr beinahe in Ohnmacht, die Konzerthallen und Sportpaläste füllten die Beat-Stars. Und in den wenigen Kinos, die noch nicht zu Supermärkten oder Imbißstuben umgebaut worden waren, machten nicht mehr Conny & Peter Musik. Dort erklärte vielmehr Oswald Kolle der staunenden Nation, daß Zonen nicht nur kommunistisch, sondern auch erogen sein konnten.

Was wollen Sie denn, Herr Kraus? So ist das eben! Eine Schlagerkarriere ist nun mal sehr kurzlebig. Wir von den öffentlich-rechtlichen Anstalten haben einen demokratischen Auftrag. Wir müssen Stars engagieren, die die Leute auch sehen wollen! Und Sie haben in den sieben Jahren doch wirklich viel Geld verdient!

Ich verstand die Welt nicht mehr. Offenbar schienen alle vergessen zu haben, daß man mich noch ein paar Jahre zuvor bei *Herzlichst Ihr Peter Kraus* keineswegs nur als Schlagersänger, sondern als »jüngsten Entertainer Deutschlands« gefeiert hatte.

Ich beschloß, dem Erinnerungsvermögen der Entscheidungsträger beim Fernsehen etwas auf die Sprünge zu helfen, und stellte eine 16-mm-Filmrolle mit den besten Show- und Tanznummern aus meiner Serie zusammen. Die schickte ich 1969 an die Leitung der Unterhaltungsabteilung des ZDF.

Mehrere Monate blieb ich ohne Antwort.

Eines Tages klingelte dann doch das Telefon, und ein ZDF-Abteilungsleiter war am Apparat.

»Herr Kraus, hier ist Alfred Biolek vom ZDF. Durch Zufall sind Ihre Show-Ausschnitte auf meinem Schreibtisch gelandet! Diese Show-Ausschnitte aus ›Herzlichst ...‹ finde ich ganz toll! Wir müssen unbedingt zusammen etwas machen. Könnten wir uns treffen?«

So landete ich also bei Alfred Biolek im Hauptquartier der Mainzelmänner. Und was er mir zu sagen hatte, entsprach so gar nicht den üblichen Tiraden eines ohnehin alles besser wissenden Unterhaltungsredakteurs. Biolek gab zu, daß die deutsche Fernsehunterhaltung in einer Krise war. Die traditionellen Musikshows waren zu teuer geworden, an Quizsendungen war alles schon dagewesen, und Lachprogramme, deren Inhalt über das Niveau schenkelklopfender Bierzeltunterhaltung hinausgingen, wurden so gut wie nicht geboten.

»Man müßte«, so sagte er, »eine Comedy-Serie machen, wie sie die Amis und Engländer produzieren. Witzig, schnell, voller Gags!«

Damit rannte er bei mir offene Türen ein. Ich war in dieser Zeit oft in London, um mir englische Musicals anzusehen, und hatte bei dieser Gelegenheit die zahlreichen Comedy-Shows genossen, die allabendlich über die Fernsehschirme flimmerten.

Wir setzten uns gemeinsam hin und entwickelten ein Konzept für eine derartige Show-Serie. Sie sollte aus Slapstick-, Sketch-, und Blackout-Elementen bestehen und von einem Ensemble von vier Leuten präsentiert werden. Vor allem sollte ich — zumindest in den ersten Folgen — keinen Ton singen. Denn davon hatte das Publikum nach Auffassung der ZDF-Verantwortlichen endgültig die Nase voll.

Nun hatte mir mein Vater immer erklärt: »Wenn du in diesem Beruf nicht irgendwann in einer Schublade verstauben willst, mußt du selbst so viele Schubladen haben wie ein alter Apothekerschrank.«

Jetzt machte ich also die Lade mit der Aufschrift Sänger zu und öffnete jene mit dem Titel Komödiant.

Wir nannten die Show, in der ich mein komödiantisches Talent unter Beweis stellen sollte, *Bäng Bäng* und engagierten den jungen Komiker Alexander Grill, später Frithjof Vierock, den Kabarettisten Walter Hoor vom Düsseldorfer Kom(m)ödchen und Christiane Rücker, die damals im Überangebot der Sexfilmsternchen neben ihren für dieses Genre typischen Attributen durch ihr herausragendes komisches Talent aufgefallen war.

Da wir uns nun schon einmal vorgenommen hatten, Anleihen bei der angelsächsischen TV-Unterhaltung zu nehmen, gingen wir bei der Textbeschaffung nicht zum Schmiedl, sondern gleich zum Schmied. Der hieß Brad Ashton, lebte in London und war einer der gefragtesten Gagwriter des englischen Fernsehens.

Als ich ihn zum ersten Mal in seinem Büro besuchte, war ich ziemlich überrascht.

Ich hatte im deutschsprachigen Raum bis dato zahllose Autoren kennengelernt — fast alle waren sie Einzelgänger, *lonesome heroes,* die sich im verzweifelten Duell mit ihrer Schreibmaschine mehr oder weniger literarische Ergüsse abrangen. So einsam, wie sie arbeiteten, so lebten sie auch: abgeschieden vom Trubel der Welt, je nach Auftragslage in einem elfenbeinernen Turm oder in einer Einzimmerwohnung mit Kochnische. Ihr einziger Freund neben der Schreibmaschine war der treue Tauchsieder, der ihr karges Instantsüppchen zum Kochen brachte.

Die wenigen Ausnahmen von dieser Regel leben in Wien und vollbringen ihr Tagwerk ausschließlich im Kaffeehaus. Dort sitzt der Wiener Autor den ganzen Tag lang allein an seinem Tischchen, konsumiert einen kleinen Braunen mit sechsundzwanzig Gläsern Wasser und regt sich schrecklich darüber auf, daß die anderen Gäste nicht ihren Mund halten können, während er konzentriert seine Pointen auf Serviettenpapier schreiben will.

Bei Brad Ashton war von dieser Einsamkeit und Abgeschiedenheit des Schaffens nichts zu spüren. Er arbeitete in einer *writers' factory.* Diese war ein Bürohaus, das sich ein gutes Dutzend Autoren im Herzen Londons gemeinsam gemietet hatten und in dem sie alle zusammen arbeiteten. In Brads kleinem Bürozimmer herrschte ein beständiges Kommen und Gehen: Immer wieder stürzte ein Kollege ins Zimmer, knallte einen Zettel auf Brads Schreibtisch und nahm einen anderen mit.

Als ich Brad darauf ansprach, erklärte er mir die Funktion dieser »Zettelwirtschaft«.

Jeder Autor, dem eine Idee für einen Sketch, eine Show etc. kam, schrieb sie auf und leitete sie an die anderen weiter. Jeder, dem dazu etwas einfiel, ergänzte die Idee, entwickelte erste Dialogansätze, kritisierte das vom Vorgänger Geschriebene und notierte Alternativvorschläge. Einmal in der Woche gab es ein gemeinsames Meeting, bei dem die vorhandenen Fragmente gesichtet, ausgewählt und schließlich zur »Endfertigung« an einen oder mehrere Autoren weitergegeben wurden.

Das Ergebnis dieser für unsere Begriffe höchst unorthodoxen Arbeitsmethode war erstaunlich: Fast alle Texte, die wir von Brad geliefert bekamen, waren perfekt und pointensicher geschrieben.

Für mich war die Arbeit bei *Bäng Bäng* auch deshalb sehr fruchtbar, weil ich neben der Schauspielerarbeit die Texte ins Deutsche übersetzte und so in der Praxis nicht nur einiges über Sketchdramaturgie lernte, sondern auch mein Schul- und GI-Englisch perfektionieren konnte.

Trotz Ashtons hoher Qualität war die Zusammenarbeit anfänglich etwas schwierig, da ich ihm klarmachen mußte, daß bestimmte Inhalte, die das englische Publikum komisch fand, in Deutschland kaum die senderinterne »Zensur« passieren würden: Witze über den Papst oder der in englischen Comedy-Sendungen wie das Amen im Gebet auftretende brüllende Nazi hätten in einer deutschen Unterhaltungssendung der frühen siebziger Jahre vermutlich zu einer Publikumsrevolte geführt.

Wenn ich hier schon das Loblied meines englischen Gagwriters Brad Ashton singe, so muß ich doch zur Ehrenrettung der deutschen Autoren feststellen, daß auch die Briten nur mit Wasser kochen. Feixend erklärte mir Brad, daß viele Ideen der Engländer nicht auf deren eigenem Mist gewachsen, sondern schlicht und einfach »entlehnt« seien.

Damals verdienten sich nämlich die unterbezahlten Putzfrauen amerikanischer Fernsehstationen ein nettes Zubrot damit, daß sie in den Studios herumliegende Drehbücher mit Sketches und Gags kopierten und an die freundlichen Herren aus England verhökerten.

Der Ordnung halber sei festgestellt, daß sich Brad selbst, wie er glaubhaft zu versichern wußte, selbstverständlich nie solch unlauterer Methoden bediente.

Entgegen den üblichen Unkenrufen, Humor britischer Provenienz sei nichts für den bundesdeutschen Geschmack, schlug *Bäng Bäng* beim Publikum voll ein, und wir produzierten von 1970 bis 1973 insgesamt 19 Folgen.

Die Zusammenarbeit mit Alfred Biolek bei der Vorbereitung der Serie erwies sich als äußerst angenehm: Er lieferte Ideen, boxte unsere Vorstellungen auch gegen seine Vorgesetzten durch und war vor allem und in erster Linie am Gelingen der Sendung interessiert und weniger an seiner Karriere im Haus — kurz und gut: Alfred Biolek war ein ganz untypischer Fernsehredakteur.

Das war vermutlich auch der Grund, warum er

Anfang der siebziger Jahre seinen Posten verließ und kündigte, um bald darauf, selbständig geworden, als Präsentator und Entdecker von Show-Talenten Karriere zu machen.

Für uns bedeutete das, daß wir bei *Bäng Bäng* einen neuen redaktionellen Betreuer bekamen. Der hieß Klaus Henke und war ein typischer Fernsehredakteur.

Den typischen Fernsehredakteur zeichnet vor allem die Tatsache aus, daß er *genial* ist. Er kann eigentlich alles. Vom Schöpfer verschwenderisch mit Talenten ausgestattet, die er durch zähe Kleinarbeit vom Kindergarten bis zum abgebrochenen Universitätsstudium weiterentwickelt, ausgefeilt, ja perfektioniert hat, wäre der typische Fernsehredakteur eigentlich ein phantastischer Schauspieler vom Schlage eines Sir Laurence Olivier, ein Autor — was heißt Autor! — ein Dichter von shakespearischer Wortgewalt und Ausdruckskraft und ein Regisseur, gegen den Billy Wilder wie der Inszenator der Oberammergauer Passionsspiele wirken würde. Dazu kommt in den meisten Fällen ein musikalisches Talent von mozartischen Ausmaßen (die meisten typischen Fernsehredakteure sind stolze Besitzer einer teuren HiFi-Anlage), ein untrüglicher Instinkt für den breiten Publikumsgeschmack, verbunden mit finanziellem Geschick und ausgeprägtem Organisationstalent — alles Fähigkeiten, die den typischen Fernsehredakteur, im Gegensatz zu Nasenbohrern wie Robert Stigwood, George Lucas oder Steven Spielberg, zum Erfolgsproduzenten schlechthin prädestinieren würden.

Dies alles könnte der »typische Fernsehredakteur« sein, wenn man ihn nur ließe. Nur leider läßt ihn keiner. Ein ungnädiges Schicksal hat ihn in ein enges Bürozimmer verbannt.

Und so lauert er also tränenden Auges (die Klimaanlagen in den Tintenburgen der TV-Anstalten sind wahre Förderer der Bindehautentzündung!) in seiner Kammer und harrt wie eine Spinne der Autoren, Regisseure und Produzenten, auf daß diese wie die Fliegen im feingesponnenen Netz seiner bürokratischen Fangstricke zappelnd den Odem ihrer Kreativität aushauchen.

Die tödliche Waffe, der sich der typische Fernsehredakteur bei seinem Vernichtungswerk bedient, ist sein Rotstift, den er täglich mit neuen Tintenpatronen nachlädt. Mit untrüglichem Instinkt für sichere Pointen streicht er dieselben aus jedem Drehbuch, versieht jede originelle Regieidee mit dem tödlichen Stigma »kommt beim deutschen Publikum nicht an« und kürzt das Budget des Produzenten so lange, bis sich bei Drehbeginn die Zahl der Darsteller auf ein ähnliches Minimum reduziert hat wie die zehn kleinen Negerlein am Ende des über sie verfaßten Kinderliedes.

Um im täglichen Kleinkrieg gegen den typischen Fernsehredakteur bestehen und eine wenigstens halbwegs vernünftige Sendung auf die Beine stellen zu können, bedarf es einer ausgeklügelten Strategie: Der listenreiche Brad Ashton und ich gestalteten die *Bäng-Bäng*-Drehbücher so, daß wir einige Sketches mit zotigem Inhalt einstreuten. Wir nannten das unser »Streichkontingent«. Tatsächlich hatten Klaus Henke und sein Rotstift ihre helle Freude an diesen Gräßlichkeiten und ließen den Rest, den wir eigentlich produzieren wollten, im großen und ganzen zufrieden.

Seit 1961 besitzen mein Vater und ich die Münchner Film- und Fernsehproduktionsfirma Telecine. Mit der Telecine produzierte mein Vater im Auftrag der deutschen Fernsehstationen neben einer Fülle anderer auch die meisten meiner Shows.

Nachdem die ersten drei Folgen von *Bäng Bäng* mit beachtlichem Erfolg über die bundesdeutschen Fernsehschirme geflimmert waren, konnte ich die Herren vom ZDF davon überzeugen, der Telecine auch bei dieser Show-Reihe die Produktion anzuvertrauen.

So saß ich nun erstmals unserem Redakteur nicht nur als Darsteller und Übersetzer des Drehbuchs, sondern auch als Produzent gegenüber.

Für musikalische Überleitungen, Chansons und Gesangsparodien, die wir allmählich in die Sendung integrierten, hatten wir das routinierte Orchester von Ambros Seelos engagiert. Was uns fehlte, war ein Arrangeur. Und so schlug ich Henke vor, den Jugoslawen Boris Jojic für diese Aufgabe zu engagieren. Henkes Rotstift heulte begeistert auf, und voller Sparwut erklärte mir sein Besitzer: »Arrangeur? Brauchen wir nicht! Der Seelos und seine Kapelle, die spielen doch schon ewig zusammen. Die kennen sich so gut, da muß man nichts arrangieren!«

Ich leitete dieses beeindruckende redaktionelle Sachargument an Ambros weiter und bescherte damit ihm und seinen Musikern einige Minuten brüllender Heiterkeit. Der Bandleader machte sich erbötig, Herrn Henke über die Funktion eines Arrangeurs, die nicht darin bestand, unroutinierten Musikern das Spielen beizubringen, sondern neue Instrumental- und Vokalsätze zu entwickeln, aufzuklären. Nach zähem Ringen konnte Boris Jojic dann doch engagiert werden und war mit seinen sehr persönlichen, vom Kommerz nicht beeinflußten Arrangements ein absoluter Gewinn.

Bereits während unserer Arbeit an *Bäng Bäng* hatte ich beim ZDF ein Konzept für eine weitere Show-Serie eingereicht. Peter Gerlach, dem damaligen Unterhaltungschef des Senders, gefiel die Idee, und so starteten wir 1973 mit *8 × 1 in Noten*. Wir produzierten bis 1979 jeweils eine Sendung pro Jahr, und 1981 gab es noch einmal einen Zusammenschnitt der besten Nummern aus allen Shows im ZDF zu sehen.

Die Idee von *8 × in Noten* war, deutsche Schlagersänger einmal zeigen zu lassen, daß sie mehr konnten, als bloß ihre Hits zu trällern.

Es wurden pro Sendung sieben Star-Gäste eingeladen. Als Präsentator sorgte ich immer für den Einstiegssong, und mit jedem Gast, der hinzukam, wurden die Chorsätze um eine Stimme erweitert, bis schließlich das Finale im Oktett gestaltet wurde.

Die Lieder, die wir verwendeten, waren vorwiegend amerikanische Traditionals, Musical-Songs und Welthits, die mit witzigen deutschen Texten versehen wurden. Für diese Coverversions sorgten als Texter Bibi Johns und der Wiener Kabarettautor Peter Orthofer.

Da dieses Konzept nicht vorsah, daß die Gäste in unserer Sendung ihre aktuellen Schlagerhits präsentierten, galt die Sendung als *der* Alptraum der deutschen Plattenindustrie. Es ist erstaunlich, daß sie sich trotzdem über den langen Zeitraum von sieben Jahren im Programm hielt.

Bei den achtstimmigen Chorsätzen, die das fünfzehn bis zwanzig Minuten dauernde Finale darstellten, versuchten wir immer eine Hommage an prominente internationale Stars aus Vergangenheit und Gegenwart: Von den Comedian Harmonists bis zu den Beatles, von Glenn Miller bis zu Benny Goodman, wobei wir bei deren Swing-Evergreens die Instrumentalsätze für Gesangsstimmen arrangierten.

Der Probenaufwand für die Shows, die schließlich vor einem Saalpublikum präsentiert wurden, war — verglichen mit heutigen TV-Produktionen — gewaltig.

Zwei volle Arbeitswochen dauerte das Einstudieren und Aufnehmen der Chorsätze und Soloparts, die vom holländischen Arrangeur Bob Pronk entwickelt wurden. Eine weitere Woche nahm die Choreographie in Anspruch, zu deren Gestaltung wieder einmal Irene Mann überredet werden konnte, eine vierte Arbeitswoche war für heiße Proben und die beiden Aufzeichnungstage im Studio reserviert.

Da für *8 × 1* neben diesem großen Zeitaufwand auch ein hohes Maß an gesanglichen und tänzerischen Fähigkeiten gefordert wurde, war es ziemlich schwierig, jede Sendung mit entsprechend befähigten Gästen »voll« zu kriegen. Aus diesem Grund entwickelte sich allmählich ein Stamm von Kolleginnen und Kollegen, die immer wieder auftraten: bei den Damen Peggy March, Mary Roos und Gitte, bei den Herren Roberto Blanco und Michael Schanze. Dazu kamen als »special guests« unter anderen Caterina Valente, Silvio Francesco, Katja Ebstein und Udo Jürgens.

Regisseur dieser Show-Serie war Altmeister Ekkehard Böhmer, mit dem ich auch — neben anderen Spielleitern wie Dieter Pröttel — bei einigen Sendungen von *Hallo Peter* zusammengearbeitet habe.

Diese Show lief lange Zeit parallel zu *8 × 1 in Noten*. Wir starteten 1974 und produzierten bis 1982 insgesamt elf Sendungen.

Regisseur der Erstsendung war der talentierte Newcomer Horst Eppinger. Wir bedienten uns eines Konzepts, das Elemente einer Live-Bühnenshow mit Filmzuspielungen verband: In die Bühnendekoration war eine Filmleinwand integriert, auf der vorproduzierte Filmsequenzen auch für das Saalpublikum sichtbar eingespielt wurden. Darunter war ein Kurzfilm, den ich selbst gedreht hatte.

Mein damals eineinhalb Jahre alter Sohn Micky pflegte jedesmal, wenn er Musik hörte, begeistert mit den Händen zu rudern, was verblüffend an die ausladenden Bewegungen eines Meisterdirigenten erinnerte. Ich verwendete also den Filmmitschnitt eines Beethovenkonzerts der Berliner Philharmoniker unter dem Dirigenten Herbert von Karajan und ersetzte den Maestro durch meinen Sprößling. Durch eine entsprechend rhythmische Schnitttechnik entstand tatsächlich die Illusion, das Baby Micky dirigiere die Fünfte Sinfonie von Beethoven.

Diese Kombination von Live-Atmosphäre und Aufzeichnungen war damals zumindest in Deutschland ein relativ neues, unverbrauchtes Stilmittel.

Für die Moderationen, Sketches und Songtexte der ersten *Hallo-Peter*-Sendung engagierten wir den Münchner Autor Walter Brandin.

Als ich ihn das erste Mal in seiner Wohnung besuchte und er mich in sein Arbeitszimmer führte, sah ich, daß in dem ausgedehnten Raum drei Schreibtische standen. Auf jedem Tisch befand sich eine Schreibmaschine, in die ein Blatt Papier eingespannt war.

»Ich arbeite derzeit an drei Projekten«, erklärte mir Brandin, als ich ihn fragend ansah. »Für jedes Projekt brauche ich einen eigenen Tisch, sonst kommen mir die Sachen durcheinander.«

Meine Überraschung steigerte sich, als mich zahllose Eulen jeder Größe anglotzten. Sie waren aus verschiedenen Materialien gefertigt und der ganze Stolz ihres Besitzers.

»Meine Haustiere«, meinte Brandin lächelnd und entlockte seiner Hammondorgel, die ebenfalls im Arbeitszimmer stand, ein gewaltiges Glissando. »Ich liebe Eulen. Sie haben die gleichen Lebensgewohnheiten wie ich.«

Tatsächlich ist Walter Brandin der einzige Mensch, den ich in meinem bisherigen Leben kennengelernt habe, der den üblichen Lebensrhythmus völlig umgedreht hat: Er steht abends auf und geht am frühen Morgen zu Bett.

Anfänglich fand ich diesen unorthodoxen Lebensstil äußerst originell und sympathisch. Dies legte sich allmählich, als er mich zum wiederholten Male um fünf Uhr morgens telefonisch aus dem Bett holte, um mir putzmunter mitzuteilen: »Peter, bevor ich ins Bett gehe, muß ich dir etwas sagen. Ich habe da eine Idee für die Anfangsmoderation. Ich trage sie dir schnell vor!«

Schlaftrunken lauschte ich seinen Ausführungen und stimmte in den meisten Fällen seinen Vorschlägen zu; wenn ich aus dem Tiefschlaf gerissen werde, ist meine Kritikfähigkeit arg reduziert.

Obwohl ich mit seiner Arbeit durchaus zufrieden war, gehörte Walter Brandin nie zu meinen Stammautoren. Unsere Arbeitszeiten waren nicht aufeinander abzustimmen. Leider bin ich kein Vampir, keine Fledermaus und auch keine Eule. Sonst hätte sich vielleicht eine wunderbare Arbeitsbeziehung entwickeln können.

Als ich Peter Gerlach das Konzept für die Erstsendung von *Hallo Peter* vorlegte, war er zwar von den formalen Ideen für den Show-Abend recht angetan, der echte »Publikumsknüller« fehlte ihm aber.

»Herr Kraus, Sie machen sich das Leben weiß Gott schwer! Sie entwickeln und verwerfen, entwickeln neu und verwerfen wieder — mit einem Wort: Sie schleichen um den Erfolg herum wie die Katze um den heißen Brei, statt direkt auf ihn zuzugehen!«

»Das haben Sie schön gesagt. Und wie soll ich das machen, bitte schön?«

»Engagieren Sie die Conny, singen Sie mit ihr ein paar alte Duette — und die Fernsehnation wird begeistert sein!«

Das war nun weiß Gott leichter gesagt als getan. Cornelia Froboess war zu diesem Zeitpunkt bereits fixes Ensemblemitglied der Münchner Kammerspiele, und ich bezweifelte, daß sie als »seriöse« Schauspielerin noch einmal von den künstlerischen Höhen der Klassikerinterpretation in die Niederungen deutscher TV-Unterhaltung herabsteigen wollte.

Zu meiner Überraschung wollte sie.

Wir hatten unseren Auftritt fernab von jeder Tränendrüsen-Nostalgie geplant und machten uns dabei die erwähnte Mischung aus Live-Auftritt und Zuspielungstechnik zunutze. Wir zeigten auf der Leinwand Ausschnitte aus Duetten wie *Ich möcht' mit dir träumen* aus den beiden Conny-und-Peter-Filmen. Dazu sangen wir als gereiftes Paar mit unseren Teenager-Ebenbildern im Duett, ich mit der »Film-Conny«, Cornelia mit dem »Film-Peter«.

Peter Gerlach sollte recht behalten. Die Reunion der beiden Ex-Teenagerstars hatte dreizehn Jahre nach unserem letzten gemeinsamen Film noch beachtliche Zugkraft.

Das Finale der ersten Sendung von *Hallo Peter* gestaltete ich mit einem Lied aus dem Musical *Half a sixpence,* dessen phantastische Londoner Inszenierung mit Tommy Steel in der Hauptrolle ich miterlebt hatte.

Mit dieser Form des Show-Finales erntete ich herbe Kritik bei dem späteren Titanen der deutschen Fernsehunterhaltung, Wolfgang Rademann.

»Mit solch internationalem Musicalkäse«, erklärte er in einem Gespräch dem Unterhaltungschef Gerlach, »ist in Deutschland kein Blumentopf zu gewinnen!«

Wahr gesprochen, Herr Rademann! Gegen die monumentale Bildkraft, das rasante Tempo und die Dialogbrillanz Ihrer späteren Erfolgsproduktionen *Schwarzwaldklinik* und *Hotel Paradies* sind Käseproduktionen wie *Half a six-pence* eben doch nur Welterfolge.

In den siebziger Jahren war es auch in Deutschland in Künstlerkreisen üblich geworden, daß man nach amerikanischem Vorbild einen Public-Relations-Manager engagierte, der für eine entsprechende Präsenz des Auftraggebers in den Zeitungen sorgen sollte.

Ich hatte für diese Aufgaben damals Dieter Krap engagiert, der im Kreativ-Team von Rudi Carrell gearbeitet hatte. Rudi hatte mir Dieter wärmstens empfohlen: »Der Krap ist ein Genie! Wenn du zu dem sagst, du willst eine Audienz beim Papst, dann kriegst du die mit neunundneunzigprozentiger Wahrscheinlichkeit!«

Wie gut Kraps Beziehungen zum Vatikan tatsächlich waren, habe ich nie ausprobiert. In seiner Tätigkeit war er allerdings manchmal päpstlicher als der Papst. Sein Ehrgeiz, meine Präsenz in diversen Presseorganen zu erhöhen, konnte durch nichts gestoppt werden — nicht einmal durch meinen Einspruch.

In einer Folge von *Hallo Peter* hatten wir uns folgende Moderation ausgedacht. Ich erzählte dem Publikum, mein Vater sei über meine Geburt so begeistert gewesen, daß er sofort den besten Babyfotografen der Welt engagiert habe. Nur leider seien die Wartezeiten bei diesem Meister der Fotokunst sehr lange — und deshalb sei das Resultat nicht ganz den Wünschen meines Vaters entsprechend ausgefallen. Das Foto, das wir darauf per Insert einblendeten, zeigte mich in reifen Jahren nackt auf dem berühmten Bärenfell.

Nun hatte ich ausdrücklich erklärt, daß dieses Foto ausschließlich als Gag für die Fernsehsendung zu verwenden sei, und war deshalb etwas überrascht, als es mir aus dem STERN entgegenlachte. Dieter Krap hatte zugeschlagen.

Zu den zahlreichen Stargästen, die ich in *Hallo Peter* begrüßen konnte, zählte neben Daliah Lavi, Marlene Charell, Julia Migenes und Ivan Rebroff — um nur einige zu nennen — auch Amanda Lear, die in den späten siebziger Jahren als Disco-Queen, Muse Salvadore Dalís und mit »Ist sie ein Er oder ist er eine Sie??« Schlagzeilen machte.

Als ich mit ihrem Producer Tony Monn in München telefonierte, erklärte mir dieser, Miss Lear sei *schrecklich schwierig* und an einem Engagement wohl kaum interessiert.

Ich war damals bereits ein routinierter Produzent und wußte, was von solchen Äußerungen zu halten sei. Sie dienen üblicherweise dazu, die Gage der Stars und damit die Provisionen der Manager zu erhöhen. Ich rief also Amanda persönlich an, und sie sagte sofort zu, in meiner Show einen Playbacksong zu hauchen.

Ich holte sie auf dem Flughafen München-Riem ab, und wir setzten uns an die Bar, um die Einzelheiten ihres Auftritts zu besprechen.

Sie stellte keine besonderen Ansprüche, was Ausleuchtung, Dekoration oder Ballett betraf, verlangte aber als Partner einen Bodybuilder, der im Minitanga dem staunenden Publikum seine Muskeln präsentieren sollte, während sie ihn mit laszivem Discogestöhne umschlich.

Wir schickten unseren Produktionsleiter auf Bodybuildersuche, und bei Produktionsbeginn stand der Koloß im Studio.

Amanda Lear eilte auf ihn zu, um ihn zu begrüßen, und bekam einen Lachkrampf: Das Bild von einem Builder war um etwa eineinhalb Kopf kleiner als sie.

Lachkrampf Nummer zwei stellte sich ein, als die etwas gekürzte Zweitausgabe von Arnold Schwarzenegger die Oberbekleidung ablegte und die wahrlich beeindruckenden Muskelberge im gleißenden Scheinwerferlicht zur Schau stellte — der Mann hatte zweifellos die Warnung der Hautärzte vor zu intensiver Sonnenbestrahlung beherzigt.

Seine Haut war, um einen Komparativ aus der Waschmittelwerbung zu gebrauchen, weißer als weiß.

Regisseur Dieter Pröttel und ich rechneten natürlich damit, daß die uns als so schwierig beschriebene Amanda wegen des kleinen weißen Riesen mit großem Trara ihren Auftritt absagen würde.

Aber sie erklärte uns mit treuherzigem Augenaufschlag, sie lebe nach dem Slogan *small is beautiful* auch und gerade bei Männern. Allerdings — obwohl sie es schätze, daß die Deutschen nicht mehr *braun* seien, in diesem Fall müsse sie doch auf etwas *tan* — Sonnenbräune — bestehen.

Dieser Wunsch war leicht zu erfüllen, und unser Maskenbildner Erich Weber schleppte sogleich eine Tonne brauner Schminke zur farblichen Umgestaltung des schneeweißen Muskelgebirges an.

Amandas Auftritt hatte dann durchaus komödiantische Züge: Während der Bodybuilder mit ernster Würde sein *posing* machte, umkreiste sie ihn zum stampfenden Discorhythmus mit leicht abgewinkelten Knien, um sich schließlich hinter ihm in voller Größe aufzubauen und ihm fast mütterlich-gönnerhaft von oben herab das Haar zu kraulen.

Für die gleiche Sendung hatte ich als Sketchpartner Maria Schell und Peter Frankenfeld engagiert. Es war der letzte große Fernsehauftritt des Allroundtalents Frankenfeld, und ich bin heute noch sehr glücklich darüber, daß ich mit diesem Altmeister der Unterhaltung zusammenarbeiten durfte.

Peter gehörte zu der Generation von Entertainern, die ihren Job von der Pike auf gelernt hatten — beim Radio, in Varietés, auf Kleinbühnen, bei Revuen und im Kabarett. Er war ein blendender Komödiant, schlagfertiger Moderator, hervorragender Chansoninterpret und ein routinierter Autor.

In *Hallo Peter* sollten er und Ex-Hollywoodstar Maria Schell in einem Sketch mitwirken, dessen Handlung im Weltraum spielte. Der Dialog zwischen »Erdlingen« und Außerirdischen hatte allerlei Zweideutigkeiten über das Fortpflanzungsverhalten der Terraner zum Inhalt. Ich hatte Maria den Text zugeschickt, und sie rief mich wenige Tage später aufgeregt an.

»Peter, bei aller Liebe: Diese Szene kann ich nicht spielen! Der Text ist obszön!«

»Obszön? Ich bitte dich, Maria! Gut — es sind ein paar Zweideutigkeiten drinnen ... aber im Grunde ist das Ganze doch völlig harmlos!«

»Harmlos? Du hast Nerven! Das ist ordinär, lieber Peter, jawohl, das ist das Wort: *Ordinär!*«

Herrgott, was mach ich jetzt? Kurzfristig krieg ich keinen anderen Star vom Kaliber der Schell in die Sendung!

Aber Maria Schell hatte schon die Lösung parat.

»Hör mal zu, Peter, ich mach dir einen Vorschlag: Ich werde meinen Teil des Dialoges etwas umschreiben — entschärfen, sozusagen. In Ordnung?«

»Okay. In Ordnung!«

Was hätte ich sonst sagen sollen?

Mit gemischten Gefühlen harrte ich der Dinge, die da kommen würden.

Bei den Proben trug Maria ihre Änderungen vor — und wir waren ziemlich von den Socken. Was uns die Schell hier als »harmlose« Variante des ursprünglichen Sketches anbot, wäre nie und nimmer von der zuständigen Redaktion des ZDF abgenommen worden. Sämtliche *Zweideutigkeiten* waren von ihr in *Eindeutigkeiten* umgewandelt worden.

Jetzt war der Sketch tatsächlich »ordinär«.

Mit großem psychologischem Einfühlungsvermögen gelang es Peter Frankenfeld und mir, sie dann doch davon zu überzeugen, die ursprüngliche Version zu spielen.

»Schade«, sagte sie. »Ich hätte das so lustig gefunden.«

Während ich an dem Buch, das Sie gerade lesen, arbeitete, drehte ich mit Maria einige Folgen der Serie *Eine glückliche Familie.*

Bei dieser ersten Fernsehserie meines Lebens spielt Maria Schell die Familienmutter und ich den alternden Playboy »Wolfi« Wolfsberger, der ein Verhältnis mit ihrer Film-Tochter hat.

Bei den Dreharbeiten habe ich Maria auf den »ordinären« Weltraumsketch und ihre diesbezüglichen Änderungsvorschläge angesprochen.

»Ach weißt du, Peter«, antwortete sie freundlich. »Was ist schon ordinär? Das ist doch alles letztlich eine Frage des subjektiven Geschmacks, oder?«

Und damit hat sie zweifellos recht.

Nach einiger Zeit wurde das Konzept von *Hallo Peter* insofern erweitert, als wir nun zwei Sendungen pro Jahr machten, von denen eine im Ausland gedreht wurde. Dabei ist mir vor allem die Sendung über die Bahamas in bleibender Erinnerung geblieben.

Wir wollten damals eine temporeiche »Outdoor-Show« auf die Beine stellen, wobei sich das Drehbuch meine sportlichen Fähigkeiten zunutze machte: Ich sollte Wasserski laufen, drachenfliegen, windsurfen, Motorrad- und Wet-Bike fahren.

Wet-Bikes sind motorradähnliche Wasserfahrzeuge mit Jet-Antrieb, die äußerst schwierig zu lenken sind.

Jedes Mitglied des Fernsehteams und die anwesenden Pressefotografen waren natürlich erpicht darauf, diese für uns unbekannten Fahrzeuge zu testen, und alle ohne Ausnahme landeten, genauso wie ich, bei den ersten Versuchen kopfüber in den azurblauen Fluten der Karibik.

Lediglich ein Mitglied der Crew, unser Requisiteur und Pyrotechniker Peter Rotter, weigerte sich tagelang beständig, sich als Testfahrer zu betätigen. Peter hatte eine Marotte: Man traf ihn nie ohne seine bei Film- und Fernsehleuten legendäre Mütze an. Seit Jahren rätselte die Branche, was sich unter der schützenden Kopfbedeckung verbarg, und man vermutete natürlich, daß der eitle Bursche eine beeindruckende Spiegelglatze vor den zudringlichen Blicken der Welt schützen wollte.

Nun sahen alle die einmalige Chance, daß Peter Rotter bei dem unvermeidlichen Sturz mit dem Bike sein Mützchen verlieren und damit das lang gehütete Geheimnis lüften würde.

Da ihm seine beständige Weigerung, das exotische Wassermotorrad zu besteigen, tagtäglich neue Hänseleien einbrachte, wurde es ihm schließlich zu bunt, und er erklärte sich schließlich zu einer Fahrt bereit.

Die Crew war begeistert, der graue Arbeitsalltag wurde endlich durch ein Sensatiönchen unterbrochen, und das Skriptgirl und der Kameraassistent nahmen Wetten über das entgegen, was sich unter der Mütze Rotters befand. Und nur die echten Hasardeure im Team setzten auf einen üppigen Haarschopf.

Der große Tag kam, die Sonne strahlte, und in der ersten Drehpause machte sich Peter unter dem allgemeinen Hallo der Crew daran, das Wet-Bike zu starten.

Er drehte den Gasgriff — ein Dutzend Augenpaare richtete sich auf seinen Kopf — denn üblicherweise stürzte jeder Neuling bereits in der Startphase von dem bockigen, schwer ausbalancierbaren Wassergefährt. Denn dreiviertel des Wet-Bikes liegen vor dem Start unter Wasser, und nur die Motorkraft kann den Koloß nach dem Prinzip der Tragflächenboote aus dem Wasser heben. Dafür braucht der Fahrer neben einem gut entwickelten Gleichgewichtsgefühl auch eine präzise »Gashand« — gibt man zuwenig Gas, stirbt der Motor ab, erwischt man zuviel, hüpft das Gefährt wie Flipper, der fröhliche Delphin, aus dem Wasser und entledigt sich dabei seines unvorsichtigen Reiters.

Das Bike schwankte auch gefährlich, Peters Körper stieg kurz auf . . . aber Sekundenbruchteile später saß der Fahrer souverän im Sattel, fuhr eine beeindruckende Kurve und legte schließlich kaltblütig und wohlbemützt am Strand wieder an.

Heftige Enttäuschung machte sich breit.

»Das gibt's nicht! Alle sind reingefallen!« empörte sich das Skriptgirl in heiligem Zorn.

Und der Kameramann wußte sofort des Rätsels Lösung: »Die Drecksau hat geübt! Jawohl, der Kerl hat zu nachtschlafender Zeit trainiert!«

Dieser Meinung schlossen sich alle an. Ein entfesselter Beleuchter wollte sich mit den Worten »Zeig schon her, deine Glatze, du blöder Hund!« auf Peter Rotter stürzen und ihm mit Brachialgewalt die geheiligte Mütze vom Kopfe reißen. Eine solche Aktion wäre aber dem strengen Moralkodex, der in Film- und Fernsehcrews herrscht, zuwidergelaufen, und so wurde er von den anderen zurückgehalten.

Peter betrachtete mit stoischem Blick die Kolleginnen und Kollegen, schüttelte den bemützten Kopf und sagte nur:

»Kindischer Haufen!«

Dann verschwand er, umgeben vom Strahlenkranz der karibischen Sonne, einem Mythos gleich am Horizont, um die Requisiten für die nächste Szene vorzubereiten.

Im übrigen verlief die Arbeit an dieser Bahamas-Show für mich weniger lustig. Bevor wir zu drehen begannen, hatte ich ein geeignetes Boot für die geplanten Wasserskisequenzen zu testen.

Ich bin seit Jahren — wie Sie sich erinnern, auch von Freddy Quinn öffentlich bestätigt — ein begeisterter Wasserskifahrer, und so sah ich den diesbezüglichen Fahrten mit Gelassenheit entgegen. Leider verwechselte der Motorbootfahrer seine Schlepperfunktion mit der eines Rennpiloten und demonstrierte mir voller Stolz die ganze Kraft seines 320-PS-Motors. Dieses Tempo war für meinen ersten Wasserskistart in dieser Saison etwas zu hoch. Ich stürzte, wurde hochgeschleudert und lieferte schon wenige Augenblicke später einen weiteren Beweis für die Gültigkeit des Newtonschen Schwerkraftgesetzes, indem ich auf dem Brustkorb landete und mir zwei Rippen brach.

Mit einem Notverband setzte ich am nächsten Tag die Dreharbeiten fort.

In der Wasserskinummer war ich als »Postbote der Bahamas« unterwegs. Während ich auf Wasserskiern fahrend die Briefe zustellte, sang ich den Beatles-Song *Mr. Postman*.

Als Kostüm hatte ich eine amerikanische Postbotenuniform an, in der ich mich bei den Vorbereitungen zum Dreh unter der glühenden Karibiksonne fast zu Tode schwitzte. Doch Abkühlung sollte mir sofort zuteil werden.

Durch die aufspritzende Gischt war der Anzug nach wenigen Sekunden bereits völlig durchnäßt, und der eiskalte Fahrtwind im Verein mit den feuchten Kleidern bewirkte, daß ich schon nach kurzer Zeit völlig unterkühlt war.

Wir mußten die Dreharbeiten unterbrechen, und während sich die Crew vor der Hitze in den Schatten zu einer netten Siesta geflüchtet hatte, lag ich bibbernd in der prallen Karibiksonne, um meinen Körper aufzuwärmen.

Schließlich hatte Requisiteur Peter Rotter für die Fortsetzung der Dreharbeiten eine gute Idee: Er beschaffte mir einen Taucheranzug, den ich unter der Uniform anlegte und der mich vor der Kälte schützte.

In dieser Show sollte ich auch ein Calypso-Medley im Duett mit der schwedischen Jazzerin Sylvia Vrethammar singen. Regisseur Ekkehardt Böhmer schlug vor, diese Songs in einem deutschen Studio aufzunehmen. Aber Silvia und ich waren strikt dagegen.

Die einmalige Chance, im »Originalambiente« in Nassau mit echten Calypso-Musikern das Material einzuspielen, wollten wir uns nicht entgehen lassen.

Unser Drehplan war sehr eng kalkuliert. Jede Minute mußte exakt geplant werden. Wir drehten untertags und wollten die Musiknummern am Abend einstudieren, aufnehmen und abmischen.

Die einheimischen Calypso-Musiker erwiesen sich als phantastisch, aber preußische Disziplin und Pünktlichkeit zählten nicht zu ihren Stärken.

Silvia und ich fanden uns um 19 Uhr im Studio ein und erhielten vom Tontechniker neben einem Kaffee die Anweisung: »Just relax!«

Da ohnehin weit und breit kein Musiker zu sehen war, kamen wir dieser Aufforderung nach. Wir »relaxten« also bis ungefähr 21 Uhr und begannen erst ab diesem Zeitpunkt langsam, aber sicher die Nerven wegzuwerfen.

Aber — o Wunder — bereits eine Stunde später war die Combo vollzählig, und nach einer kleinen Kaffeepause hätten wir eigentlich so gegen dreiundzwanzig Uhr beginnen können.

Aber als die Musiker die Arrangements der Calypsos sahen, wurden sie von heiligem Zorn erfüllt.

»O that's fucking Belafonte-shit! Never play that stuff!« empörte sich der Drummer und blitzte uns haßerfüllt aus dunklen Augen an.

Wir hatten uns tatsächlich bei den Arrangements an den Calypso-Interpretationen Harry Belafontes orientiert. Und die konnten die ortsansässigen Musikanten auf den Tod nicht ausstehen: Sie waren ihnen zu kommerziell, zu glatt, zu »gringo«-haft.

»Okay, okay!« lenkte ich ein, denn irgendwie mußten wir ja zu unseren Aufnahmen kommen. »Play your own version!«

Sie spielten dann auch ihre eigene Version, und die war tatsächlich toll, aber sie hatte einen Nachteil: Silvia und ich hatten uns bei den Proben natürlich an den vorgegebenen Arrangements orientiert und brauchten jetzt einige Zeit, bis wir unseren Gesang auf die neue Groove abgestimmt hatten.

Gegen zwei Uhr morgens war dann doch alles im Kasten, ich schickte Silvia nach Hause und blieb, um bei der Tonabmischung dabeizusein. Mit Glück, dachte ich mir, könnte ich mich in so zwei, drei Stunden zur wohlverdienten Nachtruhe begeben.

Leider hatte ich die Rechnung ohne den Wirt gemacht. Der war in diesem Falle Mixtechniker, ließ sein schon bekanntes »Relax!« hören und ging mit gutem Beispiel voran.

Mit sorgsamen, zielgerichteten und unendlich langsamen Bewegungen drehte er sich — meinen Protest vornehm ignorierend — einen mächtigen Joint und rauchte den Stoff mit sichtlichem Vergnügen.

Mariahuana soll ja nun auf verschiedene Menschen verschiedene Wirkungen ausüben — im konkreten Fall zeitigte es ein ähnliches Resultat wie der Inhalt einer Familienpackung Valium.

Der Techniker verdrehte kurz die Augen, um sie unmittelbar darauf zu schließen und selig lächelnd in den Schlaf des Gerechten zu sinken.

Ich kochte einen Liter Kaffee, rüttelte den Mann, flößte dem noch halb Schlafenden das belebende Getränk ein und konnte gegen vier Uhr morgens einen kaum mehr erhofften Erfolg feiern. Der Techniker erhob sich, legte eine Calypso-Platte auf und begann, ohne sich um mich zu kümmern, eine halbe Stunde zu der lautstark aus den Boxen dröhnenden Musik wie ein vom Wahnsinn Besessener zu tanzen. Dann lächelte er freundlich, setzte sich ans Mischpult, sagte: »I'm ready, man!« und begann unser Medley zu mischen.

Nach einer halsbrecherischen Taxifahrt traf ich pünktlich um sieben Uhr dreißig mit dem fertigen Tonband am Set ein, gerade rechtzeitig, um mich für den folgenden Drehtag schminken zu lassen.

Als ich der Crew von meinen Studioerlebnissen erzählt hatte, fand man übereinstimmend, daß es Unsinn gewesen war, sich auf eine Produktion in einem Nassauer Studio einzulassen, statt auf erprobte deutsche Wertarbeit zu vertrauen.

Aus heutiger Sicht kann ich mich dieser Meinung nicht anschließen. Wie ich später erfuhr, machte derselbe Techniker den Sound für das Rolling-Stones-Album *Emotional Rescue*.

Ich hatte also das rare Privileg genossen, mich im gleichen Studio ärgern zu dürfen wie Mick Jagger.

Am letzten Tag der Dreharbeiten hatte ich eine längere Fahrt auf dem Windsurfer zu absolvieren, und da uns das Unglück bei dieser Produktion beständig zulächelte, ließ sich auch der Wind nicht lumpen, das Seinige dazu beizutragen — er blies mit gewaltiger Stärke.

Ich konnte mich kaum auf dem Surfbrett halten und wurde dabei noch mit Regieanweisungen bombardiert, die mich beinahe zur Verzweiflung trieben.

Ekkehardt Böhmer, der begnadetste und stolzeste Anti-Sportler seit Winston Churchill, machte sich nicht die geringste Vorstellung davon, was es heißt, ein Surfbrett bei Windstärke 6 bis 7 durch die Fluten zu manövrieren. Er dirigierte mich lautstark über Megaphon herum, als spielte ich einen Passanten, der durch die Fußgängerzone schlendert:

»Ja, Peter, das war schon ganz gut . . . Nein! . . . Fahr mal zirka zehn Meter rückwärts . . . Nein! Bleib stehen, da ist der Hintergrund schön . . . Du sollst stehenbleiben!! Das kann doch nicht so schwer sein . . . Tu mal dieses Segel auf die andere Seite, es macht dir einen Schatten im Gesicht! . . . Jetzt etwas nach links . . . nach links — du machst mir doch den ganzen Schwenk kaputt! . . . Nach links! . . . Das darf doch nicht wahr sein! Jetzt fällt er auch noch ins Wasser! Alles noch mal von vorne!«

Es war furchtbar.

Irgendwie kriegten wir auch diese Szene in den Kasten, und diese Horror-Dreharbeiten fanden schließlich doch noch ein Ende.

Als ich nach Ausstrahlung der Sendung die Reaktionen in der Presse studierte, fiel mein Blick auf einen Leserbrief.

»Es ist ein Skandal«, stand da zu lesen, »daß Peter Kraus um unsere Fernsehgebühren Urlaub auf den Bahamas mit seiner ganzen Familie macht!«

Versonnen tastete meine Hand nach den gebrochenen Rippen. Dann beschloß ich ein Viertelstündchen zu weinen. Manchmal kann das wunderbar befreiend wirken.

Bei den Dreharbeiten zur Bahamas-Show hatte ich den Motorradstuntman Jürgen Baumgarten kennengelernt, der mich in den gefährlichsten Motorradszenen gedoubelt hatte.

Wir freundeten uns an und beschlossen, da mich Motorradfahren und Abenteuerreisen schon immer fasziniert haben, von Marrakesch aus über das Atlasgebirge in die Sahara zu fahren.

Als Dieter Krap von unseren »Sahara-Plänen« erfahren hatte, rief er mich sofort an und war Feuer und Flamme: »Peter, toll! Wahnsinn! Daraus machen wir die Superstory für die Zeitungen!«

»Ich weiß nicht«, blieb ich skeptisch, »glaubst du wirklich, es interessiert die Leute, daß ich mit einem Motorrad durch den Sand gondle?«

»Das interessiert natürlich keine Sau. Da muß man ein bißchen nachhelfen. Mit Witz und Phantasie! Du bleibst einfach drei Tage gemütlich in einer Oase sitzen und kommst nicht zum vereinbarten Treffpunkt mit den Begleitfahrzeugen. Ich sehe schon die Schlagzeilen vor mir: Peter Kraus in der Wüste verschollen! Oder: Die Sahara wurde deutschem TV-Star zum Schicksal! Oder irgend etwas Ähnliches. Toll, nicht?«

»Nicht toll«, sagte ich kühl. »Auf solchen Schmarrn kann ich gerne verzichten.«

»Dann bekommst du nie eine Schlagzeile in der BILD-Zeitung«, meinte Krap und versuchte mir seine herrliche Idee noch mit einigen Argumenten schmackhaft zu machen, doch ich blieb bei meiner Ablehnung.

Ich habe nichts gegen eine blühende Phantasie und auch nichts gegen erfundene PR-Stories, wenn sie halbwegs witzig sind. Aber diese Bauernfängerei ging mir einfach gegen den Strich.

Unser Wüstenabenteuer hatten Jürgen Baumgarten und ich so geplant, daß wir zwei bis drei Tage zu zweit unterwegs waren, um dann, nach solchen Etappen, das Begleitfahrzeug wieder zu treffen, mit dem auch meine Frau Ingrid mitfuhr.

Wir hatten die ersten Wegstrecken glücklich hinter uns gebracht. Plötzlich und ohne ersichtlichen Grund gab Baumgarten Gas und fuhr mir davon. Als ich schließlich um eine Düne bog, sah ich ihn neben seiner umgestürzten Maschine im Sand liegen. Mit schmerzverzerrtem Gesicht hielt er sich das Bein.

»Scheiße! Ich bin gestürzt!« sagte er, als ich zu ihm herangekommen war.

Ich beugte mich zu ihm und untersuchte sein Bein. Ich konnte keine Schramme, geschweige denn einen Bruch feststellen.

Trotzdem schien mein Partner schrecklich zu leiden.

»Eine Prellung wahrscheinlich«, erklärte er.

»Das tut mehr weh als ein Bruch. Weiterfahren kann ich in dem Zustand nicht!«

Wir hatten für diesen Tag einen Treff mit der Begleitmannschaft verabredet.

»Ich fahre weiter und hole Hilfe. In einer Stunde bin ich beim vereinbarten Treffpunkt. Wir fahren mit dem Wagen zurück und holen dich.«

»Bist du wahnsinnig?« brauste Baumgarten auf. »Du kannst mich doch nicht allein hier zurücklassen. Wir bauen das Zelt auf und bleiben gemeinsam da. In zwei Tagen oder so bin ich dann ohnehin wieder fit!«

In zwei Tagen oder so, aha. In mir stieg ein ganz bestimmter Verdacht hoch.

»Jetzt hör mir zu, Jürgen«, sagte ich ruhig. »Ich fahr zum Treffpunkt und hol dich nachher mit dem Auto ab.«

Ich setzte mich auf das Motorrad und fuhr los.

Nach einiger Zeit hörte ich näher kommenden Motorenlärm. Ich sah mich um und wurde Zeuge eines Wunders. Der Schwerverletzte hatte nach einer offensichtlichen Blitzheilung seine Maschine bestiegen und fuhr hinter mir her.

Als wir das Begleitfahrzeug erreicht hatten, in dem Ingrid wegen unserer Verspätung schon völlig aufgelöst war, fragte ich Jürgen: »Sag mal ehrlich: Hast du das Ganze mit dem Krap ausgeheckt?«

»Was ausgeheckt? Spinnst du?«

»Der Krap wollte doch diese Wahnsinnsschlagzeile: Peter Kraus in der Sahara verschollen . . .«

»Ich weiß nicht, wovon du redest!« sagte er und fühlte sich sichtlich unwohl in seiner Haut.

Ich war mir sicher, daß er von Krap »geimpft« worden war und sich gar nichts Schlimmes dabei dachte, bei meiner »Zwangsbeglückung« durch meinen PR-Manager mitzuspielen.

Jürgen und ich haben jedenfalls in Zukunft über dieses Thema nicht mehr gesprochen. Wir sind nach wie vor befreundet und unternehmen hin und wieder gemeinsame Motorradfahrten. Nur bei seiner spektakulären Aktion, als er mit dem Motorrad über die Innsbrucker Olympiaschanze sprang, konnte ich ihn leider nicht begleiten, da ich terminlich verhindert war!

Den Vertrag mit Dieter Krap allerdings habe ich bald darauf einvernehmlich gelöst. Unsere Vorstellungen von guter PR-Arbeit waren einfach zu unterschiedlich.

Traurige Erinnerungen verbinde ich mit meiner 1977 gedrehten ersten One-Man-Show. Sie lief unter dem Titel *Ein Mann und seine Show* im ZDF und wurde nach mehrwöchiger intensiver Probenarbeit in Wolfsburg live vor Publikum aufgezeichnet. Für die Tanzeinlagen engagierte ich eine junge englische Gruppe, die Young Generation mit ihrem Choreographen Nigel Lythgoe.

Als wir die Show in England in den Räumen der BBC probten, ereilte mich die völlig überraschende Nachricht, meine Mutter sei gestorben.

Ich war fürchterlich geschockt, aber an eine Absage war nicht mehr zu denken — der Aufzeichnungstermin war in drei Tagen. Als ich noch immer völlig deprimiert bei der Aufzeichnung auf die Bühne gehen wollte, prallte ich mit dem Kopf gegen einen Mauerkante.

Benommen von der schrecklichen Nachricht und den Kopfschmerzen, spielte, sang und tanzte ich halb in Trance.

Der »weinende Clown« ist ein oft strapaziertes Klischee. Aber wer einmal selbst erlebt hat, was es heißt, nach außen die unbeschwerte Heiterkeit eines komödiantischen Show-Abends zu verbreiten, während man innerlich von Gefühlen des Schmerzes, des Verlustes und der Trauer überwältigt wird, der kann nachfühlen, wie es mir dabei erging.

Zweifellos färbte meine schreckliche Stimmung auch auf die mitwirkenden Tänzer ab. Denn in der Schlußszene, in der Nigel in einer Tanzparodie als verunfallter »Fred Astaire« über und über bis zur Unkenntlichkeit bandagiert mit mir ein Stepduett tanzen und schließlich in den Orchestergraben fallen sollte, stürzte er so unglücklich, daß er sich den Arm brach.

Während er ins Krankenhaus gebracht wurde, entzog ich mich den Beileidskundgebungen und setzte mich alleine in die Garderobe.

Ich sah in den Spiegel. Auf meiner Stirne war eine riesige Beule.

Meine Mutter war tot.

Meine Lippen waren blutleer, und mein Gesicht war grau.

Aber das war nicht zu erkennen — die Schminke überdeckte alles.

There's no business like showbusiness.

Vorwärts in die Fifties — die verrückten Rockrevues

Peter Kraus hat mit seiner fröhlichen Revue gezeigt, wie amüsant Rock-Musik sein kann.

AZ — München 1989

Es träumen seine gereiften Fans ebenso wie die mit Petticoats und Brillantine-Tolle verkleideten Teenager vorne an der Bühne, die gekommen sind, um zu beweisen, daß der deutsche Rock-'n'-Roll-Schlager auch heute noch lebensfähig ist.

FRANKFURTER ALLGEMEINE 1989

Es war ein Fest, es war eine Revue, es war ein Spiegel der Zeit. Peter Kraus fetzte auf der Bühne; seine Fans, ein paar aus alten Zeiten und viele, viele junge, feierten den Österreicher, wie es einem deutschen Elvis gebührt.

BERLINER MORGENPOST 1989

Ob Schmacht-Schnulze oder Rock-Renner, bei allen Kraus-Nummern schwingt auch sympathische Ironie mit.

SÜDDEUTSCHE ZEITUNG 1989

300 standen vor der Tür und begehrten vergeblich Einlaß. Ausverkauft, bedauerte die Dame an der Kasse schulter-

zuckend, als könne sie es selbst nicht erklären. Drinnen fegte ein in die Jahre gekommener Rock 'n' Roller über die Bühne, daß es niemand mehr auf den Stühlen hielt.

BILD — Frankfurt 1989

Kreischend, als wären James Dean, Janis Joplin und John Lennon gleichzeitig auferstanden, feierten die 1500 Besucher in der Heilbronner Harmonie die Wiedergeburt.

HEILBRONNER STIMME 1989

»Mit Pepita voll im Trend« schlagzeilte 1983 der SPIEGEL und dokumentierte damit neben zahlreichen anderen Presseorganen den neuen Spaß an alten (Mode)torheiten.

Die fünfziger Jahre feierten ein für viele zwar unverständliches, aber um so heftigeres Comeback.

Secondhandshops deckten sich mit Diolen-Sakkos ein, Ramschläden boten billige taiwanesische Tütenlampen-Kopien und koreanisches Blechspielzeug an, bei den Antiquitätenhändlern ersetzten immer mehr Designermöbel aus den Fünfzigern die guten alten Jugendstilkommoden.

Die aktuelle Mode der achtziger Jahre erschien oft wie ein Zitat der Wirtschaftswunderzeit, und etliche neue, deutsche Bands und Interpreten wie Nena, Markus oder Geier Sturzflug kopierten teilweise ironisch überhöht, zum anderen Teil durchaus »ernsthaft« den Schlagerstil von damals.

Bücher und Filme über die angeblich »wilden Fünfziger« überschwemmten den Markt und erzählten von einer Zeit, die noch unverbrüchlich an die Segnungen der Atomkraft geglaubt und die Massenmotorisierung eingeleitet hatte, in der der saure Regen fern war und die Früchte des Wirtschaftswachstums noch ausschließlich süß schmeckten. Die Nostalgie ließ tausend Plastikblumen blühen, und die alte Romantik wurde nach der Freizügigkeit der sechziger und siebziger Jahre im Zeitalter von AIDS wiederentdeckt. Die Plattenfirmen entstaubten ihre Archive und preßten die alten Töne in neues Vinyl. Die Polygram, der Nachfolgekonzern meiner alten Schallplattenfirma Polydor, warf in verstärktem Maß Sampler meiner ersten Singles auf den Markt. Über die Fernsehschirme flimmerten die Conny-und-Peter-Filme, und der »Teenager-Kraus« war plötzlich öfter zu sehen als ich selbst.

Meine langjährige Show-Serie *Hallo Peter* war Anfang der achtziger Jahre eingestellt worden, und eine Nachfolgesendung war nicht geplant. Bei meiner »Stammanstalt«, dem ZDF, war mit Wolfgang Penk ein neuer Unterhaltungschef im Amt und hatte als Leitlinie der Programmgestaltung die sogenannte »journalistische Unterhaltung« ausgegeben. Im Klartext hieß das, daß Musikshows und deren Exponenten, neben mir Kollegen wie Wencke Myrhe, Ilja Richter, Michael Schanze, um nur einige zu nennen, fast vollständig aus dem Hauptabendprogramm verschwanden.

Aus heutiger Sicht erscheint mir dieses Umdenken auf dem Unterhaltungssektor, das ja keineswegs auf das ZDF beschränkt blieb, zum Teil durchaus vernünftig. Die Einschaltquoten gingen insgesamt zurück — unter anderem auch durch die größer werdende Präsenz der »Privaten« —, und teure Musikshowproduktionen wie etwa *8 × 1 in Noten* waren und sind wohl nicht mehr finanzierbar. Allerdings bleibt die Frage, ob man nicht das Kind mit dem Bade ausschüttete. Moderne, kostengünstiger produzierte Musiksendungen mit Witz und Pep würden meiner Meinung nach dem Unterhaltungseinheitsbrei, der fast nur noch aus Quizsendungen und Serien besteht, ohne Zweifel etwas mehr Würze geben.

Was für mich anfänglich ein Schock war, erwies sich bald als großer Segen. Nach etlichen Jahren konnte ich mich wieder auf meine Karriere als Live-Künstler konzentrieren. Das war um so interessanter, als meiner Meinung nach mit Beginn der achtziger Jahre ein neuer Trend seinen Anfang nahm, der das Monopol des Fernsehens als Abendgestaltung der deutschen Familien brach. Für die Generation, die jetzt erwachsen geworden war, bedeutete Fernsehen nicht mehr *die* Sensation wie noch für ihre Eltern. Wer mit dem Flimmerkasten aufgewachsen war, suchte, flügge geworden, andere Freizeitgestaltungen. Kabarettprogramme, Theater, Konzerte, selbst das mehrfach totgesagte Kino erlebten eine Renaissance. Straßenfeger wie die Durbridge-Krimis gehörten endgültig der Vergangenheit an, und das Publikumsinteresse für Live-Ereignisse nahm wieder zu. Dazu kam das erwähnte »Fifties-Revival«, das mir als dem deutschen Rock 'n' Roller der ersten Stunde entgegenzukommen schien.

Obwohl ich im Rahmen der vielen Galas, bei denen ich auftrat, feststellen konnte, daß in meinem Repertoire plötzlich *Sugar Baby* und *Teddybär* wesentlich mehr akklamiert wurden als aktuelle internationale Songs, hatte ich doch kein Interesse daran, auf der neuen »alten« Welle bloß dadurch mitzuschwimmen, daß ich meine Uralt-Hits sang. Ein bißchen mehr mußte da schon noch passieren. Ich wollte die Erfahrungen der letzten Jahrzehnte, die ich als Entertainer und Komödiant gemacht hatte, nicht ungenutzt lassen. Zumal die Nostalgie um meine Person ohnehin meine gegenwärtige Existenz in den Hintergrund zu drängen drohte und den neuen, »journalistischen« Talkmastern des Fernsehens meist nur die eine zentrale Frage einfiel, wenn sie mich zu Gast hatten: *Also sag mal, Peter: Wie war denn das damals?*

Ich habe von der romantischen Verklärung vergangener Zeiten nie viel gehalten. Ich bin ein Mensch, der im Heute lebt, und das Schwelgen in rosafarbenen Erinnerungen — *Ja, damals, da war alles eben noch so wunderbar!* — habe ich im besten Fall für naiv, meist aber für schlicht verlogen gehalten. Satirische, witzig-kritische Auseinandersetzung mit dem, was einmal war, habe ich dagegen immer sehr geschätzt.

Deshalb war ich auch begeistert, als ich 1983 in der Münchner Lach- und Schießgesellschaft das Programm *Auf du und du mit dem Stöckelschuh* von Maren Kroymann sah.

Die Künstlerin, die vorher vor allem als Kabarettistin und Brechtinterpretin von sich reden gemacht hatte, bot dabei neben alten Schlagern witzige Moderationen über die kleinbürgerliche Moral, die Verklemmtheit und kritiklose Technikgläubigkeit der fünfziger Jahre. Da in dem Abend natürlich auch der »Teenager-Star Kraus« sein Fett abbekam, schien mir Frau Kroymann anfangs etwas verlegen, als ich ihr nach der Vorstellung zu der meiner Meinung nach tollen Leistung gratulierte.

»Das hätte ich nicht gedacht, daß *Ihnen* das gefällt«, meinte sie etwas perplex.

Offensichtlich haben deutschsprachige Show-Stars bei Kabarettistinnen das Image, humorlose, eitle Blödiane zu sein.

Mich selbst ließ jedenfalls nach diesem Abend eine Idee nicht los: ein witzig-satirischer, musikalischer Streifzug durch die fünfziger Jahre, mit einer ordentlichen Portion Selbstironie — so etwas würde mich reizen.

Etwa ein Jahr später arbeitete ich an einer Chansonplatte mit Texten, die ich gemeinsam mit Werner Schneyder geschrieben hatte. Für die Musik sorgte Arthur Lauber, ein österreichischer Komponist, der nicht nur für zahlreiche Hits der Austro-Pop-Szene und verschiedene Filmmusiken, sondern auch für die Songs und musikalische Begleitung des Wiener Star-Kabarettisten Erwin Steinhauer verantwortlich zeichnete.

Ich verstand mich mit Arthur von Anfang an sehr gut, und als ich ihm eines Abends nach einigen »Gespritzten« beim Heurigen von meiner Showidee erzählte, war er sofort Feuer und Flamme. Nachdem wir uns einige Stunden die Köpfe heiß geredet hatten, fragte er mich: »Peter, hättest du etwas dagegen, wenn wir die ganze Sache in Wien starten würden? Ich glaub, ich hab den idealen Saal für so ein Projekt. Das Metropol.«

Wien? Warum eigentlich nicht? Hier hatte seinerzeit meine Schallplattenkarriere begonnen, und der Genius loci einer Stadt, die den »Schmäh« erfunden hatte, schien mir für das, was ich vorhatte, ideal.

Wenige Tage später fuhren wir ins Metropol, und nach der Besichtigung schloß ich mich Arthurs Meinung an. Einen besseren Veranstaltungsort würden wir für unser Programm nicht finden. Dieses klassische Altwiener Vorstadtetablissement mit einem Fassungsraum für circa 500 Leute hatte das optimale Ambiente. Üblicherweise spielten dort Musik-Bands, Kabarettisten und auch internationale Clown-Acts, wie Johnny Melville und Django Edwards.

Die Realisierung meines Traums hatte plötzlich konkrete Formen angenommen: Ich hatte einen Saal, ich hatte in Arthur einen musikalischen Leiter, und wir brauchten nur noch jemanden, der die Revue schrieb.

Auch hier wußte Arthur Lauber Rat: »Wir haben da einen neuen Wiener Kabarettschreiber. Ich glaub, der wär der Richtige.«

Der »Richtige« hieß Fritz Schindlecker und war, obwohl noch nicht lange in der »Branche«, bereits Stammautor der beiden führenden Wiener Kabarettisten Lukas Resetarits und Erwin Steinhauer. Daneben arbeitete er als Drehbuchautor für den ORF und schrieb Songtexte für die österreichische Musikgruppe Schmetterlinge.

Wir drei trafen uns zu einem ersten Gespräch im Wiener Café Sperl. Als wir Fritz von unseren Plänen erzählten, musterte er mich eher skeptisch.

»Und Sie sind sich sicher, Herr Kraus, daß Sie

sich bei der Revue selbst auch auf die Schaufel nehmen wollen? Nehmen Sie mir's nicht übel, aber bei den deutschen Unterhaltungskünstlern hab ich immer das Gefühl, daß sie alles furchtbar ernst nehmen — am meisten sich selbst.«

Aha. Nicht nur Kabarettistinnen, auch Kabarettautoren halten unsereinen für einen Blödian.

»Richtig«, konterte ich. »Da sind die Autoren ganz anders. Sie liefern einem einen Text ab, der absolut keine Pointe enthält, und meinen selbstironisch, daß dieser traurige Schmarren das Witzigste sei, was sie je geschrieben haben!«

Fritz lachte, zündete sich eine Zigarette an und rauchte wie eine kleine Dampflok.

»Ich mache Ihnen einen Vorschlag«, sagte er. »Ich schreibe Ihnen ein Konzept für die Revue. Wenn's Ihnen gefällt, machen wir die Sache miteinander. Wenn nicht, passen wir ohnehin nicht zusammen.«

Wenige Wochen später hatte ich sein Exposé auf meinem Schreibtisch und war begeistert. Die wilde Mischung aus Zeitkritik, aktuellen Bezügen, Sketches und Songs war genau das, was ich wollte.

Wie mir Fritz später erzählte, hatte er seinen Entwurf einigen Brancheninsidern gezeigt.

»Das traut sich der Kraus nie«, war die einhellige Meinung gewesen. Auch später, als ein paar Show-Experten das fertige Buch in die Hände bekamen, schlug uns Skepsis entgegen: Die Sache sei zwar sehr witzig, aber das typische Kraus-Publikum sei an romantischer Nostalgie und nicht an Scherz, Satire, Ironie und tieferer Bedeutung interessiert. Die Propheten irrten.

Wir nannten die Revue *Als Teenager träumten ...*, und die Proben begannen im November 1985 im Metropol. Arthur Lauber hatte eine phantastische Live-Band und einen dreistimmigen Männerchor zusammengestellt.

Bei einer Audition fanden wir in Sabine Kopera und ihrer Zweitbesetzung Susanne Kreuzberger zwei ganz ausgezeichnete Gesangspartnerinnen für mich. Beide haben eine ausgezeichnete Gesangsstimme und ein ausgeprägtes komödiantisches Talent. Beim Einstudieren der Sketches half uns der Kabarettist, Burgschauspieler und spätere Josefstadtregisseur Erwin Steinhauer.

Dieses exzellente Team machte die aus Irland stammende Choreographin Anna Vaughn perfekt, die mit ungeheurem Einsatz, viel Temperament und Geduld umwerfend komische Parodien auf die Tanzschritte der fünfziger Jahre einstudierte. Vor allem Annas Arbeit mit dem Chor, unseren »Schubiduas«, war so perfekt, daß Sabine oder Susanne und ich uns allabendlich ziemlich anstrengen mußten, damit uns die Buben nicht die Show stahlen.

Inzwischen hat Anna von der Choreographie zur Regie gewechselt und in Berlin mit Inszenierungen der *Rocky Horror Picture Show* und des Musicals *Elvis* große Erfolge gefeiert.

Erst bei den Proben wurde uns so richtig klar, daß wir etwas völlig Neues verwirklichen wollten — einen »Bunten Abend« mit intelligenten Pointen statt Bierzeltwitzen, eine Nostalgieshow ohne Sentimentalität, eine Rock 'n' Roll-Revue mit kabarettistischen Elementen. Wir waren uns nicht mehr sicher, ob wir nicht vielleicht doch gegen das eherne Gesetz der Show-Branche verstoßen hatten, daß ein Programm für alle letztlich ein Programm für niemanden ist.

Lediglich Arthur Lauber stand wie ein Fels in der Brandung unseres Zweifels.

»Mir gefällt die Revue«, dröhnte er und deutete feixend auf seine opulente Leibesmitte. »Und ich bin der breite Publikumsgeschmack!«

Wir hatten das Metropol vorerst einmal für zehn Tage gebucht — wir rechneten mit vier- bis fünftausend Besuchern. Tatsächlich sahen von Dezember 1985 bis Ende 1986 an die 60 000 Menschen in Wien und bei der darauf folgenden Österreich-Tournee *Als Teenager träumten . . .* Für mich war dabei das schönste, daß nicht nur die Generation die Kassen stürmte, die meine Rock 'n' Roll-Karriere seinerzeit hautnah miterlebt hatte. Je länger die Veranstaltungsreihe dauerte, desto mehr junges und ganz junges Publikum kam und spielte den Spaß an der Freud' mit. Viele erschienen im Outfit der fünfziger Jahre und lachten, tanzten und tobten wie bei einem Popkonzert aktueller Teenyidole. Manchmal saßen drei Generationen einer Familie im Saal. Wir hatten einen Sketch mit dem Titel *Generationskonflikt gestern und heute* im Programm, und es war nett zu beobachten, wie im ersten Teil, in dem es um die fünfziger Jahre ging, im Publikum die Mütter den Großmüttern ironisch-vorwurfsvolle Blicke zuwarfen, um sie gleich darauf im aktuellen Teil des Sketches von den Töchtern zurückzubekommen.

Schon der Erfolg der Premiere hatte unsere kühnsten Träume bei weitem übertroffen. Entgegen

Na was bin ich?
Tiger oder
Teddybär?

allen Unkenrufen gab es wahre Lachstürme, minutenlangen Zwischenapplaus, und am Ende mußte ich nach unzähligen Vorhängen einige Lieder a capella singen, da wir sonst einfach keine Zugaben mehr hatten. Selbst die eher reservierten Wiener Kulturkritiker entrangen sich lobende Worte, in manchen Fällen sogar wahre Lobeshymnen.

Der ORF zeichnete die Revue auf und sendete sie im Hauptabendprogramm. Die Einschaltquoten waren phantastisch, die Zuschauerbewertung sensationell. Schlagartig hatte sich mein zentrales Arbeitsgebiet von Deutschland auf Österreich verlagert. Der ORF bot mir Auftritte in zahlreichen Shows an, und ich präsentierte mit *Pop-Souvenirs* eine Sendereihe für junge Zuschauer.

Trotz des Riesenerfolges in Österreich wurde es Mitte der achtziger Jahre um mich in Deutschland immer stiller. Obwohl die ARD vom ORF meinen Revuemitschnitt eingekauft hatte und er auch in einigen dritten Programmen mit sehr gutem Erfolg gesendet und zum Teil wiederholt worden war, blieben konkrete Angebote aus. Mit Ausnahme eines einmaligen Engagements als Präsentator der Sendung *Baden-Badener Roulette* schien ich bei den BRD-Fernsehgewaltigen wieder einmal »abgemeldet« zu sein.

»Natürlich wissen wir von Ihrem Riesenerfolg bei den Austros«, bekam ich immer wieder zu hören. »Aber sehen Sie, Herr Kraus — in Österreich ticken die Uhren eben doch ein bißchen anders als hier.« Auch meine Präsenz in den bundesdeutschen

Zeitungen war durch die Wiener Erfolge eher schwächer als stärker geworden.

Dies änderte sich schlagartig, als ich in Wien im Frühjahr 1987 meine zweite Live-Revue *Vorwärts in die Fifties* startete.

Nach dem Grundsatz »Never change a winning team« arbeitete ich mit denselben Leuten zusammen wie bei der ersten Show — Fritz Schindlecker schrieb das Buch, Arthur Lauber besorgte die musikalische Leitung und Anna Vaughn die Choreographie. Die Produktion machte meine Münchner Firma Telecine diesmal gemeinsam mit der Wiener Profil Promotions meines neuen Managers Herbert Fechter.

Nach etlichen Fehlversuchen hatte ich in ihm endlich den Mann gefunden, der mich optimal betreut. Zu seinen Klienten zählt unter anderem auch der Songschreiber und Sänger Reinhard Fendrich, den ich persönlich für einen der besten deutschsprachigen Liedermacher der Gegenwart halte. Meine Zusammenarbeit mit Herbert Fechter dauert nun schon mehrere Jahre, und ich schätze an ihm vor allem die Tatsache, daß er meine Interessen in *meinem* Sinne vertritt und nicht wie viele seiner Kollegen über die Köpfe der Künstler hinweg entscheidet.

Bei den Vorbesprechungen für *Vorwärts in die Fifties* hatten Fritz Schindlecker und ich beschlossen, die Show etwas aufwendiger zu gestalten als die erste — mit mehr Tanzeinlagen, mit Filmzuspielungen und einem größeren Anteil an Sketches. Deshalb mußte auch die Zahl der Mitwirkenden erweitert werden — wir engagierten zusätzlich zwei Tänzerinnen und den Wiener Komiker Herbert Pendl als meinen Sketchpartner neben Sabine Kopera und Susanne Kreuzberger.

Wegen des größeren Bühnenaufwands und des zu erwartenden Publikumszustroms wechselten wir diesmal vom Metropol in ein größeres Veranstaltungsgebäude, die Wiener Sofiensäle, mit einem Fassungsraum für nahezu 1300 Menschen.

Vorwärts in die Fifties wiederholte den Erfolg von *Als Teenager träumten ...* — bereits vor der Premiere waren mehr als 10 000 Karten im Vorverkauf weggegangen — allerdings mit einem kleinen Unterschied: Diesmal wurde man auch in der BRD hellhörig. Noch während der Veranstaltungsserie in den Sofiensälen rief eine Dame vom STERN an und vereinbarte mit mir einen Interviewtermin. Es folgte eine Story im SPIEGEL, und überall berichtete man vom Kraus-Comeback in Wien.

Bitte schön, sagte ich zu den Kollegen in Wien, als ich die Artikel gelesen hatte. *Ich habe schon wieder ein Comeback gemacht. Das ist, glaub ich, das dreihundertste meines Lebens!*

Tatsächlich ist mir jetzt bei den Vorarbeiten für dieses Buch aufgefallen, wie oft die Presseberichte bei mir von einem »Comeback« sprachen: Bei meinen Theaterauftritten feierte ich nach meiner Zeit »als Teenagerstar ein Schauspielercomeback«, bei *Bäng Bäng* ein »Fernsehcomeback«, bei *8 × 1 in Noten* ein »Comeback als Sänger«, bei *Hallo Peter* feierte ich mein »Entertainer-Comeback«, mein »Filmcomeback« bei *Tausend Augen* und und und ... Es ist mir nie aufgefallen, aber ich muß die ganze Zeit aus dem Feiern nicht herausgekommen sein. Glücklicherweise gilt für uns Show-Menschen offensichtlich nicht der Boxersatz »They never come back«, und so sehe ich denn meinem nächsten mit gespannter Freude entgegen.

Vor dem Start von *Vorwärts in die Fifties* hatte ich eine Platte mit dem Titel *Peter Kraus 87* eingespielt, mit Texten von Fritz Schindlecker und Josy Prokopetz, der wenige Jahre zuvor mit seinem *Codo* im Sauseschritt in die Charts gedüst war. Für die Kompositionen sorgten Arthur Lauber und Georg Gabler, ein junger, hochtalentierter Wiener Musiker und Arrangeur. Obwohl der Verkauf der Platte mit dem Erfolg der Show nicht mithalten konnte, schaffte es die Singleauskopplung *Wop-baba-lu-ba,* unter die zehn meistgespielten Platten des Jahres in Österreich zu kommen. Mein Manager meint, beim vorliegenden, gleichnamigen Buch wäre es nett, wenn die Sache umgekehrt laufen würde — es brauche nicht unbedingt eines der meistgelesenen zu sein, es genüge, wenn es eines der meistverkauften werde.

Im Sommer 1988 war ich ziemlich geschafft. Ich hatte drei wirklich anstrengende Jahre hinter mir. Monatelang auf der Bühne zu stehen und allabendlich zwei Stunden lang das Publikum in Bann zu halten ist bei aller Freude, die der unmittelbare Live-Erfolg mit sich bringt, doch eine beinharte Knochenarbeit.

Obwohl ich mich durch meine sportlichen Aktivitäten fit gehalten habe, war es doch nicht zu leugnen, daß ich nicht mehr siebzehn war. Zu den Live-Auftritten kamen die erwähnten Plattenaufnahmen, die Arbeit für den ORF und die mit alldem verbundenen langen Trennungszeiten von meiner Familie. Kurzum, ich beschloß, sehr zur Freude Ingrids, einige Zeit ein bißchen kürzerzutreten.

Aber die beschauliche Zeit im Tessin dauerte nicht lange. Mein Manager Herbert Fechter hatte zu einer Vorstellung von *Vorwärts in die Fifties* den deutschen Veranstalter Fritz Rau von Mama Concerts eingeladen. Ihm hatte die Revue sehr gut gefallen, und jetzt wollte er für 1989 eine Tournee durch die BRD organisieren. Dazu kamen immer mehr Angebote, als Gast in großen bundesdeutschen TV-Shows aufzutreten, und die Tatsache, daß sich die deutsche Schallplattenfirma Polygram für mich interessierte.

Daneben hatten wir schon lange eine Geburtstagsshow anläßlich meines Fünfzigers geplant, für die Fritz Schindlecker bereits am Buch arbeitete. Die Show setzte unseren witzigen Stil fort, präsentierte aber im Gegensatz zu den vorangegangenen Rock-Revues neben mir weitere Stars aus den fünfziger Jahren: Bill Ramsey, Gus Backus und meinen alten Widersacher Ted Herold; im Finale parodierten wir die Kitschorgien amerikanischer Birthday-Parties: Eine riesige Torte wurde auf die Bühne gerollt, und ihr entstieg der phantastische Travestiekünstler Bob Lockwood, der mir in der verblüffend echt wirkenden Maske Marylin Monroes zum hoffnungsvollen Start ins Greisenalter gratulierte.

Es gab also jede Menge Arbeit. Für *Polygram* produzierte ich die LP *Cadillac Nights,* für die Falcos »Hauskomponist« Robert Ponger einige Songs komponierte. Mit Fritz Schindlecker entwickelte ich gemeinsam das Konzept für die Deutschland-Tournee. Wir wählten aus den beiden Revuen die besten Nummern aus, die auch für die Aufführung in großen Hallen geeignet schienen, und entschieden uns, auch in der BRD den Titel der zweiten Show *Vorwärts in die Fifties* zu übernehmen.

Mein Autor aktualisierte die Sketches und Moderationen, veränderte Allzu-Wienerisches und schrieb einige neue Coverversions. So wurde eine Falco-Parodie aus der Wiener Show durch eine aktuelle Persiflage auf Michael Jacksons *I'm Bad* ersetzt.

Die BRD-Tournee startete im Frühjahr 1989, und bis Ende des Jahres spielten wir neben zahlreichen kleineren Galas an die 70 Konzerte. Dabei stellte sich zu meinem Glück heraus, daß auch in diesem Fall so mancher »Experte« danebengetippt hatte. So *ganz anders* als in Österreich schienen die Uhren in Deutschland doch nicht zu ticken. Von München bis Hamburg, von Frankfurt bis Berlin ernteten wir Begeisterungsstürme beim Publikum und wohlgefällige Aufnahme bei der Kulturkritik. In seltener Einmütigkeit bestätigten uns die Massenblätter genauso wie die würdigen Großformate für den geistreichen Leser, was wir klammheimlich im stillen Kämmerlein schon vermutet hatten: Man mag auch in Deutschland komödiantisch gewürzten Rock 'n' Roll.

»Mit einer 50er-Jahre-Revue feiert der Alt-Rock 'n' Roller Peter Kraus enorme Erfolge«, diagnostizierte der SPIEGEL, und die BILD-Zeitung meinte lakonisch: »Von 17—77, bei Peter Kraus flippen die Backfische aus.«

Als ich nach den ersten Auftritten in Hamburg und München die wohlmeinenden Kritiken gelesen hatte, schenkte ich Ingrid und mir ein Gläschen Sekt ein, und nachdem ich dem Gesang der Motorboote gelauscht hatte, die den Luganer See durchpflügten, sagte ich nicht ohne innere Bewegung: »Siehst du, Bärli, jetzt habe ich es *endlich* geschafft!« »Bärli« ist nach »Kuschi«, »Engilein«, »Schnurli« und »Hasi« der aktuelle Kosename meiner Frau.

»Was denn, um Himmels willen?« fragte sie und nippte am Sektglas.

»Mein dreihundertunderstes Comeback!« antwortete ich gerührt. »Und darauf trinken wir einen.«

Mein dreihundertundzweites Comeback hatte sich ebenfalls bereits angekündigt. Im Zuschauerraum meines Münchner Konzertes saßen zwei Herrschaften, mit denen ich in Zukunft einiges zu tun haben werde, der Produzent Matthias Deyle und die Schauspielerin Julia Heinemann.

Herr Deyle hatte mich wenige Wochen zuvor angerufen und mir eine Rolle in der Erfolgsserie *Eine glückliche Familie* angeboten.

Interessant. Bin schon gespannt, ob die Rolle wieder einmal schön dem Klischee entspricht. Was werden die mir schon zugedacht haben? Wahrscheinlich einen im Herzen jung gebliebenen Sänger, der gelegentlich versonnen seine alten Schlager singt. Oder den kreuzbraven Herrn Saubermann, der so unendlich gut ist, daß einem schlecht werden könnte, wenn man ihm dabei zusieht.

Ich ließ mir einige Bücher schicken — und war wirklich positiv überrascht: »Wolfi« Wolfberger — der Kerl, den ich spielen sollte — ist ein eiskalter, mit allen Wassern gewaschener Unternehmer und Playboytyp, der zum Schrecken der Eltern mit der bedeutend jüngeren Tochter (Julia Heinemann) der »glücklichen Familie« ein Verhältnis anfängt.

Das war eine Rolle, die mich wirklich interessierte, und ich nahm das Angebot sofort an.

Die ersten Folgen, in denen ich mitspiele, werden 1991 gesendet werden, und ich bin schon sehr gespannt, ob mein alter Mentor Mendelson mit seinem berühmten Satz recht behalten wird:

»Die Leute können doch zwischen Film und Wirklichkeit nicht unterscheiden. Die glauben doch, du bist auch in Wirklichkeit ein reicher, arroganter Kotzbrocken!«

Aber auch Experten pflegen — wie mehrfach betont — zu irren, und so sehe ich der Ausstrahlung mit Gelassenheit entgegen.

Ich bin jetzt 51, und in diesem Alter beginnt man sich allmählich die Frage zu stellen, wie lange man noch aktiv im Berufsleben bleiben will. Hätte mir mit 18 jemand prophezeit, daß ich mit 50 noch auf Tournee sein und Rock 'n' Roll singen würde, ich hätte wahrscheinlich geantwortet: »Wenn ich es als Methusalem noch nötig habe zu singen, dann muß das ein beschissenes Leben gewesen sein.«

Es war und ist ein sehr schönes Leben. Trotzdem fühle ich mich manchmal, ehrlich gesagt, hundemüde. Und wenn ich mich dann zur Erholung an den Luganer See lege und mit der Seele baumle, dann — ja, dann kommt wie vor wenigen Tagen der Anruf eines Privatsenders, und die bieten mir eine Show-Serie an.

Himmel! Mein dreihundertunddrittes Comeback steht vor der Tür — wer denkt da noch an Erholung?

Aber natürlich, irgendwann kommt der Tag, dann ziehe ich mich endgültig mit Ingrid ins Tessin zurück, plansche ein bißchen im See, fröne dem Golfen, trinke meinen Kräutertee und züchte meine Oldtimer.

Und dann, ja dann werde ich endlich Zeit haben, meine Memoiren zu schreiben.

WOBABADOODLE
AWOMBAMBOOM
RUMSTI BUMSTI!

Diskographie

Filmographie

Fernsehsendungen

SÄMTLICHE SINGLES

1 TUTTI-FRUTTI

DIE STRASSE DER VERGESSENEN

23376 POLYDOR 1956

2 SUSIE ROCK

(Bluejeans Bop)

OH WIE GUT

(Don't be cruel)
23391 POLYDOR 1957

3 SCHAU KEINEN ANDEREN MANN AN

TEN O'CLOCK ROCK

23416 POLYDOR 1957

4 LIEBELEI

(Butterfly)

LASS MICH BITTE NIE ALLEIN

23512 POLYDOR 1957

5 TEDDYBÄR

(Teddy Bear)

ICH WILL NICHT WISSEN

23571 POLYDOR 1957

6 WENN TEENAGER TRÄUMEN

(A Teenager's Romance)

ES FING SO WUNDERBAR AN

(Ninety Nine days)
23602 POLYDOR 1957

7 MACH DICH SCHÖN

(Treat me nice)

HAFEN ROCK

(Jailhouse Rock)
23643 POLYDOR 1958

8 DIANA

SO WIE DAMALS BABY

(Since I met you Baby)
23645 POLYDOR 1958

9 I LOVE YOU BABY

(I love you Baby)

DU SOLLST MEIN SCHICKSAL SEIN

(You are my destiny)
23684 POLYDOR 1958

10 ROSEMARIE

(Reet Petite)

HULA BABY

(Hula Love)
23722 POLYDOR 1958

11 MIT SIEBZEHN

DU GEHÖRST MIR

23744 POLYDOR 1958

12 WENN

OH VERONIKA

James Brothers
23819 POLYDOR 1958

13 TEENAGER MELODIE

ICH MÖCHT MIT DIR TRÄUMEN

mit *Micky Main*
23837 POLYDOR 1958

14 TEENAGER MELODIE

ICH MÖCHT MIT DIR TRÄUMEN

Film: »Wenn die Conny mit dem Peter ...«
mit Conny Froboess
herausgegeben zur Premiere des Constantin-Films
Überspielung der Original-Filmaufnahme

15 SUGAR BABY

ICH DENK AN DICH

23844 POLYDOR

16 WENN DU HEUTE AUSGEHST

DIE JUNGEN JAHRE

23855 POLYDOR 1958

17 COME ON AND SWING

DU PASST SO GUT ZU MIR

mit *Dany Mann*
23904 POLYDOR 1959

18 DAS IST PRIMA

O.K. (OKAY OKAY)

James Brothers
23905 POLYDOR 1959

19 NOBODY ELSE (Engl.)

DREAM FACE (engl.)

(Mit siebzehn)
23940 POLYDOR 1959

20 KITTY CAT

HAVANNA LOVE

23957 POLYDOR 1959

21 COWBOY BILLY

SENSATIONELL

James Brothers
24068 POLYDOR 1959

22 WUNDERBAR WIE DU

HEY DU BIST OKAY

24069 POLYDOR 1959
220006 STEREO

23 OH SO WUNDERBAR

(Wunderbar wie du)

TWENTY FOUR HOURS

(Ich denk an dich)
66 811 POLYDOR 1959

24 MISSION BELL

EVERYBODY ELSE BUT ME

66 815 POLYDOR 1959

25 TIGER

ICH BIN JA SO ALLEIN

(Lonely Boy)
24 099 POLYDOR 1959

26 AUF WIEDERSEHN UND LASS DIR'S GUT ERGEHN

GENAU WIE DU

James Brothers
24 116 POLYDOR 1959

27 HONEY MOON

SCHREIB MIR EINE KARTE

m. A. u. E. Kessler
24 131 POLYDOR 1959

28 SUSY SAGT ES GABY

DOLL DOLL DOLLY

24 176 POLYDOR 1959
220 176 STEREO

29 MONDSCHEIN UND LIEBE

EIN RENDEZVOUS MIT DIR

m. A. u. E. Kessler
24 208 POLYDOR 1960
220 208 STEREO

30 ALLE MÄDCHEN WOLLEN KÜSSEN

WENN SIE DICH ALLEIN LÄSST

(It's time to cry)
24 209 POLYDOR 1960
220 209 STEREO

31 ROTE ROSEN

(Pretty blue eyes)

EIN HAUS IN TENNESSEE

James Brothers
24 214 POLYDOR 1960

32 VA BENE

SAG MIR WAS DU DENKST

m. Cornelia Froboess
24 262 POLYDOR 1960
220 262 STEREO

33 SAG MIR WAS DU DENKST

m. Cornelia Froboess
E 21 526 (EG 9093) ELECTROLA 1960

34 BLUE RIVER

CHERIE CHERIE

James Brothers
24 263 POLYDOR 1960

35 COWBOY JENNY

ROSEMARIE

James Brothers
24 314 POLYDOR 1960

36 ICH KANN DIR WAS ERZÄHLEN

WUNDERVOLL

m. A. u. E. Kessler
24 339 POLYDOR 1960

37 SIE HAT SO WUNDERSCHÖNE AUGEN

TIGER LILLY

James Brothers
24 341 POLYDOR 1960

38 JEDES MÄDCHEN AUF ERDEN

(Adam and Eve)

VON PARIS BIS HAWAII

24 356 POLYDOR 1960
220 356 Stereo

39 HALLO BLONDIE

HAPPY BABY

m. A. u. E. Kessler
24 390 POLYDOR 1961

40 CAPRI FISCHER

WENN DIE ELISABETH

24 398 POLYDOR 1961

41 ICH HAB DICH NOCH GENAUSO LIEB

(I love you in the same old Way)

MEIN NEUER HUT

(Mon beau Chapeau)
24 409 POLYDOR 1961

42 UNTER DER ROTEN LATERNE VON ST. PAULI

UNTER EINEM REGENSCHIRM AM ABEND

24 465 POLYDOR 1961

43 SOLO TU

BLUE MELODIE

24 482 POLYDOR 1961

44 MORGEN BIST DU ALLE SORGEN LOS

Little lonely one

WIE EINE KLEINE LADY

James Brothers
24 531 POLYDOR 1961

45 NOCH EIN JAHR (DIE SUSI LEBE HOCH)

WENN DAS NICHT SO ROMANTISCH WÄR

m. A. u. E. Kessler
24 534 POLYDOR 1961

46 VA BENE

BLUE MELODIE

66572 POLYDOR 1961 (Italienisch gesungen)

47 HEUTE UND IMMER MY LOVE

FARAH VON HAIFA

(Havah nagilah)
24538 POLYDOR 1961

48 ICH HABE ALLES WAS ICH BRAUCHE

TEDDY

m. A. u. E. Kessler
24589 POLYDOR 1961

49 SCHWARZE ROSE ROSEMARIE

EVELYN
24626 POLYDOR 1962

50 BEIM CANDLELIGHT

ROSY OH ROSY

James Brothers
24630 POLYDOR 1962

51 ICH HAB MICH SO AN DICH GEWÖHNT

HANNA AUS HAVANNA

James Brothers
24659 POLYDOR 1962

52 TWIST TWIST

SCHOU SCHOU

Twist Boys
24711 POLYDOR 1962

53 SILVERMOON

EIN JUNGES HERZ

(The young Ones)
24725 POLYDOR 1962

54 KOMM WIEDER

HOLIDAY LADY

James Brothers
24739 POLYDOR 1962

57 DAS MACHT DIE LIEBE

WEIL ES SO SCHÖN IST MIT DIR

mit Lill Babs
24780 POLYDOR 1962

58 FLORENTINISCHE NÄCHTE

HALLO BRIGITTE

24787 POLYDOR 1962

59 SWEETY

STRASSE DER SEHNSUCHT

24847 POLYDOR 1962

58 WESTERN ROSE

UNS'RE REISE FÄNGT AN (KARAWAN KARAWAN)

24910 POLYDOR 1963

59 DAS HABEN DIE MÄDCHEN GERN

HÄNDE WEG VON DEN FRAU'N

mit Gus Backus
24 929 POLYDOR 1963

60 DESAFINADO

SONY BOY SONY BOY

52 005 POLYDOR 1963

61 EIN SOUVENIR

LORELEI

52 046 POLYDOR 1963

62 PICO PICO BELLO

DAS BLONDE BABY VOM BROADWAY

52 132 POLYDOR 1963

63 SCHENK MIR EINEN TALISMAN

ZUCCHERO

52 159 POLYDOR 1964

64 HÄTT ICH EINEN HAMMER

(If I Had a Hammer)

RICKY TICKY TEENY WEENY TWIST EXPRESS

m. Gina Dobra
52 204 POLYDOR 1964

65 PICCOLO, PICCOLO

54 777 POLYDOR 1964

20 KM AL GIORNO

XIV Festival di Sanremo — 1964
54 777 POLYDOR 1964

66 MÄDCHEN MIT HERZ

WILDE ROSE FERN IN MEXIKO

52 246 POLYDOR 1964

67 MEIN LIEBLING IST MIR TREU

SONNE PIZZA UND AMORE

m. Lill Babs
52 292 POLYDOR 1964

68 WER DICH SIEHT, EVELYN

HEY ISABELL

52 304 POLYDOR 1964

69 KISSES IN THE NIGHT

LASS KEIN MÄDCHEN LANGE WARTEN

52 367 POLYDOR 1964

70 HEIDI HODI

TAKE IT EASY LITTLE GIRL

52 415 POLYDOR 1965

71 VERGISS SIE

WENN ES NACHT WIRD AM BLUE RIVER

52464 POLYDOR 1965

72 MIT LEEREN HÄNDEN

18606 ARIOLA 1966

WOHIN IST DER SOMMER

18606 ARIOLA 1966

73 WER WIRD DENN WEINEN

SING DEN SONG

23710 COLUMBIA 1968

74 EIN KERL WIE ICH

(This Guy's in love with you)

IN EINER SPANISCHEN NACHT

23814 COLUMBIA 1968

75 HERO UND LEANDER

AN EINEM REGENTAG

23896 COLUMBIA 1968

76 DER SCHATZ AUF DER BANK

TELEFON

28010 COLUMBIA 1969

77 WENN EIN MÄDCHEN WEINT — BRAUCHT ES EINEN FREUND

VIVA MARIA

28708 COLUMBIA 1970

78 HOKUS POKUS FIDIBUS

WO IST DENN DAS MÄDCHEN HER

28772 COLUMBIA 1970

79 HELLO SALLY

29822 COLUMBIA 1971

WARUM HAST DU SO TRAURIGE AUGEN

29822 COLUMBIA 1971

80 SCHLAFEN ESSEN UND DICH KÜSSEN

29949 COLUMBIA 1972

81 ES KOMMT NICHT AUF DAS ALTER AN

VOR DIR LIEGT DIE GANZE WELT

30447 COLUMBIA 1973

82 SIE WAR EINE LADY

DAS LIED VOM WARTEN

13159 JUPITER-RECORDS 1974

83 SCHÖNE BLUMEN BLEIBEN NICHT AM WEGE STEHN

BRIDERCHEN

13 590 JUPITER-RECORDS 1974

84 SHAME SHAME SHAME

HELL DRIVER MAN

16 019 JUPITER-RECORDS 1975

85 DER SOMMER KOMMT IMMER WIEDER

SECHS SAITEN UND EIN MANN

16 234 JUPITER-RECORDS 1975

86 MY RUSSIAN LADY

MEIN BESTER LESTER

16 685 JUPITER-RECORDS 1976

87 DER SCHEICH VON CHICAGO

KOMM WIR WARTEN AUF DEN SOMMER

16 986 JUPITER-RECORDS 1976

88 SCHLAF NOCH EINE NACHT DARÜBER

WIE SIEHT EIN SCHMETTERLING AUS

32 006 EMI-ELECTROLA 1976

89 DA FAHR ICH LIEBER EINEN LKW

DER TWEN VON DAMALS

32 413 EMI-ELECTROLA 1977

90 I NEVER LEAVE YOU

LASS UNS NEU BEGINNEN

10 064 INTERCORD 1978

91 HI LILI HI LO

REGGAE FEELING

00 586 ARIOLA 1979

92 DAS ALTE HAUS VON ROCKY DOCKY

MEIN SUGARBABY BIST NOCH IMMER DU

05 021 BELLAPHON 1981

93 IM JAHRE TUTTI FRUTTI

UND SEIN NAME WAR JAMES DEAN

05 023 BELLAPHON 1981

94 WIR MÄNNER SIND DAS GRÖSSTE

05 034 BELLAPHON 1982

SO WIE SEIN VATER

05 034 BELLAPHON 1982

95 SUGAR BABY

DIANA

2042 319 POLYDOR (Super-Oldie-Serie) 1986

96 WENN

When

BEIM CANDLELIGHT

James Brothers
2042 322 POLYDOR (Super-Oldie-Serie) 1986

97 WOP BABA LUBA

DARLING IM MONDSCHEIN

119 481 TOMMI-RECORDS 1986

98 JAMES BOND

NUR WIR ZWEI AUF HAWAII

87 020 TOMMI-RECORDS 1986

99 ROSMARIE

(Reet Petite)

HULA BABY

885 860-7 POLYDOR (Hit-Come-Back-Serie 21) 1987

100 SWEETY

STRASSE DER SEHNSUCHT

885 853-7 POLYDOR (Hit-Come-Back-Serie 22) 1987

101 SCHWARZE ROSE ROSEMARIE

EVELYN

887 548-7 POLYDOR (Hit-Come-Back-Serie 125) 1987

102 RUMSTI-BUMSTI

100 MANN UND KEIN BUFFET

87 030 TOMMY RECORDS 1987

103 PETER KRAUS — DIE SINGLES BOX

16 erschienene Singles und 1 unveröffentlichte
Limitierte Auflage BEAR FAMILY RECORDS 1988

104 ROCK 'N' ROLL PARTY

GUITAR MAN

889 012-7 POLYDOR 1989

105 DU WEISST SCHON

ROCK 'N' ROLL MEDIZIN

889 570-7 POLYDOR 1989

SÄMTLICHE EP'S

1 ROCK MIT PETER KRAUS

TUTTI FRUTTI — DIE STRASSE DER VERGESSENEN — SUSI ROCK — OH WIE GUT
20 260 POLYDOR 1957

2 LIEBELEI

LIEBELEI — LASS MICH BITTE NIE ALLEIN — TEDDYBÄR — ICH WILL NICHT WISSEN
20 330 POLYDOR 1958

3 PETER KRAUS

(Bertelsmann-Sonderauflage)
MACH DICH SCHÖN, BABY
76 501 POLYDOR 1958

4 PETER KRAUS

WENN TEENAGER TRÄUMEN — MACH DICH SCHÖN — HULA BABY — TEDDYBÄR
76 504 POLYDOR 1958

5 MACH DICH SCHÖN, DIANA

DIANA — SO WIE DAMALS, BABY — MACH DICH SCHÖN — HAFEN ROCK
20 367 POLYDOR 1958

6 FÜR TEENAGER

I LOVE YOU BABY — DU SOLLST MEIN SCHICKSAL SEIN — WENN TEENAGER TRÄUMEN — ES FING SO WUNDERBAR AN
20 390 POLYDOR 1958

7 MIT SIEBZEHN

MIT SIEBZEHN — DU GEHÖRST MIR — HULA BABY — ROSMARIE
20 417 POLYDOR 1959

8 TEENAGERS HITPARADE

(Bertelsmann-Sonderauflage)
KITTY CAT — SUGAR BABY
76 508 POLYDOR 1959

9 OLDIES 45

KITTY KAT
(Halletz-Pinelli-Bradtke)
OL-D-211 GEMA EEC

10 TEENAGER MELODIE

TEENAGER MELODIE — ICH MÖCHT MIT DIR TRÄUMEN — SUGAR BABY — ICH DENK AN DICH
20 438 POLYDOR 1959

11 JAMES BROTHERS

WENN — OH VERONIKA — WENN DU HEUTE AUSGEHST — DIE JUNGEN JAHRE
20 458 POLYDOR 1959

12 JAMES BROTHERS

WENN DU HEUTE AUSGEHST
20985 POLYDOR 1959

13 ALLE LIEBEN PETER

KITTY CAT — HAVANNA LOVE — COME ON AND SWING — DU PASST SO GUT ZU MIR
20485 POLYDOR 1960

14 JAMES BROTHERS/HONEY TWINS

DAS IST PRIMA — O.K.
20492 POLYDOR 1960

15 TIGER

TIGER — KEINE NACHT KANN ICH SCHLAFEN — ICH BIN JA SO ALLEIN — ALLRIGHT OKAY YOU WIN
21029 POLYDOR 1960

16 JAMES BROTHERS

COWBOY BILLY — SENSATIONELL — GENAU WIE DU — AUF WIEDERSEHN UND LASS DIR'S GUT ERGEHN
21038 POLYDOR 1960

17 TEENAGER'S HITPARADE MIT DEN JAMES BROTHERS
COWBOY BILLY — WENN — SENSATIONELL — O.K.
76514 POLYDOR 1960

18 DIE GROSSEN VIER VON PETER KRAUS

SUGAR BABY — SCHWARZE ROSE ROSEMARIE — WENN TEENAGER TRÄUMEN — VA BENE
2606034 POLYDOR 1960
(2-Singles-Album)

19 RENDEZVOUS MIT PETER

ALLE MÄDCHEN WOLLEN KÜSSEN — WENN SIE DICH ALLEIN LÄSST — ALLES IST ANDERS — AUSGERECHNET ICH
21079 POLYDOR 1960
224079 STEREO

20 CONNY UND PETER MACHEN MUSIK

SAG MIR WAS DU DENKST
E 41323 ELECTROLA 1960
(7 EGW 8640)

21 PETER KRAUS (Engl.)

BASIN STREET BLUES — LOVE ME OR LEAVE ME — WHEN THE SAINTS GO MARCHING IN — GET HAPPY
21080 POLYDOR 1960
224080 STEREO

22 PETER KRAUS (Engl. 2)

OH SO WUNDERBAR — TWENTY FOUR HOURS — MISSION BELL — EVERYBODY ELSE BUT ME
21138 POLYDOR 1960

23 JEDES MÄDCHEN AUF ERDEN

JEDES MÄDCHEN AUF ERDEN — VON PARIS BIS HAWAII — ICH HAB DICH NOCH GENAUSO LIEB — UNTER DER ROTEN LATERNE VON ST. PAULI
21 328 POLYDOR 1960

24 JAMES BROTHERS

MORGEN BIST DU ALLE SORGEN LOS
21 346 POLYDOR 1960

25 HEUTE UND IMMER MY LOVE

HEUTE UND IMMER MY LOVE — (mit engl. Sprechtext) — FARAH VON HAIFA — LANG LANG IST'S HER — HALLO BRIGITTE
21 355 POLYDOR 1960

26 SCHWARZE ROSE ROSEMARIE

SCHWARZE ROSE ROSEMARIE — EVELYN — DIE GANZE WELT IST HIMMELBLAU — ROSEN AUS NAPOLI
21 390 POLYDOR 1961

27 WAS TEENAGER WÜNSCHEN

SUSY SAGT ES GABY — GENAU WIE DU — ICH BIN JA SO ALLEIN
76 523 POLYDOR 1961

28 TEENAGER WÜNSCHE

MONDSCHEIN UND LIEBE — ROSEMARIE
4207 ATLAS-RECORDS HIFI 1961

29 PETER KRAUS SINGT EVERGREENS

ICH NENNE ALLE FRAUEN BABY — UNTER EINEM REGENSCHIRM AM ABEND — ROSEN AUS NAPOLI — FUNICULI FUNICULA
76 538 POLYDOR 1962

30 ELISABETH SERENADE

ICH HAB MICH SO AN DICH GEWÖHNT
21 453 POLYDOR 1962

31 SWEETY

SWEETY — STRASSE DER SEHNSUCHT — DU SOLLST MEIN GLÜCKSSTERN SEIN — MEXIKANISCHE SERENADE
21 479 POLYDOR 1962

32 DIE AKTUELLEN VOLLTREFFER

SWEETY
76 559 POLYDOR 1962

33 PETER KRAUS IM OLYMPIA

MÄDCHEN MIT HERZ — DER GEIST VON BUFFALO BILL — CRY YOUR EYES OUT — DANSE AVEC MOI
50 031 POLYDOR 1964

34 LILL BABS IM OLYMPIA

WEIL ES SO SCHÖN IST MIT DIR
50 032 POLYDOR 1964

35 PETER KRAUS

EIN KERL WIE ICH
42 627 SR INTERNATIONAL 1964

FRANZÖSISCHE EP's

1 PETER KRAUS (Franz. 1)

C'EST TOI LA PLUS BELLE — COMME UN TIGRE — PAR LE MONDE — JE PENSE A TOI
21 540 POLYDOR 1962

2 PETER KRAUS (Franz. 2)

QUE DEMANDENT LES JEUNES — DANSE AVEC MOI — TON VISAGE TON IMAGE — MOINS DE VINGT ANS
27 057 POLYDOR 1964

3 PETER KRAUS (Franz. 3)

ET LA ELLE A DIT — REMENTS NOUS LA DANSE — J'AI BEAUCOUP D'AMOUR — LE SNAP
27 093 POLYDOR 1964

DÄNISCHE EP's

1 TEENAGER MELODIE

TEENAGER MELODIE — ICH MÖCHT MIT DIR TRÄUMEN — SUGAR BABY — ICH DENK AN DICH
20 438 POLYDOR 1959

2 TIGER

WUNDERBAR WIE DU — HEY DU BIST OKAY — TIGER — ICH BIN JA SO ALLEIN
20 668 POLYDOR 1960

SPANISCHE EP's

1 FÜR TEENAGER

TO QUIERO, PEQUENA — TU ERES MI DESTINO — ROMANCE — EMPEZO TAN MARAVILLOSAMENTE
20 390 POLYDOR 1958

2 PETER KRAUS VOL. 2

A LOS DIECISIETE — COMO ENTONCES, PEQUENA — HACEMOS BUENA PAREJA — QUISIERA SONAR CONTIGO m. Danny Mann und Micky Main
20 997 POLYDOR HIFI 1959

JUGOSLAWISCHE EP's

1 TEENAGER MELODIE

TEENAGER MELODIE — ICH MÖCHT MIT DIR TRÄUMEN — SUGAR BABY — ICH DENK AN DICH
9073 JUGOTON EPH 1959

ARGENTINISCHE EP's

1 TEMAS ORIGINALES DE LA PEL. »DULCE JUVENTUD«

DULCE JUVENTUD — YO QUISIERA SONAR CONTIGO — NENA DE AZUCAR — YO PIENSO EN TI
(Teenager Melodie — Ich möcht mit dir träumen — Sugar Baby — Ich denk an dich)
54 143 POLYDOR 1959

DIE WICHTIGSTEN LANGSPIELPLATTEN

PETER KRAUS

MIT SIEBZEHN — HULA BABY — MACH DICH SCHÖN — SO WIE DAMALS BABY — WENN TEENAGER TRÄUMEN — I LOVE YOU BABY — DU GEHÖRST MIR — ROSMARIE
45 197 POLYDOR 1959

PETER KRAUS SINGT EVERGREENS

UNTER DER ROTEN LATERNE VON ST. PAULI — UNTER EINEM REGENSCHIRM AM ABEND — ICH BRAUCHE KEINE MILLIONEN — IN EINEM KLEINEN CAFÉ IN HERNALS — CAPRI FISCHER — WENN DIE ELISABETH
46 535 POLYDOR 1961
237035 STEREO

BOSSA NOVA

ESO BESO — BRASIL — DESAFINADO — TU SABES — SCHAU MICH BITTE NICHT SO AN — ORFEO NEGRO — AMAPOLA — VA BENE — CORDOBA — OH LA LA — HAB'N SE NICH NE FRAU FÜR MICH
46 630 POLYDOR 1963

BELLA ITALIA

CIAO CIAO BAMBINA — ROSEN AUS NAPOLI — O SOLE MIO — FLORENTINISCHE NÄCHTE — RUMBA ANNA — O MIA BELLA NAPOLI — COME PRIMA — CASSETTA IN CANADA — DREI MÜNZEN IM BRUNNEN — DIE SÜSSESTEN FRÜCHTE — IL NOSTRO CONCERTO — FUNICULI FUNICULA
46 753 POLYDOR 1963

SEINE GROSSEN ERFOLGE

SCHWARZE ROSE ROSEMARIE — SWEETY — EIN JUNGES HERZ — WESTERN ROSE — VA BENE — SILVERMOON — ICH BIN JA SO ALLEIN — ALLE MÄDCHEN WOLLEN KÜSSEN — MIT SIEBZEHN — HULA BABY — ICH DENK AN DICH — WUNDERBAR WIE DU — SUGAR BABY — JEDES MÄDCHEN AUF ERDEN
46770 POLYDOR 1963

DAS HABEN DIE MÄDCHEN GERN

DAS HABEN DIE MÄDCHEN GERN — GUITARRA DI NAPOLI — UNS'RE REISE FÄNGT AN — HOLL DOLL DOLLY DAY — DAS KLEINE WUNDER VOM GROSSEN GLÜCK — WESTERN ROSE — ER MACHT MICH KRANK, DER MONDSCHEIN AUF DER DONAU — SONY BOY SONY BOY — FIESTA BRASILIANA — DER MANN IM MOND — SCHWARZE ROSE ROSEMARIE
mit Mina — Gus Backus — Paul Hörbiger und Lill Babs
46812 POLYDOR 1963

TEENAGER EVERGREENS

Live Recording
ROCK AROUND THE CLOCK — TUTTI FRUTTI — DIANA — RED RIVER ROCK — BRAUNER BÄR UND WEISSE TAUBE — WENN TEENAGER TRÄUMEN — MY HAPPINESS — SOUVENIRS — SEE YOU LATER, ALLIGATOR — SHAKE RATTLE AND ROLL — SUSIE ROCK — MIT SIEBZEHN — SUGAR BABY — VA BENE — APACHE — HEARTBREAK HOTEL — JAILHOUSE ROCK — LOVE ME TENDER — ITSY BITSY TEENY WEENY HONOLULU STRAND BIKINI — BUONA SERA — VOLARE — MARINA — CIAO CIAO BAMBINA
46857 POLYDOR 1964
833673-1 STEREO (Neuauflage 87/88)
833673-2 CD POLYDOR 87

DAS STUDIUM DER WEIBER IST SCHWER

DAS STUDIUM DER WEIBER IST SCHWER — DAS IST DIE LIEBE — KOMM MIT NACH VARASDIN — MÄDEL KLEIN MÄDEL FEIN — ACH WAS KANN DER SIGISMUND DAFÜR — ACH LUISE — MAUSI — WAS MACHT EIN MANN NICHT ALLES — WAS ICH DIR NOCH SAGEN WOLLTE — DER GROSSPAPA VON GROSSMAMA — ICH SPIEL MIT DIR UND DU MIT MIR — AMERICA — IN DER STRASSE WOHNST DU — SCHLAG NACH BEI SHAKESPEARE — HERNANDOZ HIDEAWAY — AH DIS DONC — WAS FÜR EIN NARR BIN ICH — SHIPOOPI — DAS STUDIUM DER MÄNNER
73923 ARIOLA 1966

SEINE GROSSEN ERFOLGE

JEDES MÄDCHEN AUF ERDEN — SCHWARZE ROSE ROSEMARIE — SILVERMOON — ALLE MÄDCHEN WOLLEN KÜSSEN — ICH HAB DICH NOCH GENAUSO LIEB — VA BENE — WENN TEENAGER TRÄUMEN — HULA BABY — MIT SIEBZEHN — ICH KANN DIR WAS ERZÄHLEN — SUGAR BABY — SAG MIR WAS DU DENKST
635 117 KARUSSELL 1967

EIN KERL WIE ICH

EIN KERL WIE ICH — MEINE DREI HEIMLICHEN WÜNSCHE — BARBARA — IN EINER SPANISCHEN NACHT — DIE FRAUN VON CHINATOWN — BEI MIR DA BISTE TOP — TRÄUME IN MOLL — IM BISTRO ZUR GROSSEN EINSAMKEIT — DONNERSTAG — ROTE NELKEN UND WEISSER FLIEDER — AN EINEM REGENTAG — DARUM WIRD DIE WELT NICHT UNTERGEHN
74 452 COLUMBIA 1968

BEL AMI

Musical Comedy von Peter Kreuder — Guy de Maupassant
Die Originalbesetzung der Uraufführung bearbeitet und inszeniert von Fred Kraus
Musikalische Leitung Boris Jojic
74 473 COLUMBIA 1968

HALLO PETER

SCHÖNE BLUMEN BLEIBEN NICHT AM WEGE STEHN — MEIN BESTER LESTER — BRIDERCHEN — WAS DIR FEHLT IST EIN MANN — SIBILLE MIT DER NICKELBRILLE — CANDY GIRL — IS EVERYBODY HAPPY — HELL DRIVER MAN — OH ADELITA — VON ANFANG AN WAR ES LIEBE — YO TE QUIERO — SIE WAR EINE LADY
89 724 JUPITER RECORDS 1974
55 225 CASSETTE ARIOLA

DIE GROSSEN ERFOLGE

TUTTI FRUTTI — VA BENE — KITTY CAT — HULA BABY — SCHWARZE ROSE ROSEMARIE — SWEETY — DIANA — MIT SIEBZEHN — ICH MÖCHT MIT DIR TRÄUMEN — ALLE MÄDCHEN WOLLEN KÜSSEN — WENN TEENAGER TRÄUMEN — SUGAR BABY
2430 207 KARUSSELL 1975

EIN MANN UND SEINE SHOW

DA IST DER SPOT — DIE TÄNZERIN — PROMINENTE — VA BENE — SUGAR BABY — SCHWARZE ROSE ROSEMARIE — TUTTI FRUTTI — DIANA — SWEETY — WIE SIEHT EIN SCHMETTERLING AUS — SCHLAF NOCH EINE NACHT DARÜBER — DAS MÜNCHENER IMAGE — THATS MUSIC —

FRED ASTAIRE — MIT SIEB-ZEHN — ROCK AROUND THE CLOCK — SEE YOU LATER ALLIGATOR — HEARTBREAK HOTEL — SUSIE ROCK — TIGER — BANANABOAT SONG — LET'S TWIST AGAIN — JAILHOUSE ROCK — ROCK A BEATIN BOOGIE
ic 066-32 100 ELECTROLA 1977

DER ROCKER

I LOVE YOU BABY — DIANA — ICH BIN JA SO ALLEIN — JEDES MÄDCHEN AUF ERDEN — DU SOLLST MEIN SCHICKSAL SEIN — WENN SIE DICH ALLEIN LÄSST — HULA BABY — WENN TEENAGER TRÄUMEN — MACH DICH SCHÖN — O WIE GUT — TEDDYBÄR — HAFEN ROCK — TUTTI FRUTTI — SUSIE ROCK — DU PASST SO GUT ZU MIR — TIGER
15 042 POLYDOR BEAR-FAMILY 1979

TEN O'CLOCK ROCK

TEN O'CLOCK ROCK — ICH WILL NICHT WISSEN — SCHAU KEINEN ANDEREN MANN AN — ROSMARIE — DU GEHÖRST MIR — TEENAGER MELODIE — ICH DENK AN DICH — DIE STRASSE DER VERGESSENEN — SUGAR BABY — ES FING SO WUNDERBAR AN — SO WIE DAMALS BABY — MIT SIEB-ZEHN — ICH MÖCHT MIT DIR TRÄUMEN — COME ON AND SWING — LIEBELEI — LASS MICH BITTE NIE ALLEIN
15 044 POLYDOR BEAR-FAMILY 1979

CONNIE FRANCIS UND PETER KRAUS 1

OH I LIKE IT — SCHREIB MIR EINE KARTE — MISSION BELL — DAS HABEN DIE MÄDCHEN GERN — SUSY SAGT ES GABY — HONEY MOON — KEINE NACHT KANN ICH SCHLAFEN — PAR LE MONDE — CONDOLA DE AMORE — OH SO WUNDERBAR — COLOMBINO — ALLRIGHT OK YOU WIN — ICH DENK AN DICH — DOLL DOLL DOLLY — ICH KOMME NIE MEHR VON DIR LOS — COMME UN TIGRE
15 061 POLYDOR BEAR-FAMILY 1981

CONNIE FRANCIS UND PETER KRAUS 2

DARLING MEINE LIEBE — TWENTY FOUR HOURS — MONDSCHEIN UND LIEBE — EVERYBODY ELSE BUT ME — SAG MIR WAS DU DENKST — JE PENSE A TOI — EIN RENDEZ-VOUS MIT DIR — C'EST TOI LA PLUS BELLE — NIEMAND — WENN ICH TRÄUME — ALLE JUNGEN LEUTE — DAS IST ZUVIEL — IMMER UND ÜBERALL — IMMER WENN'S AM SCHÖNSTEN IST — WEINE NIE MEHR UM MICH — ICH DENK AN DICH
15 062 POLYDOR BEAR-FAMILY 1981

JAMES BROTHERS

WENN — WENN DU HEUTE AUSGEHST — DIE JUNGEN JAHRE — DAS IST PRIMA — MORGEN BIST DU ALLE SORGEN LOS — SENSATIONELL — WIE EINE KLEINE LADY — GENAU WIE DU — COWBOY BILLY — BLUE RIVER — EIN HAUS IN TENNESSEE — ROSMARIE — CHERIE CHERIE — O.K. — OH VERONIKA
15 066 POLYDOR BEAR-FAMILY 1981

IM JAHRE TUTTI FRUTTI

IM JAHRE TUTTI FRUTTI — VIEL ZU JUNG — DER CHAMPION HEISST ROCK 'N' ROLL — DU HAST VIEL ZUVIEL GEFÜHL — PETTICOAT SUE — DANN BIST DU MEIN FALL — DAS ALTE HAUS VON ROCKY DOCKY — UND SEIN NAME WAR JAMES DEAN — JUNG SEIN IST RIESIG — MEIN SUGARBABY BIST NOCH IMMER DU — MEMORY STREET — EIGENTLICH HEISST ALLES ROCK 'N' ROLL
270 05 003 BELLAPHON 1981

PETER KRAUS

SUGAR BABY — WENN TEENAGER TRÄUMEN — DIANA — SO WIE DAMALS BABY — TEDDYBÄR — SCHWARZE ROSE ROSEMARIE — MIT SIEBZEHN — MIR FEHLT DER MUT — NATÜRLICH LIEBE ICH — NEHMT DEN KINDERN NICHT DIE KINDHEIT — ICH HABE SO LANGE VIELES NICHT GETAN — GEH'N SIE AUCH ZUM SONNEN — SIE WAR SO WIE DU
530 308 MCP EXCLUSIV 1986
MARATHON/MCP 1986

ALS TEENAGER TRÄUMTEN . . .

Live-Mitschnitt aus dem Wiener Metropol
DAS KANNST DU NICHT AHNEN — ROCK AROUND THE CLOCK — HOUND DOG — BLUEBERRY HILL — SKINNY MINNY — ROCK 'N' ROLL MUSIK — JOHNNY BE GOOD — LUCILLE — WHAT I SAY — LET'S HAVE A PARTY — ICH MÖCHT MIT DIR TRÄUMEN — STEIG IN DAS TRAUMBOOT DER LIEBE — TIPITIPITIPSO — AUF CUBA SIND DIE MÄDCHEN BRAUN — ITSY BITSY TEENY WENY HONOLULU STRANDBIKINI — HULA BABY — JAILHOUSE ROCK — CAPRI FISCHER — MIT SIEBZEHN — WENN TEENAGER TRÄUMEN — TEENY RAP — TIGER — I WONNA BE LOVED BY YOU — ICH BIN JA SO ALLEIN — LONELY BOY — DU BIST DIE ROSE VOM WÖRTHERSEE — VA BENE — SWEETY — DIANA — SEXY HEXY — SIEBENMAL IN DER WOCHE — TSCHAU TSCHAU BAMBINA — SCHWARZE ROSE ROSEMARIE — SUGAR BABY — TUTTI FRUTTI — LET'S TWIST AGAIN

— ARE YOU LONESOME TONIGHT — SEE YOU LATER ALLIGATOR — SHAKE RATTLE AND ROLL — MARINA — YAKETY SAX — KITTY CAT
120 914 TOMMI-RECORDS
2 LP's 1986

PETER KRAUS DIE NEUE LP

RUMSTIBUMSTI — NUR WIR ZWEI AUF HAWAII — TRUCK DRIVING MAN — JAMES BOND — WOP BABA LUBA — GOGGOMOBIL — TIGER — DIANAS COMEBACK — 100 MANN UND KEIN BUFFET — WENN TEENAGER TRÄUMEN DAS KANNST DU NICHT AHNEN — ROCK AROUND THE CLOCK — HOUND DOG — BLUEBERRY HILL — SKINNY MINNY — ROCK 'N' ROLL MUSIC — JOHNNY BE GOOD — LUCILLE — WHAT'D I SAY — LET'S HAVE A PARTY — HULA BABY — MIT SIEBZEHN — CINDY OH CINDY — ICH BIN JA SO ALLEIN — WENN TEENAGER TRÄUMEN — JAILHOUSE ROCK — VA BENE — SWEETY — DIANA — SUGAR BABY — LET'S TWIST AGAIN — ARE YOU LONESOME TONIGHT — SEE YOU LATER ALLIGATOR — SHAKE RATTLE AND ROLL — MARINA — YAKETY SAX — KITTY CAT
BTS 964 444 INTERCORD
(2 LP's) 1988

CADILLAC NIGHT

CADILLAC NIGHT — GUITAR MAN — ROCK 'N' ROLL MEDIZIN — DU WEISST SCHON — LET'S ROCK LET'S ROLL — ROCK 'N' ROLL PARTY — VORWÄRTS IN DIE FIFTIES — SUGAR BABY — KITTY CAT — MIT SIEBZEHN
839 327-1 POLYDOR 1989

DIE WICHTIGSTEN COMPACT-DISCS

PETER KRAUS 87

RUMSTI BUMSTI — NUR WIR ZWEI AUF HAWAII — TRUCK DRIVING MAN — JAMES BOND — WOP BABA LUBA — GOGGOMOBIL — TIGER — DIANAS COMEBACK — 100 MANN UND KEIN BEFEHL — WENN TEENAGER TRÄUMEN
TOMMI-RECORDS TR 870 002
(LP 8702 MC 87002)

PETER KRAUS — DIE SINGLES 1956—1958

TUTTI FRUTTI — DIE STRASSE DER VERGESSENEN — O WIE GUT — SUSI ROCK — SCHAU KEINEN ANDEREN MANN AN — TEN O'CLOCK ROCK — LASS MICH BITTE NIE ALLEIN — LIEBELEI — TEDDYBÄR — ICH WILL NICHT WISSEN — ES FING SO WUNDERBAR AN — WENN TEENAGER TRÄUMEN — MACH DICH SCHÖN — HAFEN ROCK — DIANA — SO WIE DAMALS, BABY — I LOVE YOU BABY — DU SOLLST MEIN SCHICKSAL SEIN — ROSMARIE — HULA BABY — MIT SIEBZEHN — DU GEHÖRST MIR — TEENAGER MELODIE — ICH MÖCHT MIT DIR TRÄUMEN
BEAR-FAMILY RECORDS BCD 15405 — 831 809 2

PETER KRAUS — DIE SINGLES 1958—1960

SUGAR BABY — ICH DENK AN DICH — HONEY BABY — COME ON AND SWING — KITTY CAT — HAVANNA LOVE — WUNDERBAR WIE DU — HEY DU BIST OKAY — TIGER — ICH BIN JA SO ALLEIN — WENN — OH VERONIKA — DIE JUNGEN JAHRE — WENN DU HEUT AUSGEHST — DAS IST PRIMA — O.K. — COWBOY BILLY — SENSATIONELL — AUF WIEDERSEHN UND LASS DIR'S GUT ERGEHN — GENAU WIE DU — TEN O'CLOCK ROCK — KEINE NACHT KANN ICH SCHLAFEN — DREAM FACE — NOBODY ELSE (DU GEHÖRST MIR)
BEAR-FAMILY RECORDS BCD 15453/837 922 2

PETER KRAUS — DIE SINGLES 1960

SUSI SAGT ES GABY — DOLL DOLL DOLLY — ALLE MÄDCHEN WOLLEN KÜSSEN — WENN SIE DICH ALLEIN LÄSST — VA BENE — SAG MIR WAS DU DENKST — HONEY MOON — MONDSCHEIN UND LIEBE — EIN RENDEZVOUS MIT DIR — ROTE ROSEN — EIN HAUS IN TENNESSEE — BLUE RIVER — CHERIE CHERIE — COWBOY JENNY — ROSEMARIE — ALLES IST ANDERS — AUSGERECHNET ICH — COME ON AND SWING — BASIN STREET BLUES — WHEN THE SAINTS GO MARCHING IN — GET HAPPY — LOVE ME OR LEAVE ME — ALLRIGHT OKAY YOU WIN — NOBODY ELSE
BEAR-FAMILY RECORDS BCD 15457/837 923 2

CADILLAC NIGHT

CADILLAC NIGHT — GUITAR MAN — ROCK 'N' ROLL MEDIZIN — DU WEISST SCHON — LET'S ROCK, LET'S ROLL — ROCK 'n' ROLL PARTY (MED-

LEY) — VORWÄRTS IN DIE FIFTIES — SUGAR BABY — KITTY CAT — MIT SIEBZEHN
POLYDOR 839 327-2

PETER KRAUS

Club-Edition
ALLE MÄDCHEN WOLLEN KÜSSEN — JEDES MÄDCHEN AUF ERDEN — VON PARIS BIS HAWAII — ICH HAB DICH NOCH GENAUSO LIEB — SOLO TU — BLUE MELODIE — HEUTE UND IMMER MY LOVE — SCHWARZE ROSE ROSEMARIE — EVELYN — EIN JUNGES HERZ — SWEETY — STRASSE DER SEHNSUCHT — WESTERN ROSE — UNS'RE REISE FÄNGT AN — EIN SOUVENIR — LORELEI — PICO PICO BELLO — DAS BLONDE BABY VOM BROADWAY — SCHENK MIR EINEN TALISMAN — ZUCCHERO — WER DICH SIEHT, EVELYN — KISSES IN THE NIGHT — LASS KEIN MÄDCHEN LANGE WARTEN — ROSEN AUS NAPOLI — LANG, LANG IST'S HER — MEXIKANISCHE SERENADE — HÜ A HO ALTER SCHIMMEL
POLYGRAM RECORDS AG CE 1
1989

HERZLICHST IHR PETER KRAUS

EINLEITUNGSMELODIE — HAST DU HEUTE GUTE LAUNE — MEDLEY mit Mina — Gus Backus: DER MANN IM MOND — DER TREUE HUSAR — AUF DER REEPERBAHN NACHTS UM HALB EINS — MEDLEY mit A. u. E. Kessler — JUST ONE OF THOSE THINGS — Mit Sascha Distel: MON BEAU CHAPEAU — MEIN NEUER HUT — A. u. E. Kessler: SUNDAY BOY — Mit Marcel Amont: CHATTANOOGA CHOO CHOO — SCHLAGERWELTREISE — SUMMERTIME — A. u. E. Kessler: SAN FRANCISCO — Cissy Kraner: WARUM BIN ICH NUR EIN MÄDCHEN AUS DEM VOLKE — FINALE
BEAR-FAMILY RECORDS 15 478
1989

PETER KRAUS — DIE SINGLES 1960—1961

ICH KANN DIR WAS ERZÄHLEN (mit A. u. E. KESSLER) — WUNDERVOLL (mit A. u. E. KESSLER) — SIE HAT SO WUNDERSCHÖNE AUGEN (JAMES BROTHERS) — TIGERLILLY (JAMES BROTHERS) — JEDES MÄDCHEN AUF ERDEN — VON PARIS BIS HAWAI — HALLO BLONDIE (mit A. und E. KESSLER) — HAPPY DAY (mit A. und E. KESSLER) — ICH HAB DICH NOCH GENAUSO LIEB — MEIN NEUER HUT — SOLO TU — BLUE MELODIE — MORGEN BIST DU ALLE SORGEN LOS (JAMES BROTHERS) — WIE EINE KLEINE LADY (JAMES BROTHERS) — DAS

FRÄULEIN GERDA — UNSERE SPRACHE IST DIE MUSIK (mit SASCHA DISTEL) — OH SO WUNDERBAR — TWENTYFOUR HOURS — EVERYBODY ELSE BUT ME — MISSION BELL — BELLA BELLA MARIE — LONG LONG AGO — JE PENSE A TOI — C'EST TOI PLUS BELLE — COMME UN TIGRE — PARLE MONDE (mit A. und E. KESSLER)
BEAR-FAMILY RECORDS BCD 15 526 1990

PETER KRAUS — DIE SINGLES 1961—1962

WENN DAS NICHT SO ROMANTISCH WÄRE (mit A. und E. KESSLER) — NOCH EIN JAHR (mit A. und E. KESSLER) — HEUTE UND IMMER MY LOVE — FARAH VON HAIFA — ICH HABE ALLES WAS ICH BRAUCHE (mit A. und E. KESSLER) — TEDDY (mit A. und E. KESSLER) — EVELYN — SCHWARZE ROSE ROSEMARIE — ROSY OH ROSY (JAMES BROTHERS) — BEIM CANDLELIGHT (JAMES BROTHERS) — ICH HAB MICH SO AN DICH GEWÖHNT (JAMES BROTHERS) — HANNA AUS HAVANNA (JAMES BROTHERS) — SCHOU SCHOU (TWIST BOYS) — TWIST, TWIST (TWIST BOYS) — SILVER MOON — EIN JUNGES HERZ — HOLIDAY LADY (JAMES BROTHERS) — KOMM WIEDER (JAMES BROTHERS) — HALLO BRIGITTE — LANG, LANG IST'S HER — DIE GANZE WELT IST HIMMELBLAU — DAS MACHT DIE LIEBE (mit LIL BABS) (unveröffentlicht) — DARLIN MEINE LIEBE (mit CONNIE FRANCIS) — OH, I'M LIKE IT (mit CONNIE FRANCIS) — HEUTE UND IMMER MY LOVE — VA BENE (italienisch) — BLUE MELODIE (italienisch) — HEUTE UND IMMER MY LOVE (italienisch) (unveröffentlicht)
BEAR-FAMILY RECORDS BCD 15 527 1990

PETER KRAUS — DIE SINGLES 1962—1963

STRASSE DER SEHNSUCHT — SWEETY — UNSERE REISE FÄNGT AN — WESTERN ROSE — HÄNDE WEG VON DEN FRAU'N (mit GUS BACKUS) — DAS HABEN DIE MÄDCHEN GERN (mit GUS BACKUS) — SONNY BOY, SONNY BOY — LORELEI — EIN SOUVENIR — PICO PICO BELLO — DAS BLONDE BABY VOM BROADWAY — SCHENK MIT EINEN TALISMANN — ZUCCHERO — RICKY TICKY TEENY WEENY TWIST EXPRESS (mit GINA DOBRA) — HÄTT ICH EINEN HAMMER (mit GINA DOBRA) — WEIL ES SO SCHÖN IST (mit LIL BABS) — HÜH-A-HOH, ALTER SCHIMMEL (JAMES BROTHERS) (unveröffentlicht) — WEIT IST DIE WELT (unveröffentlicht) — CRY YOUR EYES OUT

(einstimmig, unveröffentlicht) — THE BIGGER THE FOOL (THE HARDER THEY FALL) (unveröffentlicht) — SHE USED TO BE MINE (unveröffentlicht) — CRY YOUR EYES OUT (zweistimmig) — HERE IS A HEART (unveröffentlicht) — TON VISAGE, TON IMAGE — QUE DEMANDENT, LES JEUNES — DANSE AVEC MOI
BEAR-FAMILY RECORDS BCD 15 528 1990

Bestelladressen: Die absolut vollständige Peter-Kraus-Diskographie mit detaillierten Angaben ist erhältlich bei: Peter-Kraus-Club, Peter Schröder, Schulstraße 4, D-2211 Looft, Telefon 04892/1814.
LP's, CD's und Singles: BEAR FAMILY RECORDS, P.O. Box 1154, D-2864 Vollersode, Telefon 04794/1399, Fax 04794/1574; Club-Edition, Andreas-I. Götz, Tichelrütistraße 37, CH-8044 Zürich-Gockhausen, Telefon 0041-1-8202622, Fax 0041-1-8202621.

DIE FILMOGRAPHIE

1954 »DAS FLIEGENDE KLASSENZIMMER«
mit Paul Dahlke und Paul Klinger

1957 »DIE FRÜHREIFEN«
mit Heidi Brühl, Christian Doermer und Sabine Sinjen
»DIE FREUNDIN MEINES MANNES«
mit Hans Söhnker und Hannelore Schroth
»IMMER DIE RADFAHRER«
mit Hans-Joachim Kulenkampff und Heinz Erhard

1958 »DER PAUKER«
mit Heinz Rühmann und Vera Frydtberg
»WENN DIE CONNY MIT DEM PETER ...«
mit Conny Froboess und Peter u. Rudolf Vogel

1959 »ALLE LIEBEN PETER«
mit Christine Kaufmann und Boy Gobert
»MELODIE UND RHYTHMUS« oder »MISTER HOT UND MISTER SWEET«
mit Fred Kraus, Veronika Beyer und Karl Lieffen
»KEIN ENGEL IST SO REIN«
mit Sabine Sinjen und Hans Albers

1960 »CONNY UND PETER MACHEN MUSIK«
mit Cornelia Froboess und Gustav Knuth
»SCHLAGERRAKETEN«
mit Lolita, Trude Herr und anderen Schlagerstars der 60er Jahre

1961 »IM SCHWARZEN RÖSSL«
mit Hans von Borsody und Trude Herr
»WAS MACHT PAPA DENN IN ITALIEN?«
mit Willy Fritsch und Barbara Frey

1962 »SO TOLL WIE ANNO DAZUMAL«
mit Karin Baal und Renate Ewert
»VERRÜCKT UND ZUGENÄHT« oder »DREI LUSTIGE GAUNER IM KNAST«
mit Gunther Philipp und Vivi Bach
»DAS HABEN DIE MÄDCHEN GERN« oder »DIE LUSTIGEN VAGABUNDEN«
mit Ann Smyrner und Gus Backus
»DIE JOHANN STRAUSS STORY«
mit Senta Berger

1964 »DIE GROSSE KÜR«
mit Marika Kilius und Hans Jürgen Bäumler
»HAPPYEND AM WÖRTHERSEE« oder »HAPPYEND AM ATTERSEE« oder »GLÜCK AN DER SONNE«
Mit Gunther Philipp und Paul Hörbiger
»WENN MAN BADEN GEHT AUF TENERIFFA«
mit Heinz Erhard und Corny Collins

1969 »LOVE MAKER« oder »DER MANN, DER LIEBE MACHT«
mit Christiane Krüger und Roger Fritz

1984 »TAUSEND AUGEN«
mit Barbara Rudnik und Karin Baal

1986 »DER SOMMER DES SAMURAI«
mit Cornelia Froboess

1987 »DER MADONNA-MANN«
mit Marius Müller-Westernhagen

DIE WICHTIGSTEN FERNSEHSENDUNGEN

1958	SCHLAGERBUMMEL (2 Folgen)	ARD
1959	SCHLAGERBUMMEL (3 Folgen)	ARD
1960	DAS MÖCHTE ICH SEHEN	ARD
	TEMPO 60 (5 Folgen)	BBC
	RENDEZVOUS MIT PARIS	(Tele Monte Carlo)
	SCHLAGERBUMMEL (3 Folgen)	ARD
	WIR MACHEN MUSIK	ARD
1961	HERZLICHST IHR PETER KRAUS (3 Folgen)	WDR
	RENDEZVOUS IN WIEN	ORF
	ED SULLIVAN SHOW	USA
1962	HERZLICHST IHR PETER KRAUS (2 Folgen)	WDR/ARD/ORF
	MUSIK FÜR MILLIONEN	ARD
	MIKE MACHT ALLES	ARD/Köln
	ENTFÜHRUNG AUS DEM SAVOY	ZDF
1963	WERNER MÜLLERS MUSIKMAGAZIN	ARD
	JEUNESSE OBLIGE	Frankreich
	SCHLAGER DES MONATS (2 Folgen)	ZDF
	BINGO-BINGO (Stargast)	ARD/ORF/SRG
	HARTE KÖPFE — WEICHE HERZEN	Frankreich
	EINMAL IN STOCKHOLM	Schweden
	CABINA DI REGIA	Italien
	PICCOLO CONCERTO	Italien
	HERZLICHST IHR PETER KRAUS	WDR
1964	TEENAGER-PARTY	ZDF
	SCHLAGER DES MONATS	ZDF
	RENDEZVOUS AM RHEIN	ARD/Frankreich
	SHOW HIN — SHOW HER	ARD
	OLYMPIA BALL	ZDF/ORF
1965	MUSIK AUS STUDIO B	ARD
	SOEBEN EINGETROFFEN	ZDF
	SHOW CHARME CHANSON CHEVALIER	ZDF

	MITEINANDER – FÜREINANDER	ARD
	RHYTHMUS, RHYTHMUS UND MUSIK	ARD/Ost-Berlin
	MUSIKALISCHES RENDEZVOUS	ZDF
	DAS STUDIUM DER WEIBER IST SCHWER	ARD/Köln
	SCHLAGERSTARS UND SCHNULZEN	ARD
	12 x 2 IN EINER GROSSEN STADT	ARD
1966	STARS IN DER MANEGE	ARD
	GERHARD WINKLER GIBT SICH DIE EHRE	ARD
	SILVESTERSHOW	ARD/Hamburg
	4-3-2-1 HOT AND SWEET (Ehrengast)	ZDF
	HULADI BULLA	ARD/Stuttgart
1967	LÖSEGELD FÜR MY LADY	ZDF
	JOHN ICKS DER SINGENDE ASTRONAUT	ARD
	COLORATUREN	WDR
1968	DIE PICKWICKER	ZDF
	MUSIK AUS STUDIO B	NDR
	PARIS AKTUELL	ZDF
	FAMILIE MUSICI	ZDF
	WENN DIE KLEINEN VEILCHEN BLÜH'N	ZDF/ORF
1969	ERKENNEN SIE DIE MELODIE	ZDF
	ZAUBER DER MELODIE	ZDF
	EIN WALZERTRAUM	ZDF/ORF
	DER GOLDENE SCHUSS	ZDF/ORF/SRG
1970	DAS SONNTAGSKONZERT	ZDF
	DIE DREHSCHEIBE	ZDF
	BÄNG BÄNG (6 Folgen)	ZDF
	HITPARADE	ZDF
1971	DIE DREHSCHEIBE (2 Folgen)	ZDF
	KARUSSELL	ARD
	UND HEUTE HEISST ES SHOW	ZDF
	OLYMPIA OLYMPIA	ZDF
	ZAUBER DER MELODIE	ZDF
	NO NO NANETTE	ZDF
	DAS SONNTAGSKONZERT	ZDF
	BÄNG BÄNG (9 Folgen)	ZDF

1972	DALLI DALLI	ZDF/ORF
	KNALLBONBONS	ARD
	DAS SONNTAGSKONZERT	ZDF
	HÄTTEN SIE HEUT ZEIT FÜR MICH	ZDF
	KOMM ZIGAN (2 Folgen)	ARD/KÖLN
	JOB NACH NOTEN	ZDF
	STARS IN DER MANEGE	ZDF
1973	PAGANINI	ZDF
	SHOW NACH WUNSCH	ZDF
	BÄNG BÄNG (4 Folgen)	ZDF
	ERKENNEN SIE DIE MELODIE	ZDF
	KNALLBONBONS	ARD
	DALLI DALLI	ZDF/ORF
	DREI MAL NEUN (2 Folgen)	ZDF
	DAS SONNTAGSKONZERT	ZDF
	DIE DREHSCHEIBE	ZDF
	8 × 1 IN NOTEN	ZDF
	ACHT NACH ACHT	ARD/Frankfurt
	SPARRING	ZDF
	HAIFISCHBAR	ARD/Hamburg
	STARS IN DER MANEGE	ZDF
1974	DIE GOLDENEN FÜNFZIGER	ZDF
	MUSIK AUS STUDIO B	ARD/Hamburg
	MUSIKREPORT	ARD
	8 × 1 IN NOTEN	ZDF
	HEUTE ABEND BEI VIVI	ZDF
	MAX GREGER SHOW	ZDF
	HALLO PETER	ZDF/ORF
	STARPARADE	ZDF
1975	NUR DIE LIEBE MACHT UNS JUNG	ZDF
	DIE DREHSCHEIBE	ZDF
	8 × 1 IN NOTEN	ZDF
	MUSIK IST TRUMPF (3 Folgen)	ZDF/ORF/SRG
	HALLO PETER	ZDF
	MEINE SCHWESTER UND ICH	ZDF
	ZWISCHEN DEN JAHREN	ZDF

1976	SPIEL MIT MIR	ARD/Baden-Baden
	TANGO TANGO	ZDF
	8 × 1 IN NOTEN	ZDF
	HALLO PETER	ZDF
	SCHLAGERFESTIVAL	ZDF
	RENDEZVOUS BEI CATERINA VALENTE	ARD/Stuttgart
	JETZT GEHT DIE PARTY RICHTIG LOS	ZDF
1977	EIN MANN UND SEINE SHOW	ZDF
	DISCO	ZDF
	8 × 1 IN NOTEN	ZDF
	DAS SONNTAGSKONZERT	ZDF
	HALLO PETER	ZDF
	EIN PLATZ AN DER SONNE	ARD/Hamburg
	EIN SOMMERNACHTSBALL	ARD/Frankfurt
	DIE MONTAGSMALER	ARD/Baden Baden
	MUSIK IST TRUMPF	ZDF/ORF/SRG
1978	KAREL GOTT SHOW	ZDF
	DER MIT DIE — DIE MIT DEM	ARD/Köln
	HALLO PETER	ZDF
	DAS SONNTAGSKONZERT	ZDF
	MUSIK IST TRUMPF	ZDF/ORF/SRG
	HOTEL	ZDF
	8 × 1 IN NOTEN	ZDF
	SPASS MIT MUSIK	ZDF
1979	GUTE LAUNE MIT MUSIK	ARD/Baden-Baden
	HALLO PETER	ZDF
	8 × 1 IN NOTEN	ZDF
	DAS KARUSSELL GEHT IMMER RUNDHERUM	ZDF
	SILVESTERSHOW	ARD
1980	GUTE LAUNE MIT MUSIK	ARD/Baden-Baden
	HALLO PETER	ZDF
	IMMERGRÜN	ARD/Frankfurt
	MUSIK IST TRUMPF	ZDF/ORF/SRG
	SO WIRDS NIE WIEDER SEIN	ZDF
	JETZT GEHT DIE PARTY RICHTIG LOS	ZDF

1981	HALLO PETER (2 Folgen)	ZDF
	ZUM BLAUEN BOCK	ARD/Frankfurt
	DAS GIBT'S NUR EINMAL (2 Folgen)	ARD/Frankfurt
	WWF-CLUB KÖLN	ARD
	TELEZIRKUS	ARD/Köln
	DAS BESTE AUS 8 × 1 IN NOTEN	ZDF
	DAS BESTE AUS MUSIK IST TRUMPF	ZDF
	WETTEN DASS ...	ZDF
	DIE SCHAUBUDE	ARD/Hamburg
	SILVESTERTRÜMPFE	ZDF
	SCHLAGERFESTIVAL KERKRADE	Holland
1982	HALLO PETER (2 Folgen)	ZDF/ORF/SRG
	UND DIE MUSIK SPIELT DAZU	ZDF/ORF
	ERKENNEN SIE DIE MELODIE	ZDF
	MUSIKALISCHE ERINNERUNGEN (2 Folgen)	ARD
	TEMPO 82	ARD/Köln
	GUTE LAUNE MIT MUSIK	ARD/Baden-Baden
	IM JAHRE TUTTI FRUTTI	ARD/NDR 3
	CATERINA VALENTE SHOW	ORF/SRG
	DIE AKTUELLE SCHAUBUDE	ARD/Hamburg
1983	DIE MONTAGSMALER	ARD/Baden-Baden
	WIR VIER (2 Folgen)	ARD/Köln
	SOUVENIRS SOUVENIRS	ARD/Köln
	DIE RUNDE DER FÜNFZIGER	ARD
1984	IM BLAUEN BOCK	ARD/Frankfurt
	ALLES ODER NICHTS	ARD
	ÖSTERREICH HAT IMMER SAISON	ORF
	FILM AKTUELL	WDR
	NUR EIN VIERTELSTÜNDCHEN	ARD/Bayern
	III NACH NEUN	ARD/NDR/WDR 3
	BEI BIO	ARD/Köln
	TRAUMLAND OPERETTE	ZDF
1985	DAS GAB'S NUR EINMAL (2 Folgen)	ARD/ORF/BR 3
	SOUVENIRS SOUVENIRS (2 Folgen)	ARD/KÖLN
	SCHNEEZAUBER	ARD/ORF/SRG
	WETTEN DASS ...	ZDF
	MUSIK FÜR MILLIONEN	ZDF

	SHOW AND TALK	SAT 1
	FREUNDE WIE DIE ZEIT VERGEHT	ARD/Köln 3
	LEHAR EXPRESS	ZDF/ORF/Ungarn
	TYPISCH FÜNFZIGER JAHRE	ZDF
1986	POP SOUVENIRS (12 Folgen)	ORF/SRG
	MIT VERGNÜGEN	ORF
	WINTERWELT MIT HITS	ARD/ORF/BR 3
	BADEN-BADENER ROULETTE	ARD/ORF/SRG
	DAS WAREN ZEITEN	ORF
	ALS TEENAGER TRÄUMTEN ...	Nord 3/ORF
	KINOREVUE DER WELTERFOLGE	ZDF
	MUSIK IST MEIN LEBEN	MTV/ORF/ZDF
	POP SOUVENIRS	ARD/SW 3
	ICH LADE SIE EIN, MADAME	ORF
1987	SHOW-TALK	ORF/SAT 1
	GESUCHT — GEFUNDEN	WDR
	MUSICBOX	ORF
	MIT SCHI CHARME UND MELODIE	BR
	WAS WÄRE WENN ...	ZDF/ORF
	VORWÄRTS IN DIE FIFTIES	ORF
1988	PIT-EXTRA	WDR
	DIE AKTUELLE SCHAUBUDE	NDR
	TELE ASS	ORF/ZDF
	VERSTEHEN SIE SPASS	ARD
	DAS KARUSSELL FÄHRT IMMER RUNDHERUM	ARD
	DIE PYRAMIDE	ZDF
	MUSIK — MEIN LEBEN	ZDF
	SCHWARZ AUF WEISS	ZDF
	KAUM ZU GLAUBEN	ZDF
	RUDI CARRELL SHOW	ZDF
	CAROLINS FLECKERLTEPPICH	BR 3
	WILLKOMMEN BEI VICO	DRS
	SPORTOSCAR-UNIONGALA	ORF
1989	WETTEN DASS ...	ZDF
	WENN TEENAGER TRÄUMEN	DDR
	DALL ASS	RTL
	SHOWFENSTER	ZDF

	FERNSEHGARTEN	ZDF
	TELE-ILLUSTRIERTE	ZDF
	NDR III TALK SHOW	Nord 3
	DIE GOLDENE 1	ARD
	MUSIKREVUE	RTL
	LIVE-ZEIT	ZDF
	DAS GAB'S NUR EINMAL	BR 3
	SHOWKOLADE	DDR 1
	SCHÖN WAR DIE ZEIT	ARD
	SHOW FENSTER	3 SAT
	MUSIK, MODE, MÄDCHEN UND MOTOREN	SAT 1
1990	SHOWGESCHICHTEN	BR
	TELEASS	ZDF/ORF
	HEUT' ABEND	BR
	WILLKOMMEN IM CLUB	ARD
	GOLDENE STIMMGABEL	ARD
	HEITER WEITER	SAT 1

BILDNACHWEIS

Will Appelt, Wien: 26, 41
Constantin-Filmverleih: 16, 20
Deutsches Institut für Filmkunde e. V., Wiesbaden: 12, 13, 14
dpa, Deutsche Presse-Agentur, München: 27 (Hartmut Reeh), 44, 45, 46 (Bajzat), 48 (Horst Ossinger)
Friedel: 7
Funk und Film: 8
Gloria-Filmverleih: 11 (Grimm), 17, 19
Hansi J. Hoffmann: 10, 21, 52
IBI-Photo: 23
Kövesdi Presse Agentur, München: 42, 55
Helmut Neuper, Salzburg: 43
Pamert-Foto: 50
H. B. Pflaum-Gebhardt: 9
Horst Prange, Wörthsee: 54
Winfried Rabanus, München: 49
Lothar Reinbacher, Weiden bei Köln: 31
Franz Josef Rüdel, Filmpostkartenverlag, Hamburg-Bergedorf: 28
Otfried Schmidt, München: 36
Erwin Schneider: 24
Set Productions: 2
Spanjersberg, Rotterdam: 25
Telenorm-Film: 35
Ufa-Filmverleih: 18, 29 (Arthur Grimm)
Lothar Winkler: 6
Alle übrigen Fotos: Privatarchiv Peter Schröder/Peter Kraus